ビッグデータ探偵団

安宅和人／池宮伸次
Yahoo!ビッグデータレポートチーム

JN230593

講談社現代新書
2539

はじめに

データの面白さとパワー

ビッグデータ、という単語を聞いたことのある人は多いかもしれない。しかし、これによっていったい何ができたり、どんなことがわかったりするのかを知らない人は、まだまだ多いのではないか？

これから私たちが本書で示していくことは、ビッグデータが、これからのビジネスを考えるうえで、また、あなたの生活をより快適なものにするために、こんなにも役に立つのか、という驚きと発見である。

そもそも、私たちヤフービッグデータレポートチームの使命は、データの持つパワーや面白さを、一般の人々にも親しみやすく伝えること、そして、ネットのデータを活用することで、世の中の現象を読み解き、社会の様々な課題の解決に貢献することだからだ。

２０１２年頃だったか、ビッグデータという言葉が一般の人々に広まり始め、ビッグデータに関する多くの問い合わせが、日本最大級のデータを持つヤフーに寄せられた時期があった。それらに対応するなかで私が痛感したのは、データの世界の言葉はあまりにも専門性が高く、ビッグデータとは何であるかを一般の方々に説明することが非常に難しいということだった。

ヤフーは、インターネットの黎明期、1996年からこれまで、日本の代表的なウェブサービスとしての地位を確立するに至った。現在でも、性別や年齢、居住地を問わず幅広い属性の人々に、毎日、何千万と利用していただいている。

これまでヤフーが展開してきたサービスは100種類以上にも及ぶが、それらの最大の特徴は、検索や地図、ニュース、ショッピングをはじめとして、いずれも私たちのリアルな日常生活と深く結びつくものであるということだ。

これらの多彩なサービスを通じて蓄積された膨大なデータ群──「マルチビッグデータ」を活用して、データの面白さとそのパワーを、わかりやすく伝えたい。そんな強い思いから、私たちの最初の一歩は始まった。

的中率96%だった参議院選挙予測

ビッグデータレポートの第一弾となったテーマが、選挙予測である。

私はかねてヤフーの持つビッグデータから様々な選挙結果の予測ができるのではないか

と考えていたが、ちょうど先に述べた思いを抱いていた頃に行われた参議院選挙（2013年）の議席獲得数で、実際の検証に取り組んだ（詳細は2-5参照）。すると、なんと的中率96％という驚異的な数値を叩き出してしまった！

この結果に勢いを得て、政治のあとはやはり経済だろう、とわれわれが次に焦点を当てたのが、**景気の把握**である。一般に、景気を判断する際には政府の発表する景気動向指数が用いられるが、われわれは、選挙予測と同様に「Yahoo!検索」の検索データを使い、内閣府指数をモデル化した独自の「Yahoo! JAPAN景気指数」を、国の発表の数週間前に算出することに挑戦した（詳細は2-6）。

政治・経済分野からスタートした「ビッグデータレポート」であるが、その後も様々なテーマにチャレンジしてきた。妊娠・出産を控えた女性の悩みを解決するもの（1-2）、熊本地震のデータから作成した災害対策を目的とするもの（2-2）、都道府県別の交通利便性の把握や未来の混雑情報の予測を目指すもの（2-3）。

もう少しやわらかいテーマだと、日本の音楽の歌詞の特徴を分析するものであったり（1-4）、一見、データとは程遠いものに思える、新入社員の悩みなどを明らかにしたレポートもある（1-1）。また、ウェブ公開後に話題となった「なんちゃって相関（擬似相関）」は、まったく関連性のない2つのデータがぴったり連動する様子を示すレポートだが、データを見る際の基礎知識である「相関」という概念を、楽しみながら理解できるような流れになっている（幕間劇1‐6）。

このように公開したレポートのテーマは多岐にわたるが、レポートの作成にあたっては、このテーマ選びにかなりの時間とエネルギーを注いでいる。チームメンバーで頭をしぼってネタの案をいくつも出し、面白くてインパクトがあるか、過度の手間がかかりすぎずに結果が出そうか、一般の人々にとってもわかりやすいか、主にその3条件を基準に、吟味して作成に取り掛かる。本書で紹介するレポートは多くの人にとって面白く、ためになるものであると自負している。

データの調理と「見える化」

データの面白さと強力さを伝えて、データに馴染み親しんでもらうことがビッグデータレポートの最善の目標だとするならば、そのうえで、もう一段階踏み込んだ、重要な影の課題がある。それはズバリ、どれほど膨大な量のデータがあっても、データそれ自体からは意味を見出しにくいことを、しっかりと理解していただくことだ。

データとは素材であるに過ぎず、データがその価値や威力を発揮するか否かは、素材をどのように調理するか――データの世界の用語で言うならば、いかに目的を持ったうえで解析、精査、分析、分類、抽出するか——にかかっている。

その次の段階でもうひとつカギとなるのは、「見える化（可視化）」という問題だ。「データを解析した結果、こんなことが判明した」、と新たな発見を得られたとしよう。その結果を多くの人々に伝えるためには、誰もが、見た瞬間にパッと意味を理解できる表現によって示さなくてはならない。

その手法は様々であり、簡単な表現方法として表やグラフで図示することもあれば、アニメーションにすることで時間の経過を示す場合もある。もっと高度な技術を使ってバーチャルに表現することもできる。どのように見せ、伝えるのが最も効果的であるか——このようなデータの可視化は、欧米では「**大量データ可視化**（Data Visualization）」と呼ばれているが、日本ではまだ十分に発展しておらず、その重要性も浸透していないのが現状である。これについては2-3で実際に詳しくお見せする。

個性あふれる生身の人間の力

ここまでの話から、私たちが真にお伝えしたいことが、お分かりいただけただろうか？

それは、**ビッグデータがその本来の価値を発揮するためには、生身の人間の力が不可欠**ということである。膨大なデータを解析し、処理するにあたっては、当然ながらコンピュータやＡＩの力を借りる必要がある。だが、それをどのように活用するかを考えるのも、その決断を下すのも、人間だ。データの力とＡＩの力を解き放ったあと、最終的に必要となるのは、生身の人間の感じる力、決める力、伝える力である。

そんなわけで、矛盾しているように思われるかもしれないが、テクノロジーが進化し、ＡＩやデータが当たり前に使われるようになるこれからの時代においてこそ、データを使う人間自身の生の体験や考え方こそが、重要となってくるのである。

ビッグデータレポートチームは、日頃からヤフーでデータの分析や調査に携わる人々のうち、このレポートの趣旨に共感してくれる有志のメンバーによって構成されている。いずれも日本を代表するといっても過言ではないデータのスペシャリストだが、それぞれのメンバーの経歴やスキル、関心領域は様々だ。

東大の博士号を取得した、位置情報データの扱いを得意とする「位置情報《ロケーション》ドクター」もいれば、元雑誌編集者として、人間の気持ちや感情をデータから明らかにしようと試みる「こころ掘り下げ人」もいる。経済系の分析を担当していたある女性は、自身が妊娠・出産を経験したのち、その経験を生かしたいと「育児シリーズ」を立ち上げて、「キラキラデータママ」と化した。

本書の各レポートでは、その作成を担当したメンバーにも登場してもらった。彼／彼女らがレポートをいかなる経緯で着想し、作成に当たってどのような思いを込めたのか、レポートの背景にある作成者の人間味や情熱も、感じ取ってほしい。

このメンバーが結集しなかったならば、データの面白さやパワーを存分にはお伝えできなかった。逆に言うと、彼／彼女らが最先端の知やアイデアを出しあったからこそ、中学・高校生でもすんなり理解できる、楽しくて役に立つ読み物になったと自負している。

これから皆さんにお届けする、言わば「データ分析の梁山泊《りょうざんぱく》」の特産品を、ぜひ最後まで味わっていただきたい。

ネットとリアルは切り離しえない

もうひとつだけ、最後に述べておきたい。

ヤフーがビッグデータを扱う企業である以上、データの価値を世の中に発信し、伝えていくことは、われわれの大きな課題なのではないか――そんな思いを抱くなかで、ちょうど同じ頃に、私が懸念していた問題がある。

それが、**インターネットの世界とリアルの世界を別のものとみなす世の中の風潮**であった。ネットの空間は、あたかもそれ自体で完結する閉ざされた世界として独立しており、現実の私たちの生活とは関係ない――そんな考えが蔓延していたのだ。

しかし、それが誤ったものであることは明らかである。世界は今、急速な情報産業革命の真っ只中にある。「IT企業」という言葉があるように、これまで「ICT（information, communication, and technology）産業」とは特定の一部の産業を指すものと考えられてきた。しかし今後は、すべての産業が「データ×AI化」していく。人類最古の産業のひとつとされる農業を含め、一切の例外はない。

ネットとリアルは別個の世界であるどころか、切り離しえないものであり、今後ますますその連関が密接なものとなっていくことは間違いない。

このような時代に生きる人々にとって、変革のカギとなるデータについての皮膚感覚的な理解が欠如していることは、致命的と言わざるを得ない。データを正しく理解する力（＝データ・リテラシー）は、リアルな現実世界を生きていくうえで、もはや「常識」として身に着けておくべき必須のツールとなる。

データを分析し、意思決定に役立てていく「データ・ドリブン」の思考力、分析力、情報科学の基本、データの力を解き放つ力――これらをしっかりと会得し、応用できる人だけが、これからの社会を生き抜いていけるのだ。

以上、少々堅苦しい話も交えてしまったが、ビッグデータレポートの最大の目的は、可能な限り多くの人々に、「データとはこんなに面白くて、パワーがあって、すばらしいものなんだ！」と実感してもらうことにある。ぜひ、気軽に楽しみながら、ページをめくっていってほしい。データの魅力と無限の可能性を体感してもらえれば、本望である。

＊

念のため付言しておくと、本書で用いられている各種データや位置情報の扱いに関しては、当然ながら、利用者の方々のプライバシー保護のために、厳重に管理を行っている。

分析で活用しているデータは一切の個人情報を使用しておらず、たとえば大学など外部機関との共同研究をする際にも、データの持ち出しは非常に厳しい取り扱いルールに基づいた運用を行い、プライバシーとセキュリティに関しては、会社として厳重な対策を講じている。

また、現在ヤフーでは、膨大な蓄積のある社内のビッグデータを企業や自治体の持つデータと掛け合わせ、さまざまな課題解決に貢献するデータ・ソリューション・サービスに取り組んでいる。

目　次

はじめに　3
データの面白さとパワー／的中率96％だった参議院選挙予測／データの調理と「見える化」／個性あふれる生身の人間の力／ネットとリアルは切り離しえない

第1部　ビッグデータは、「深層」を描き出す　17

1‐1　新社会人は4月に「モットーとは」、5月に「新入社員　辞めたい」、6月に「恋活」と検索する　18
初任給の使い道は？／上司に年賀状を送る？　送らない？／5月頃から「足の臭い」が気になりだす／マーケティングにも応用できる

1‐2　ママは、生後102日目にわが子をモデルへ応募したくなる　32
どんな事態に直面するんだろう……／「共起関係」と「関連度の数値化」／育児に関

連するニーズ／共起ネットワーク／カレーの調理過程を反映する検索語／生後1年が経過する頃／どんな必要に迫られるのかがわかる

1-3 「頭が痛い日本人」が最も多い時刻は、17時である 50
「気分」や「感情」は可視化できるのか／日本人が疲れているのは17時／深夜は、気分がおかしくなる？／「緊張」と「臭い」は朝／10〜11時台は「暇だ」

1-4 矢沢永吉と郷ひろみは、双子レベルの「そっくりさん」 61
歌詞に頻繁に出てくる言葉は？／どうやって歌詞を分析するのか？／歌詞に最もよく使われる名詞の1位／TUBEはやっぱり「夏の風物詩」／「自分」と「相手」をどう呼ぶか／日本のアーティストの「樹形図」／酷似する森進一と堀内孝雄／「面白そう」が、データ活用のカギとなる

1-5 日本は、「東京」と「それ以外」の2つの国からできている 77
東京セントリック思想／極端な「電車社会」／クルマに関心がなく、タクシー依存／そうめんは香川・奈良、ラーメンは山形・新潟

幕間劇

1-6 音楽CDが売れる時、サバの漁獲量が増える――擬似相関とは何か？ 94
相関はあるが、因果関係はない／相関とは何か？／「相関」と「因果」は独立の概念／じゃがいもが売れる時、自民党の支持率がアップする／相関はモデルの母

第2部 ビッグデータは、こんなに役立つ

2-1 これからの「混雑ぶり」がわかり、移動のストレスが消える 110
「混雑」するのはどんなときか？／混雑を「予知」できる意外なサービス／始発でコミケ会場に殺到する人々／花火大会の混雑も予測できるか？／すでに混雑予測は実装されている

2-2 救援活動をスムーズに進める、「隠れ避難所」を探せ！ 123
熊本地震での問題／一体どこに避難しているのか／いつもと違う混雑／ビッグデータは災害支援に貢献する

2-3 リニアで日本はどれだけ狭くなるのかを、実際に見てみよう 135
東京―名古屋間がたったの40分／東京から2時間でどこまで行けるか？／東京から一番遠い町／北陸新幹線で、どのくらい便利になった？／リニア中央新幹線が開通したら……／データビジュアライゼーションのこれから

2-4 政治への関心が薄い日本人の注目を一挙に集めた、「令和」発表の瞬間 157
投票率の恐るべき低さ／興味があるのは政治より、断然スポーツ／日本中が騒然とした、北朝鮮ミサイル問題／ミサイル、モリカケ、セクハラ／男性の興味はモリカケ、女性の興味は子育てに／高齢者と若者の関心差／物理的に離れているほど、関心も低下する／凄まじかった新元号「令和」への注目度／「令和グッズ」に「令和ちゃん」、知りたいことは？

2-5 検索量を分析すると、選挙の議席数予測は96％も的中する 176
一致率96％の衝撃／Yahoo!検索は比例区、ＳＮＳ投稿は小選挙区との相関が高い／「相関モデル」と「投影モデル」／公明党得票率の謎の周期／盛り上がりという「追い風」／圧倒的に検索されたあの落選候補者／どんな顔か調べても、投票はしない／データは決して完璧ではない

2-6 今の景気を予測することは、どこまで可能か？　201
景気指標を作ってしまおう！／景気をどう確認するか／景気と関連するキーワードを探す／検索が増えれば、景気指標も改善するキーワード／「Yahoo! JAPAN景気指数」を求める／モデルの前提が崩れている／内閣府は過去のデータを更新している／「ヤフー指数」を作ってしまおう

おわりに　217

チームメンバー紹介・協力者　220

第1部　ビッグデータは、「深層」を描き出す

1-1 新社会人は4月に「モットーとは」、5月に「新入社員 辞めたい」、6月に「恋活」と検索する

新生活に悩みや不安はつきもの。長い人生の中でも、恐らく最大級の変化ともいえるだろう社会人デビューの瞬間に焦点を当て、その検索語を調べてみると、新社会人たちは何を感じ、考えているかが見えてくる。

初任給の使い道は？

最近の若者たちは、初任給を何に使うのだろう——先日、ふとこんなことが気になった。そこで、何気なく、2017年の検索ワードのデータを調べてみた。すると、「初任給」とともに検索されるキーワードの1位は、「プレゼント」であった。

さらにその下には、「初任給 両親」や「初任給 親」というキーワードが登場している。初めての給料でプレゼントを購入し、親に感謝の気持ちを伝える……そんな若者がたくさんいると思うと、なんだか心が温かくなってくる。

当然ながら、「検索する」という行為は、その言葉について知りたいという欲求や関心

にもとづくといえるだろう。この関連検索の結果も調べてみると、彼らがどんなプレゼントを買おうとしているのかも推測できる。

代表的なのが、たとえば「旅行」や「食事」といった体験型のプレゼント。そして、「ペアグラス」「夫婦箸」などの両親向けのペアグッズ、「ネクタイ」「お酒」「花」などの定番品、「小型マッサージ器」といった電化製品に至るまで、様々であった。

今回のレポートは、人心を発掘するのが得意な「検索発掘王」池宮伸次をリーダーに、新しくレポートチームに入って活躍中のシンジジントリオ、内藤秀彦、中村暢佑、谷本真帆の3名が作成してくれた。

チームを統轄する池宮（いけみー）は、検索データを触っているのが好きで好きで仕方がない、というタイプの人で、仕事をしているのか、遊んでいるのか……私にもよくわからない。

池宮　ちゃんと仕事していますよ！

「Yahoo!検索」のデータを見ていると、毎年、同じ時期に、検索が急に増えるワードがあります。典型的なのが、4月の新生活のシーズンです。新社会人たちは、1日に入社式を迎え、研修を受け、配属が決まり……と、みなさん大体似たスケジュールで生活していきます。新しい環境では、色々と困ることやわからないことにも直面すると思いますが、そんな

図表1-1-1 「初任給」を含む第2ワード検索数ランキング

順位	検索キーワード	検索量(指数化)
1	初任給　プレゼント	100.0
2	初任給　平均	42.6
3	初任給　手取り	23.6
4	初任給　親	18.4
5	初任給　いつ	14.8
6	初任給　ランキング	9.0
7	初任給　使い道	8.6
8	初任給　4月	4.1
9	初任給　税金	3.0
10	初任給　両親	2.5

資料：Yahoo!検索　集計対象期間：2017年4月1日〜4月30日

とき今の人たちは、やはりまず、ネットで検索して解決方法を探す傾向にあります。

その検索データの蓄積を分析すると、新社会人たちがどのくらいの時期に、どのような出来事に直面したり、不安や悩みを抱いたりするのか、ということを推定できます。新入社員のみなさんに、「あと1カ月後にはこんな悩みに直面するかも」、ということをお伝えできれば、心構えもできて心の負担も軽くなるかもしれない……そんなことを思いながら、作成してみました。

ご説明ありがとう。彼は人のこころを担当する、「こころ掘り下げ人」と呼んでも良い達人である。というわけで、新社会人がいつ、どのような検索をしているのかを調べていこう。

今回は、冒頭でみた「初任給 プレゼント」と検索している人々を、「新社会人」属性を持つグループと設定する。もちろん、このワードで検索する人が必ずしも全員新社会人とは限らないが、傾向を出す分析方法においては、100％の正解データが必要というわけではないため、本レポートではそのグループを、実際に初任給をもらいプレゼントの購入を考えている新社会人として定義した。

「新社会人」属性を持ったグループの検索傾向をすべての検索傾向と比較したとき、何か特徴的な検索行動が見つかれば、そこから新社会人の傾向を浮かび上がらせることができると考えられる。また、次章1−2で詳しく解説するように、時間の差分を取れば、その出現頻度を時系列として置き換えることができるため、新社会人の特徴的な行動や興味関心を、時間軸に置き換えてそのタイミングを抽出できるのだ。

これを見れば、これから新社会人になる学生たちは、自分がどのような悩み事に直面するのか、いつごろどんなことに関心が出てくるのかがわかる。社会人歴の長い方は、過去の自分を思い返しながら、部下となる新卒社員たちがどのような不安や関心を抱いているのか、参考にしてみるのもよい。

上司に年賀状を送る？　送らない？

一例を見てみよう。4月の給料日頃に、「初任給 プレゼント」と検索した新社会人のグループのデータを、全体の検索データと比較してみた。すると、初任給が支給された約8ヵ月後にあたる12月下旬に、ある検索キーワードが特徴的に上昇することが見てとれる。

それが、「上司 年賀状」である。スマホが普及して以来、若い人たちの間では、紙の年賀状を一通も出さないということも、決して珍しくないはずだ。「わざわざ作るのも面倒だが、やはり社会人マナーとして、上司には年賀状を送っておくべきなのだろうか？」……こんな悩みを持ってウェブで検索するというのは、いかにも現代の若者らしいと言えるかもしれない。

以上の例と同様にして、過去の検索データの蓄積から、新社会人特有の悩みを抽出していこう。

図表1－1－2は、縦軸を検索量、横軸を日付とし、特徴的なキーワードをプロットしたものだ。4月25日を時間軸の基点として抽出しており、期間は、4月1日から6月30日までとした。

さらに、そのキーワードすべてを「社会人生活」「お金関連」「新生活」「美容・体調」の4つに分類し、それぞれの軸について、出現頻度の中央値となる日付で時系列にマッピングした。

では、それぞれの軸について、特徴的なワードを拾ってみよう。

まずは「お金関連」軸。「初任給 プレゼント」の検索キーワードを基点にデータを抽出していることもあり、お金関連の結果は多く抽出されている傾向がある。

この節の冒頭で述べたように、4月後半には、初任給をどう使うかという悩みが主に反映されている。両親へのプレゼントや自分へのご褒美のほか、5月には「光熱費」や「奨学金 返済」など身に迫る生活費関連も、現実的な問題となっているようだ。

また、社会人生活が始まったばかりではあるが、「積立貯金」や「定期預金」など、しっかりと将来に向けた貯蓄まで考えていることがわかる。

5月頃から「足の臭い」が気になりだす

「新生活」軸を見てみると、ここには、ひとり暮らしを始めたと思われる人のワードが目立つ。4月上旬には「洗濯機 使い方」が検索される。6月に入ると、そろそろ新生活にも慣れてきたのか、「休日の過ごし方」など、ライフスタイルを充実させようとするキーワードが多く見られるようになる。

それから、「彼女 作り方」「同期 恋愛」「ダーツ 投げ方」「クラブ 初心者」「街コンとは」。同期の異性とダーツバーなんかで仲良くなったり街コンで盛り上がれたら……ちょっとばかり、心に余裕も出てきたようだ。

図表1-1-2 新社会人の悩み時系列マップ 資料：Yahoo!検索

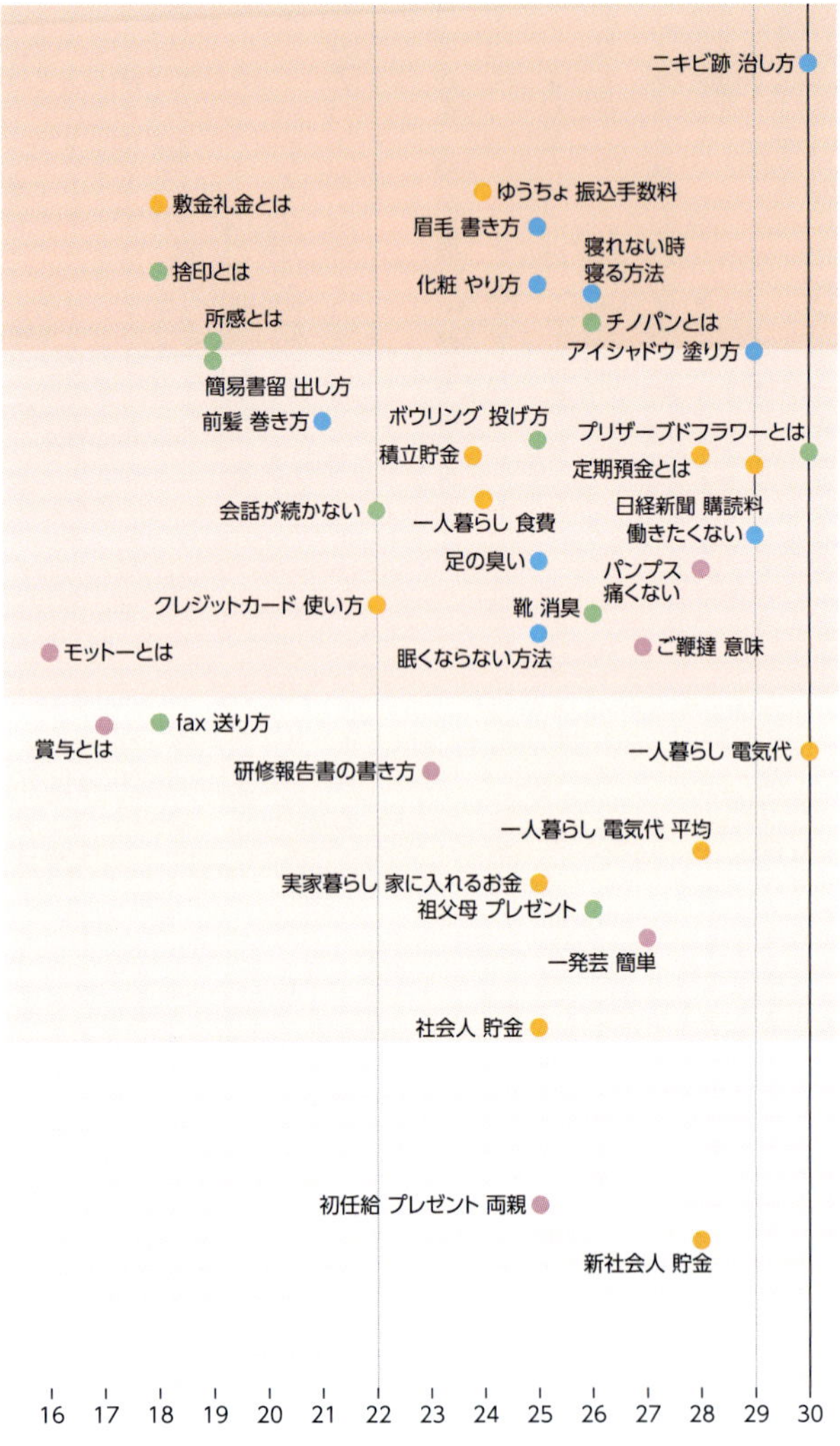

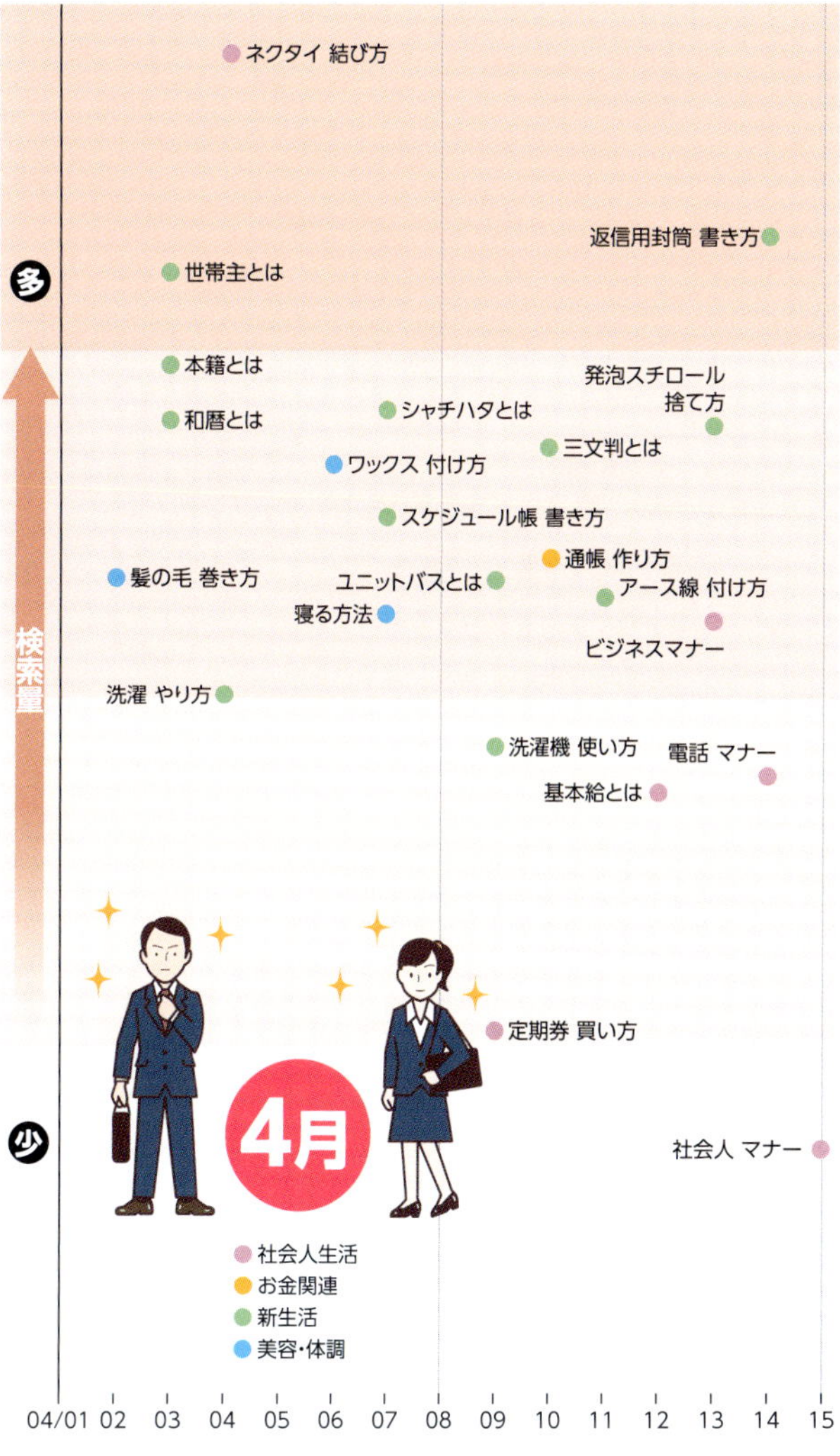

1-1 新社会人は4月に「モットーとは」、5月に「新入社員 辞めたい」、6月に「恋活」と検索する

父の日 プレゼント
眠気を覚ます方法
彼女 作り方
趣味 ランキング
仕事 行きたくない
足の裏 皮がむける
タバコ 吸い方
当座預金とは
利回りとは
涙が止まらない
ストレス 吐き気
仕事 つらい
承知しました
営業 向いてない
仕事 ミス
仕事 失敗
飲み会 断り方
社会人 出会い
社内恋愛 きっかけ
新入社員 辞めたい
新卒 辞めたい
新卒 貯金
同期 恋愛
新入社員 つらい
16 17 18 19 20 21 22 23 24 25 26 27 28 29 30 31

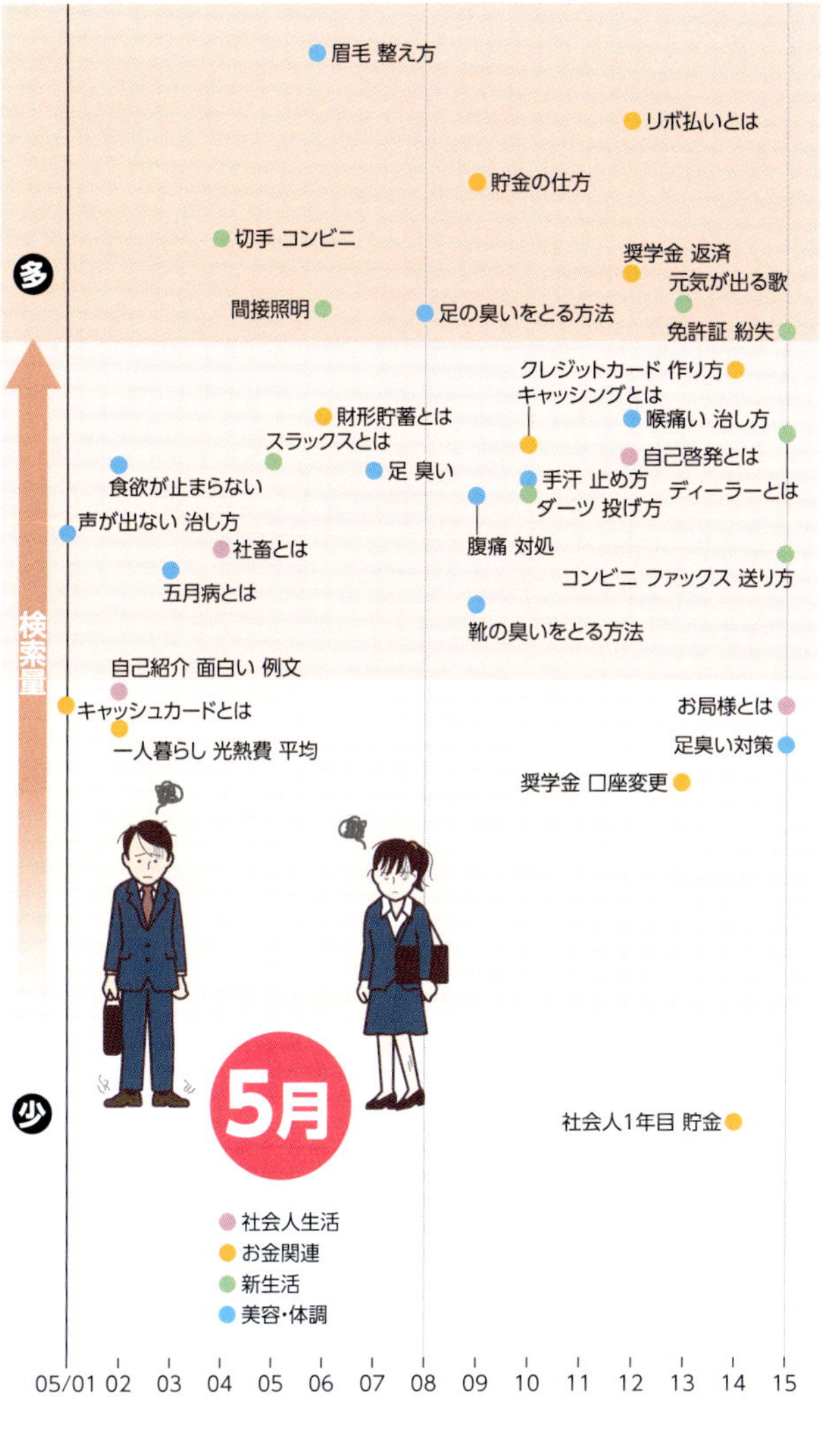
眉毛 整え方
リボ払いとは
貯金の仕方
切手 コンビニ
奨学金 返済
多
元気が出る歌
間接照明
足の臭いをとる方法
免許証 紛失
クレジットカード 作り方
キャッシングとは
財形貯蓄とは
喉痛い 治し方
スラックスとは
自己啓発とは
足 臭い
食欲が止まらない
手汗 止め方
ディーラーとは
ダーツ 投げ方
声が出ない 治し方
社畜とは
腹痛 対処
コンビニ ファックス 送り方
五月病とは
靴の臭いをとる方法
検索量
自己紹介 面白い 例文
お局様とは
キャッシュカードとは
足臭い対策
一人暮らし 光熱費 平均
奨学金 口座変更
少
5月
社会人1年目 貯金
社会人生活
お金関連
新生活
美容・体調
05/01 02 03 04 05 06 07 08 09 10 11 12 13 14 15

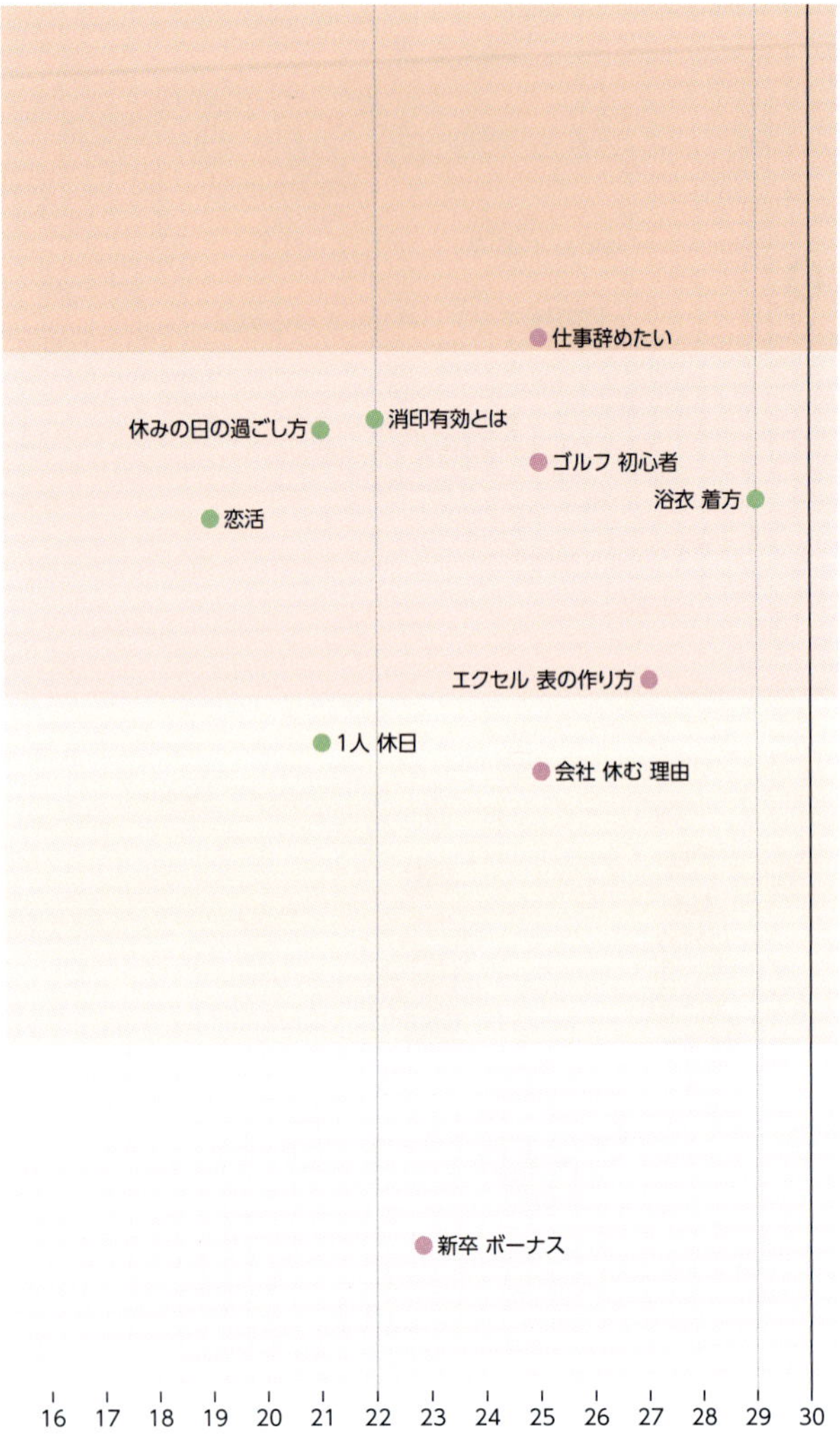
仕事辞めたい
休みの日の過ごし方
消印有効とは
ゴルフ 初心者
浴衣 着方
恋活
エクセル 表の作り方
1人 休日
会社 休む 理由
新卒 ボーナス
16
17
18
19
20
21
22
23
24
25
26
27
28
29
30

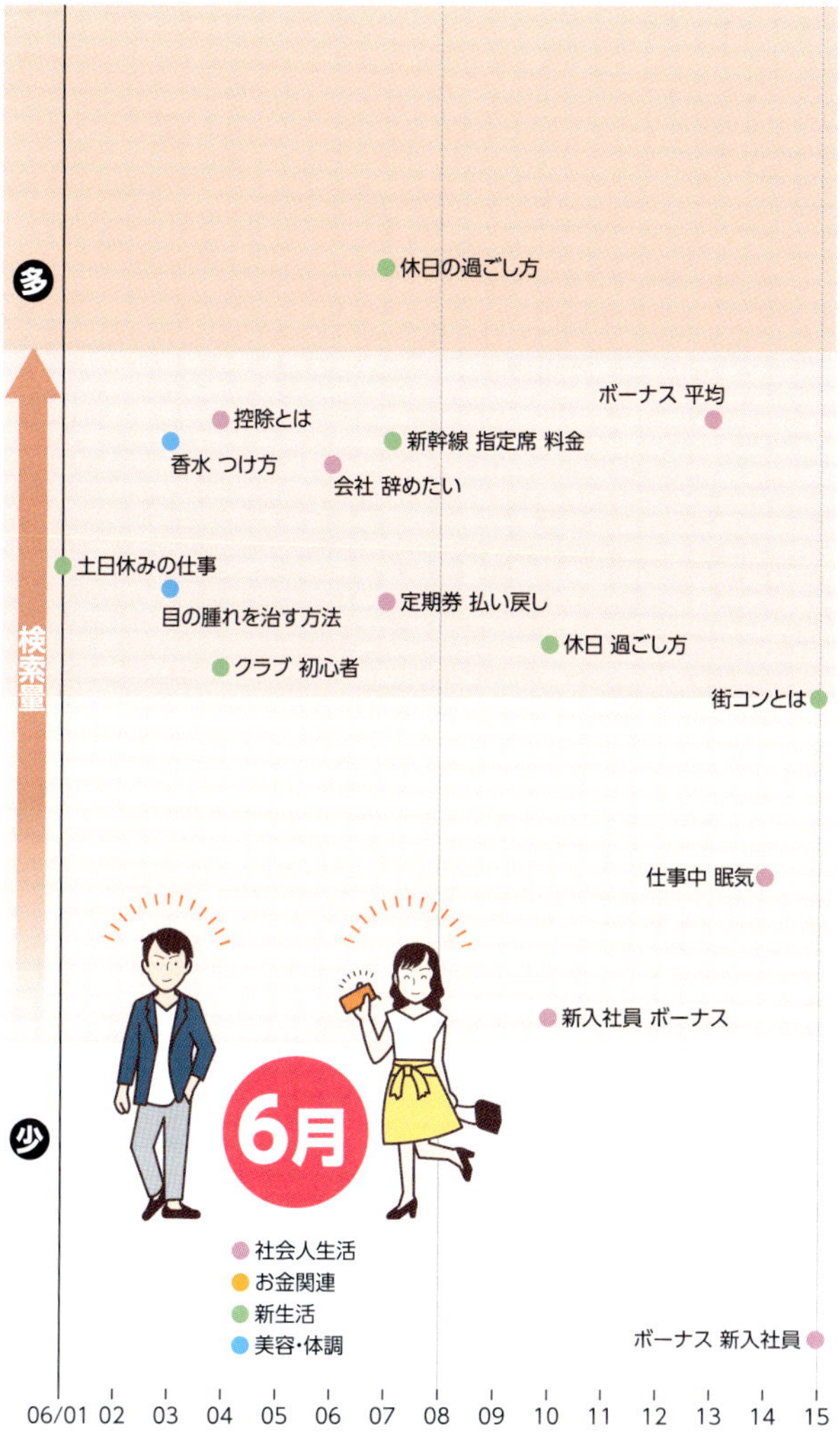

 1-1 新社会人は4月に「モットーとは」、5月に「新入社員 辞めたい」、6月に「恋活」と検索する

「美容・体調」軸を見ていると目立つのは、「髪の毛 巻き方」や「眉毛 書き方」といった、メイク・身だしなみ系。と同時に、5月頃から増え始める、「足の臭い」に関する検索。徐々に気温が上昇し、外歩きなどで革靴のムレが気になっている人が出てくるのだろうか。「臭い」のようなデリケートなことは、友人や親にはちょっと聞きづらいので、ウェブ検索に頼る人も多そうだ。

さらに注目したいのが、「社会人生活」軸の5月後半に見られるキーワードだ。ここで急に、仕事のミスや、精神的なネガティブ感情に関するワードが増加する。「新卒 辞めたい」「仕事 行きたくない」「新入社員 つらい」……。

世間的にも「五月病」と言われる時期であるが、多くの新社会人が、この時期に落ち込んだり、悩んだり、精神的な辛さに直面してきたことが、リアルなデータからも証明される。

他にも、各軸を横断的にみてみると、「○○とは」シリーズが目立つ。「財形貯蓄とは」「捺印とは」「本籍とは」。いずれも学生のときにはあまり知る必要がなかったものかもしれない。

そして、「モットーとは」……。私も若い頃、「お前のモットーは何だ！」と上司に聞かれたことをありありと思い出す。また、「眠気を覚ます方法」「会話が続かない」「自己紹介 面白い 例文」。そして「一発芸 簡単」――新卒歓迎パーティや宴会を控えて、出し物に困ってしまっているのだろう。

頑張れ、新入社員！　私は心の中でひそかに応援しているぞ！

マーケティングにも応用できる

こうしてキーワードを時系列に眺めていくと、まるでひとりの人格・人生がありありと浮かび上がってくるかのようではないか？　抽出されたこれらのキーワードには、おそらく（新入社員時代の辛さを味わった）多くの人が共感してくれるだろう。

実は、このように、感覚的には当たり前とも思える「あるある」を、検索キーワードの量という客観的なデータによって言語化、可視化できるのは、非常に貴重だ。というのも、プライベートな興味関心や感情という要素については、統計データがなかったり、そもそも調査することが難しかったりするからである。

特定のグループが、どのタイミングで、どのような行動をとるのかを把握できれば、広告やショッピングサービスなどのマーケティングにも活用可能だろう。

今回のレポートでは、社会人デビューを果たして間もない新入社員の悩みを分析してみたが、今度はその逆のバージョン、つまり、そろそろ定年退職を迎える人たちのグループも調べてみようかと考えている。

1-2

ママは、生後102日目にわが子をモデルへ応募したくなる

子育てをする母親は、育児の過程でどのような悩みを抱えるのか。実際に出産を経験した、わがレポートチームが誇る通称「キラキラデータママ」が、Yahoo!検索のデータから明らかにする。

どんな事態に直面するんだろう……

女性が子供を出産したあと、夫へのイライラが最も気になるのは生後45日目頃、子供の指しゃぶりが気になるのは生後56日目頃、髪の毛の逆立ちが気になるのが生後61日目頃、わが子をモデルに応募したくなるのは生後１０２日目頃——。

これは、子供を出産した後に抱く悩みや思いを、データから解析した日数である。「Yahoo!検索」の検索キーワードを用いれば、世の中のママたちの強い味方になること間違いなし！　という、このようなレポートもできる。

これを作成してくれたのが、仕事と育児を両立中の稲葉真裕。人呼んで「キラキラデータママ」にご登場願おう！

稲葉　キラキラ……かどうかはわかりませんが（笑）、はい、データは大好きです。私は、４年前に初めて出産を経験しましたが、妊娠期から刻々と変化する体調や精神状態についてわからないことだらけでしたし、出産後も初めて体験することばかりであり、日々不安や心配との戦いでした。おそらく、人生のなかで最も頻繁にネット検索していた時期だったと思います。

そんなことを身をもって体感していたある日、ふとこう思ったのです。

（これって自分だけではなく、育児中のママ共通の疑問や悩みなんじゃないだろうか？　もし、明日、１週間後、あるいは１ヵ月後に、自分がどんな事態に直面して、どんな悩みを抱くようになるのか……それが事前にわかるのだとしたら、なんて便利で心強いだろう）

世の多くの育児中ママに共通するであろう悩みやニーズを、ヤフーが持つビッグデータから解決できないだろうか——そう考えて、「やってみたい！」と思ったんです。

稲葉は、もともと景気予測のレポートの作成に携わっていたのだが、彼女自身の出産を機に、本テーマを作成してみたい、という熱い思いを訴えてきてくれた。そんなキラキラデータママの渾身の力作レポートを、これからご紹介していこう。

「共起関係」と「関連度の数値化」

本レポートのゴールは、出産・育児に関して、冒頭に述べたような「○○日後には△△の悩みを抱える」という感覚的に知られているものをデータから明らかにすることだ。

この結果にたどり着くためには、2つのステップが必要となる。第1に、「育児に関連するニーズの丸ごと取得」、すなわち、育児に関する悩みや関心（＝ニーズ）には、どのようなものがあるのかを総体的に取得すること。

第2に、「育児ニーズの時系列変化の把握」、すなわち第1ステップで把握した様々なニーズを、時間の経過ごとに把握するということだ。

第1ステップの「育児に関連するニーズの丸ごと取得」から取り組んでいこう。最初に、本レポートで用いたデータの分析方法について解説する。「Yahoo!検索」の検索キーワードを用いて、次の処理を行った。

抽出手順

1年間の全検索キーワードから共起関係を抽出し、関連度を数値化する……①

①のデータセットを用いて、育児に関するキーワードだけを抽出する……②

②のデータセットを用いて、ニーズごとにクラスタリングする

②のデータセットを用いて、検索タイミングの時系列情報を付与する

難しい用語もあるので、なるべく易しく解説していこう。

まずは、「共起関係」と「関連度の数値化」について。突然だが、こんな機会があると想像してほしい。あなたはYahoo!検索で「雪まつり」と検索した。その後、続けて何か別の単語を検索したとする。さて、検索したその単語は、「札幌」と「那覇」、どちらである可能性が高いだろうか?

ほとんどの人は、「雪まつり」が毎年、北海道の札幌市で行われていることを考慮して、「札幌」と検索するに違いない。実際のYahoo!検索の過去のデータを見てみると、「那覇」に比べて「札幌」が圧倒的であり、その推測が正しいことがわかる。

このように、検索キーワードを分析すると、「A」というキーワードを検索した人が、関連して「B」というキーワードを検索する可能性は高いのに対し、「C」と検索する可能性は低い、といった傾向の数値化が可能である。

今回はそれを、キーワード間の共起（同時出現）回数をベースとしたスコア（関連度スコア）に置きかえる。先の例で考えるなら、「雪まつり」というキーワードに対して「札幌」というキーワードは関連度スコアが高く、「那覇」は低い、ということになる。関連する

度合いを数値で表すのだ。これらは、この後紹介する時系列計算と合わせて、検索データから唯一無二の価値を生み出せる高度な開発スキルを持ったチーム（田村健、森琢郎、岡本あゆみ、工藤和也）の支えがあって初めて生み出されるものである。

今回のレポートでは、このような方法を用いて集計を行った。対象としたのは、２０１６年の年間の全検索キーワードである。

次に②のステップだ。①で抽出され、関連度が数値化されたその莫大なデータセットから、育児に関するキーワードを抽出してみよう。

その中で、検索母数が大きいキーワードを用意する。それらのキーワードについて、上記データに紐づいた育児系のキーワードを派生的に収集する。そこで集められたキーワードを再び親キーワードに設定して同様のことを行い、関連度スコアと出現率によるフィルタ処理によって、育児に関連する幅広い意図のキーワードを収集し、データセットを作成した。

育児に関連するニーズ

このような方法で取得された育児関連のキーワードのデータは膨大な数に及ぶ。さらにそこから、育児に関する情報のニーズにはどのようなものがあるのかを把握するために、

図表1-2-1　育児キーワード群のカテゴリツリーマップ

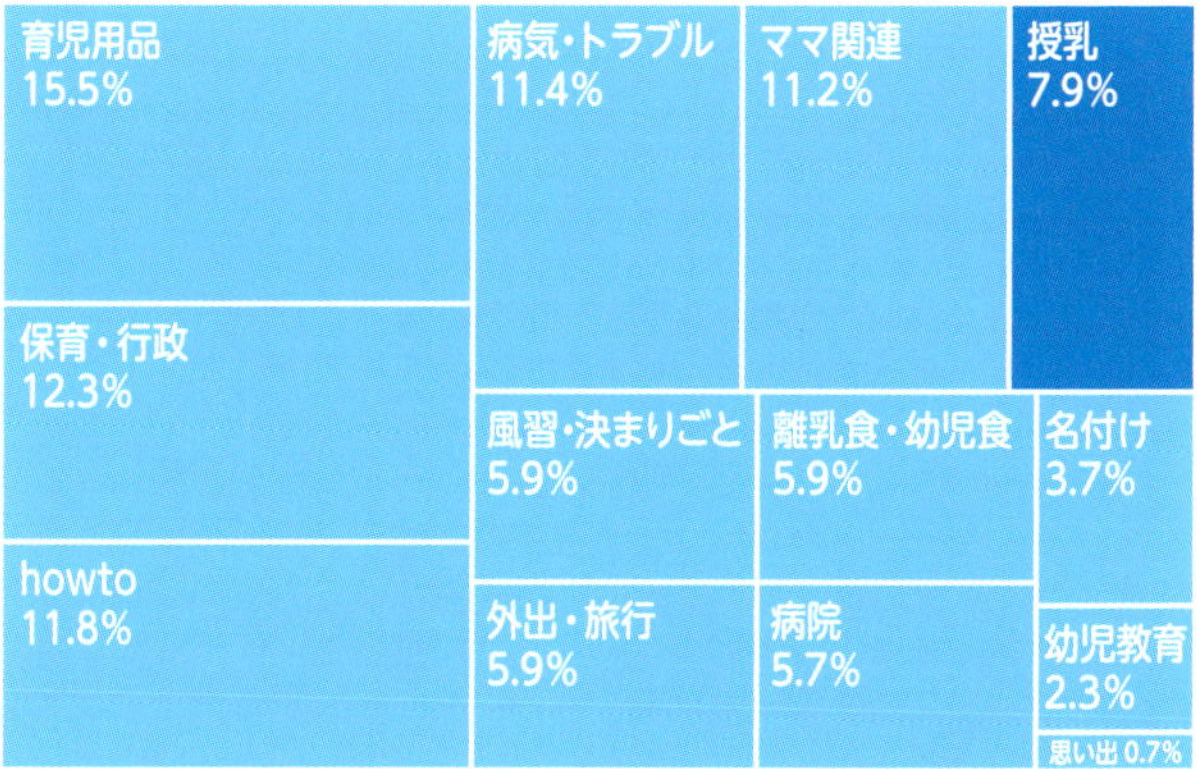

資料：Yahoo!検索

いくつかのステップを踏む必要がある。

まずは、類似する意味を持つキーワード同士をまとめ上げる処理を行い、それらを一括りにできるカテゴリを作成する（自然言語処理を用いたクラスタリング、それをベースとした独自のグルーピング、その両者を併用）。

すると、育児に関する悩みやニーズは、全部で13の大きなカテゴリに分類することができた（ただし、分類が難しいものや、複数のカテゴリにまたがる意味を持つキーワードを除く）。

この全13のカテゴリの各々について、それがどれぐらいのボリュームを持っているかを可視化したのが、上のツリーマップである。

カテゴリとしてボリュームが大きくなったのが「育児用品」カテゴリ。ここには「子供服」や「おもちゃ」、「ベビーカー」といった

図表1-2-2 「授乳」カテゴリの中のサブカテゴリツリーマップ

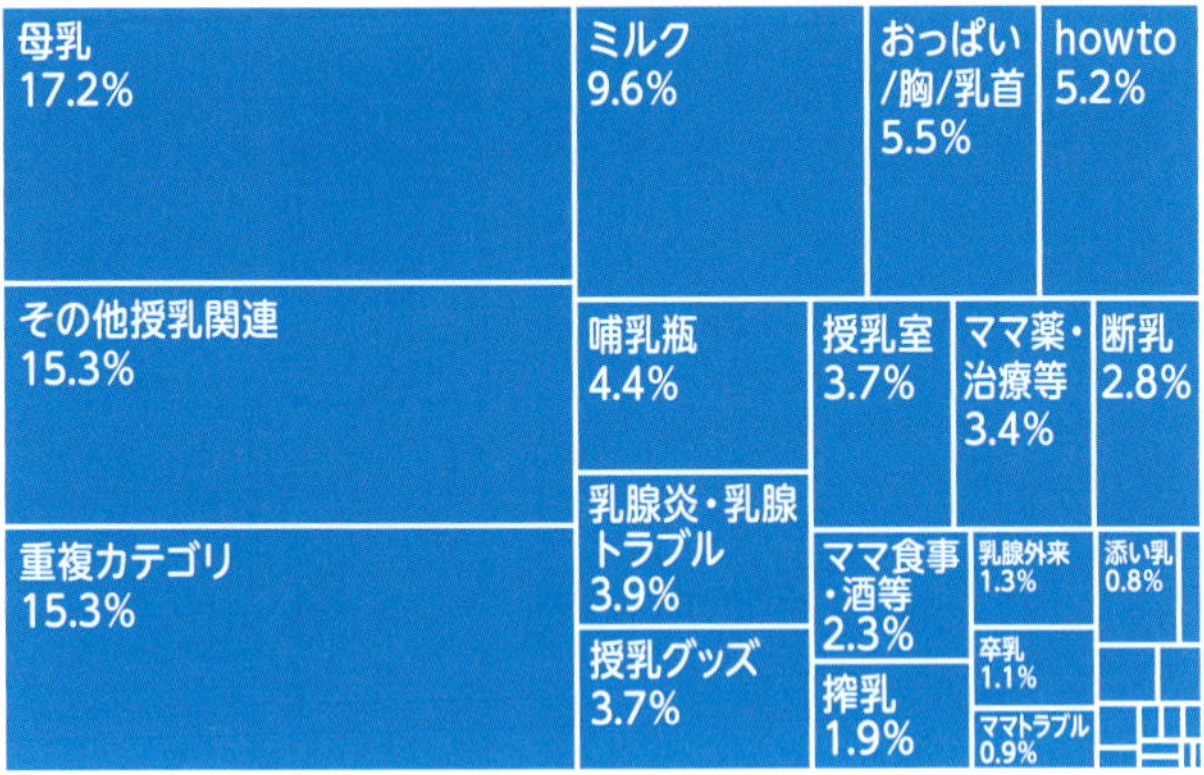

資料：Yahoo!検索

様々なアイテムキーワードが含まれている。続いて「保育・行政」関連、「howto」関連（「寝かしつけの時間は？」といった育児ノウハウ）、「病気・トラブル」関連と続く。

そして、これらの全13のカテゴリの中には、さらにサブカテゴリが存在し、そのサブカテゴリの中にも、多岐にわたる膨大なデータが格納されている。一例として、13のカテゴリのひとつ「授乳」カテゴリの中をさらに詳しく開いてみたのが図表1－2－2だ。

全データを分類することによって、育児に関連したニーズの種類が、どれほど多種多様であるかが見えてきたのではないだろうか。

共起ネットワーク

また、このカテゴライズしたデータを応用

すれば、たとえば「ミルク」と「母乳」というカテゴリのうち、それぞれのニーズにどのような違いがあるのかを比較することもできる。ここで利用するのが「**共起ネットワーク**」という手法だ。

簡単に説明すると、あるキーワードを検索した人がよく検索するキーワードの傾向から、頻出する単語はどれか、どの単語と結びつきやすいのかを可視化し、面によって把握するためのものである。

実際にやってみよう。「母乳」と「ミルク」に属するキーワードをネットワークにして比較したのが図表1−2−3だ。

赤く塗られたネットワークは、主に量や回数を表す単語が一つのまとまりとなっている。その内実を見てみると、「ミルク」と「母乳」、それぞれに含まれている単語の傾向に、少しずつ違いが見られることがわかる。

たとえば、ミルクでは「量」、母乳では「回数」の検索が目立つ。ミルクでは適切な分量や成長に応じた量の変化などを調べているのに対し、赤ちゃんがどのくらいの量を飲んでいるかを把握しづらい母乳の場合は、「回数」についての関心が高いということが想定される。

しかし、ミルクの緑色部分に注目すると、生後7ヵ月以降には、「量」ではなく「回数」

図表1-2-3

「母乳」と「ミルク」に属するキーワードの共起ネットワーク比較

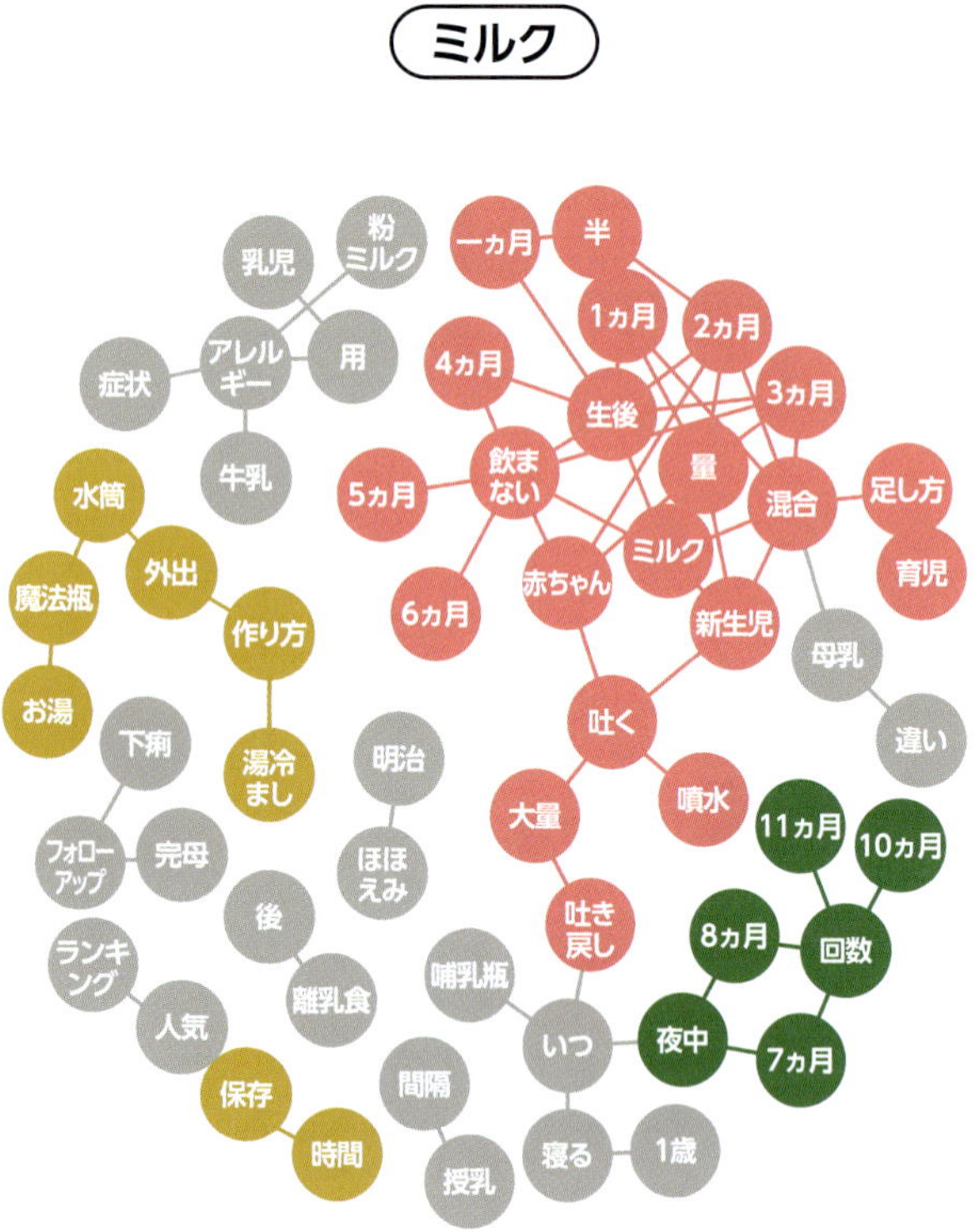

母乳

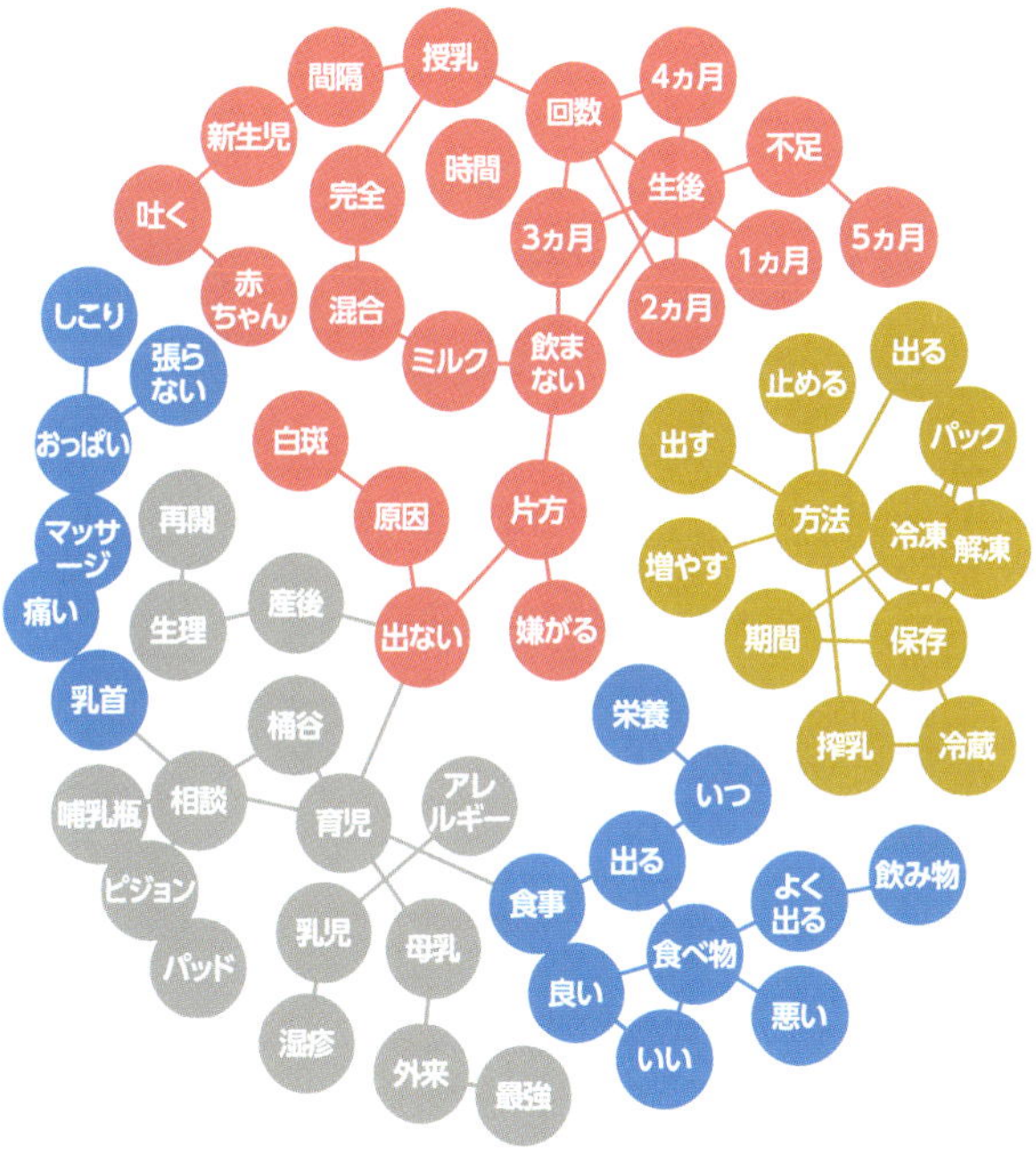

資料：Yahoo!検索データ

とのネットワークが形成されている。生後7ヵ月というと、一般的にちょうど離乳の進む頃となり、離乳食を増やしていくためにミルクの回数を調整する必要が生じるということかもしれない。

他にも、両方に共通する特徴的なネットワークとして、黄色のネットワークに注目してみると、母乳はいかに保存するかということに腐心する様子がわかる一方、ミルクは外出時のテクニックに関する需要が高いことがわかる。

また、母乳にしか存在しないネットワークとして、青で塗られたママの苦労もネットワークとして浮かび上がっている。母乳の場合とミルクの場合、それぞれに特有の悩みがあることが、両者のネットワークの比較からよくわかる。

ここまでが、第一のステップとして示した、育児に関するニーズの全データのカテゴライズであった。カテゴリとして分類してみるだけでも、実に多くの発見がある。

カレーの調理過程を反映する検索語

さて、ここでようやく第二ステップに突入だ。「○○日後に、△△な悩みが出てくる」が把握できるまで、あと少し。ここからは、各々のニーズについて、その時系列の変化に着目しよう。検索キーワードのログには、それぞれ何時何分に検索されたか、という時間

図表1-2-4 「カレー 作り方」を検索した場合、何分後に関連キーワードを検索するか

関連キーワード	検索時間差
カレー　具　切り方	1分後
カレー　作り方　動画	1分後
カレー　玉ねぎ　切り方	1分後
カレー　野菜　順番	3分後
カレー　手順	4分後
カレー　水　量	8分後
カレー　ニンジン　切り方	12分後
カレー　ジャガイモ　切り方	12分後
カレー　炒める	14分後
カレー　煮込み時間	35分後
カレールー　タイミング	95分後
カレー　保存方法	4時間後
カレーうどん　作り方	1.1日後
ビーフシチュー　作り方	1.2日後
カレールー　手作り	1.7日後

資料：Yahoo!検索データ

情報（タイムスタンプ）がセットになって保管されているのだが、その差分を取ることにより、集計が可能となる。

例を挙げて説明しよう。たとえば、「カレー 作り方」を検索した人が、その後どういう行動を取るのか？ ということが、上のように可視化できてしまうのだ。

ここで見られる関連キーワードとその時間が、カレーの調理手順をそのまま反映しているかのようであることが、お分かりいただけるだろうか。

調理を開始してから4時間

ほど経った頃、おそらく食後一段落した頃に、カレーの「保存方法」が検索されている。また、翌日には、アレンジを加えて「カレーうどん」にする人もいるようだ。

作ってから1日以上経過すると、カレーと同様にルーを使う「ビーフシチュー」を今度は作ってやろうと考えた人もいれば、カレーのルーそのものから「手作り」してみようと企てる人もいるようだ。実に創作意欲に満ちた人々である。

生後1年が経過する頃

話を戻して、次は実際に育児に関するニーズが、時間の経過とともにどのように変化するかを検証してみよう。最初に紹介したツリーマップは、育児に関連する1年間の全データを、1枚のチャートとして可視化したものだった。当然ながら、育児ニーズは赤ちゃんの成長とともに変化していくことが想定される。

そこで、先ほど13に大別した育児ニーズのカテゴリのボリュームが、赤ちゃんの誕生から2ヵ月ごとに各々どのように変化するかを、割合グラフで表してみた（図表1－2－5）。

これによると、出産から2ヵ月までの間には、「育児用品」のほか、ママ自身の悩みである「ママ関連」カテゴリにも、かなりのボリュームが発生している。時間が経つにつれてそれらの検索ボリュームは徐々に減少し、代わりに6ヵ月を越えるあたりから、「離乳

図表1-2-5　育児キーワード群のカテゴリ割合の時系列変化

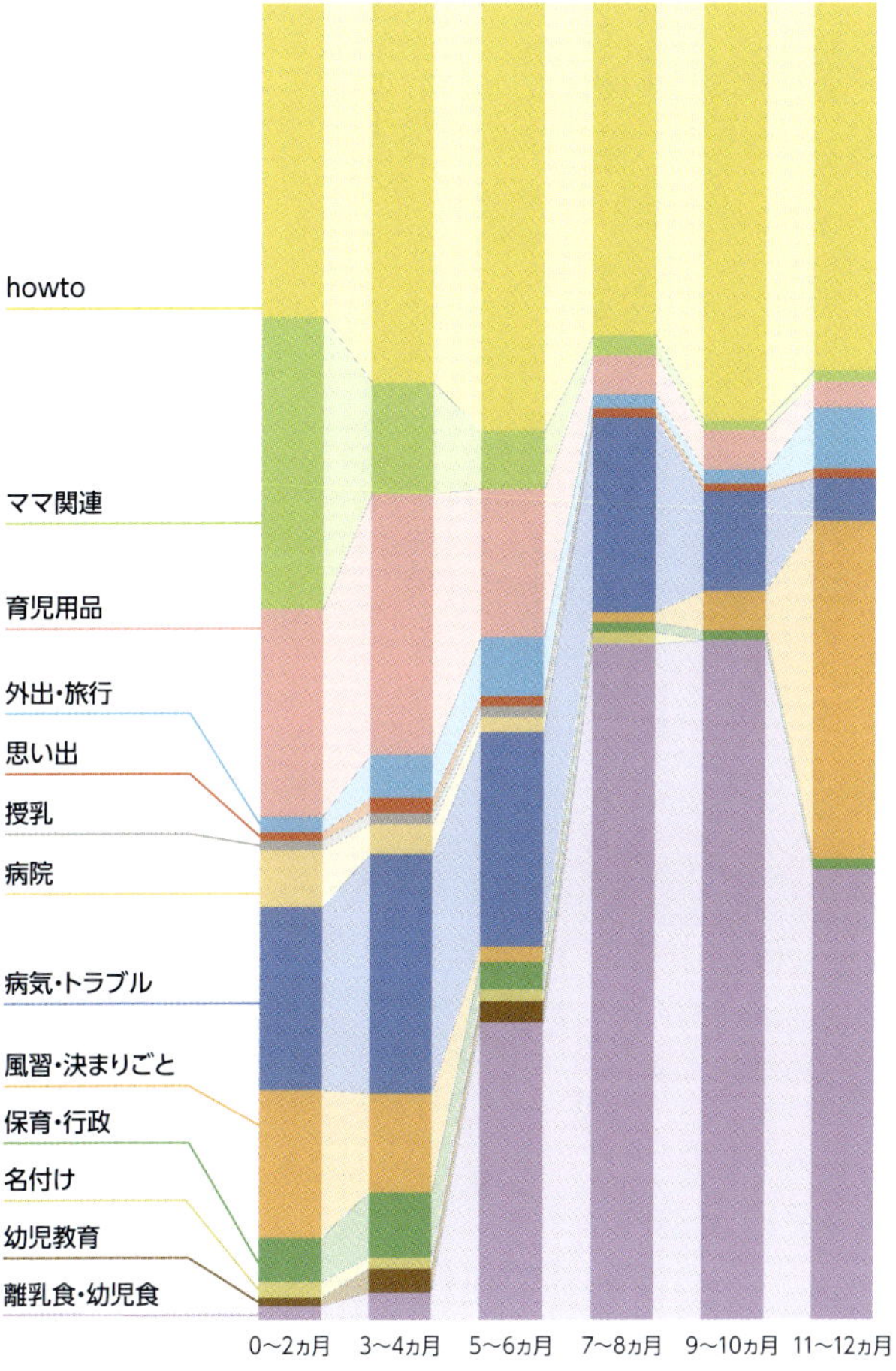

資料：Yahoo!検索データ

食・幼児食」に関する検索の割合が急激に増加している。

それから特徴的なのは、11〜12ヵ月目に「風習・決まりごと」カテゴリが、突如大きくあらわれていることだ。生後1年が経過する頃の赤ちゃんには、様々なイベントが控えている。ここに含まれているのは、生まれて初めて迎える「1歳の誕生日」や「一升餅」、「選び取り」など、記念行事に関連するキーワード群だ。

どんな必要に迫られるのかがわかる

この時系列での変化について、時間軸をさらに細分化しながら、ニーズが変化する様子を見てみよう。ここでは先ほど紹介した「授乳」のサブカテゴリの「哺乳瓶」の中に所属する細かなニーズカテゴリの時系列変化を可視化してみた（図表1-2-6）。

赤色が濃いほど、検索の量が多い、ということを示している。この表からは、赤ちゃんの成長に伴い、哺乳瓶に関する悩みやニーズが徐々に変化していくことが一目瞭然だ。おそらく、哺乳瓶マーケターでもこれほど詳しく理解できている人はいなかったのではないだろうか？

この時系列データを用いれば、いつ、どのタイミングで、どのような困りごとに直面し、何の必要に迫られるのかを、過去のママたちの経験データからあらかじめ知ることができる。初めて育児をする女性、そしてもちろん男性にとっても、心強い情報になるだろう。

このように蓄積されたデータを最大限に生かし、未来を推測することは、ビッグデータの最良の活用法のひとつである。

実際に応用として、子育て中の女性の服装に関する悩みを分析した結果、小柄な女性向けのロングスカートを商品として開発するに至った事例もある。テクノロジーでファッションを生み出す「ファッション・テック」の時代がすでに到来しているのだ。

今回のレポートは、実際に自分自身が「ママ」として育児を経験し、その大変さを体感した稲葉が、少しでも世の中のママたちの役に立てることがないか、不安や悩みを解消することができないか、という思いから、作成を開始したものであった。

分析を通じて、一言で「育児」といっても、産後たった1年の間に千差万別の悩みや課題があることが判明し、さらに、工夫をすることでそれらを体系的に可視化することの可能性も見えてきた。

今後は、たとえば子の成長ステージ別の課題の変化であったり、地域による悩みの違い、昔と今とでどのように変化しているのか、といった分析も可能だろう。稲葉家のお子さんの成長とともに、続々と新たなレポートの作成にも挑んでもらいたい。

図表1-2-6 「哺乳瓶」に関するニーズ（検索量）の時系列変化

20~29日目	30~39日目	40~49日目	50~59日目	60~69日前	70~79日目	80~89日目	90~99日目	100~109日目	110~119日目
9.8	17.1	0	0	0	2.4	0	0	2.4	7.3
77.8	55.6	11.1	11.1	11.1	11.1	22.2	0	11.1	11.1
49.8	52.1	27.6	22.4	17.4	14	13.8	10.7	8.4	9.4
61.2	55.3	28.2	16.5	10.6	14.1	7.1	8.2	8.2	7.1
42.4	36.4	16.8	10.3	7.6	7.1	1.6	4.9	2.2	3.3
79.4	70.6	40.2	31.4	29.4	22.5	15.7	10.8	14.7	12.7
96.3	85.2	33.3	33.3	25.9	14.8	22.2	11.1	11.1	3.7
52.4	54.9	17.1	13.4	14.6	15.9	6.1	7.3	8.5	6.1
100	85.7	21.4	32.1	32.1	28.6	17.9	21.4	3.6	0
100	76.9	35.9	21.8	16.7	11.5	15.4	11.5	10.3	2.6
100	53.3	53.3	33.3	66.7	33.3	60	26.7	20	46.7
83.5	100	63.7	45.1	40.5	27.1	30.3	27.8	28.5	19.4
79.7	100	60.6	55	47.7	47.7	45.8	50.6	40.7	46.2
95	100	57.7	45	36.5	33.3	30.6	27.5	20.3	17.6
90.7	100	48.1	20.4	18.5	5.6	7.4	16.7	9.3	5.6
60.5	100	76.7	69.8	69.8	76.7	67.4	83.7	65.1	58.1
42.9	82.9	100	31.4	57.1	42.9	51.4	54.3	48.6	57.1
27.9	53.5	51.2	95.3	90.7	97.7	100	74.4	67.4	62.8
41.4	69.2	63.9	86.5	87.2	93.2	92.5	100	98.5	75.9

出産

キーワード	60~51日前	50~41日前	40~31日前	30~21日前	20~11日前	10~1日前	0~9日目	10~19日目
出産準備 哺乳瓶	90.2	58.5	100	51.2	56.1	51.2	19.5	12.2
哺乳瓶 消毒方法	11.1	11.1	77.8	44.4	33.3	66.7	100	55.6
哺乳瓶 煮沸消毒	5.9	6.5	7.1	7.5	19.2	53.6	100	58.2
哺乳瓶 レンジ消毒	11.8	12.9	17.6	10.6	28.2	65.9	100	77.6
哺乳瓶 洗い方	7.1	8.2	12	9.8	27.7	68.5	100	69.6
哺乳瓶 飲ませ方	2	1	2	2	10.8	60.8	100	99
哺乳瓶 入れ	14.8	11.1	7.4	11.1	14.8	25.9	85.2	100
搾乳 哺乳瓶	1.2	0	3.7	4.9	12.2	24.4	70.7	100
哺乳瓶 保温	0	3.6	10.7	17.9	7.1	28.6	82.1	57.1
哺乳瓶 ケース	7.7	11.5	10.3	16.7	19.2	30.8	67.9	78.2
旅行 哺乳瓶	0	0	0	0	6.7	0	20	26.7
使い捨て 哺乳瓶	0.7	2.1	4.9	3.2	4.9	9.2	36.6	58.8
哺乳瓶 消毒 いつまで	3	4.3	5.3	5	6.4	13.8	40	53.8
哺乳瓶 乳首	7.2	9.5	11.3	5.4	14.9	34.2	50	71.6
哺乳瓶 ポーチ	13	11.1	16.7	9.3	9.3	29.6	38.9	51.9
哺乳瓶 いつまで	27.9	27.9	25.6	39.5	27.9	37.2	69.8	55.8
旅行 哺乳瓶 消毒	2.9	0	5.7	2.9	2.9	5.7	17.1	17.1
哺乳瓶 拒否	2.3	0	4.7	0	0	2.3	7	27.9
哺乳瓶 飲まない	1.5	1.5	1.5	3	3.8	6.8	17.3	35.3

資料：Yahoo!検索データ

1-3

「頭が痛い日本人」が最も多い時刻は、17時である

外見からはわかりにくい人間の「感情」や「気分」「感覚」を、可視化することはできるのか？ツイッターの膨大なつぶやきデータから、日本人の24時間の感情の動きを明らかにする。

「気分」や「感情」は可視化できるのか

一日のうちで、あなたが最も気分良く過ごしているのは、爽やかな朝か、それとも仕事を終えてリラックスできる就寝前のひとときか？

昼食後、午後の授業や仕事では、睡魔が襲ってくる……これは多くの人に共感してもらえる「あるある」だろう。はたまた、深夜にはやはり、センチメンタルな気分に浸りたくなったり、妄想が膨らんだりするのかもしれない。

世間の人たちは、一日のうちで、いつ、どのような思いを抱いているのか。自分の感覚は、平均的なのか、それともずれているのか——。人間の「感情」や「気分」「感覚」などの要素は、一見すると、データとの親和性が低いように思われるかもしれない。

しかし、あるデータを解析することによって、それらをわかりやすく可視化できる。このレポートを制作したのが、1－1でも登場した「こころ掘り下げ人」池宮だ。

池宮　この分析において私の着目したのが、「Yahoo!リアルタイム検索」というサービスです。これは主にツイッターやFacebookに投稿された記事を検索対象としており、「リアルタイム」の名の通り、数秒前に投稿された記事の検索も可能です。

色々な使い方ができますが、例えば、突如止まってしまった電車の運行状況を確認したり、テレビを見ながら、「このコメンテーターの発言はどう思われているのか」と他の視聴者の反応を検索したりすることもできます。地震のような非常時には、被災地の方々のつぶやきから、現地の状況がどのようであるかを把握することもできるでしょう。ただし、もちろん、情報の信憑性には注意しなくてはなりません。

今回のレポートでは、「Yahoo!リアルタイム検索」の検索対象データとなっているツイッターを対象に、「今その瞬間」の状況や感情についてのテキストが集積されているツイート（つぶやき）のデータ解析を行いました。

日本人が疲れているのは17時

まず大前提として、人々が最もツイートしている時間がいつ頃かを調べてみよう。図表1－3－1は、ある1ヵ月間のツイート数の24時間推移を示している。

ツイート数が最も少ないのが早朝5時頃で、そこから徐々に増加し、会社や学校が昼休みになる12時台に一度、小さなピークを迎える。その後、夕方から夜に向けて再び上昇し、22時台がツイート数が最多になることがわかった。

このすべてのツイートから、「気分」や「感情」をあらわす単語のツイート量を見てみよう。たとえば、「疲れた」という言葉。日本人が最も疲れを感じているのは、一日のうちいつ頃なのか？

すると、「疲れた」というワードを含んだツイート数自体は、22時台が最も多い。日本人の疲れがピークに達するのが22時であるかのように見えるが、そうではない。図表1－3－2の通り、この結果は単純な各時間のツイート数の分布だからだ。ここから、24時間の各時間帯の総ツイート数に対して、「疲れた」を含むツイートの割合を求めてみよう（図表1－3－3）。

もうおわかりだろう。実は「疲れた」の真のピークは、夕方の17時なのだ。授業や仕事が一段落して、体も心も疲労が溜まっている頃だから、納得のいく結果である。

図表1-3-1　時間帯別総ツイート数

2014年2月：各日の時間帯別総ツイート数を1ヵ月分プロット

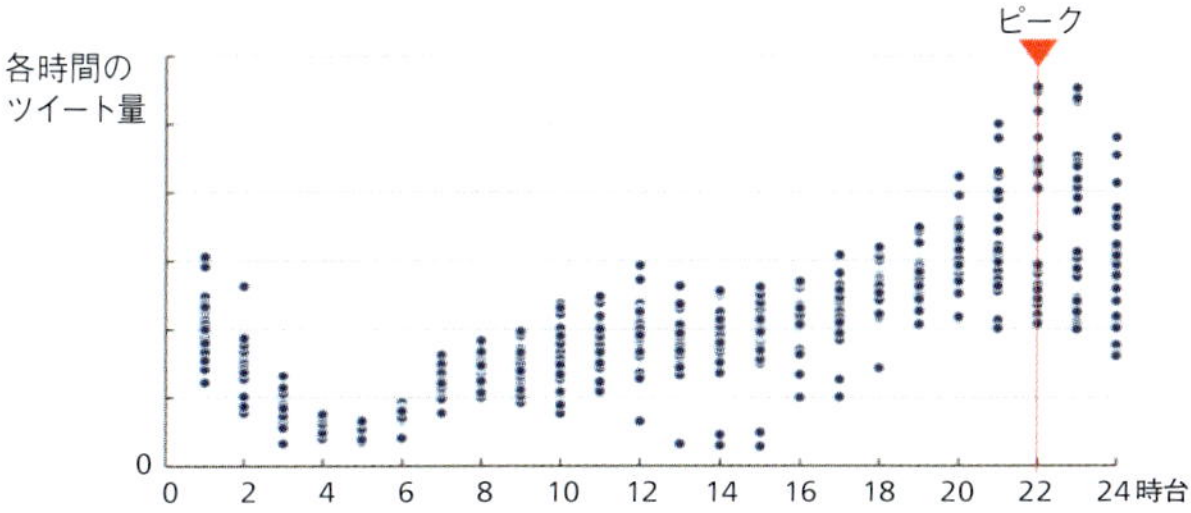

図表1-3-2　「疲れた」の時間帯別ツイート数

2014年2月：各日の「疲れた」の時間帯別ツイート数を1ヵ月分プロット

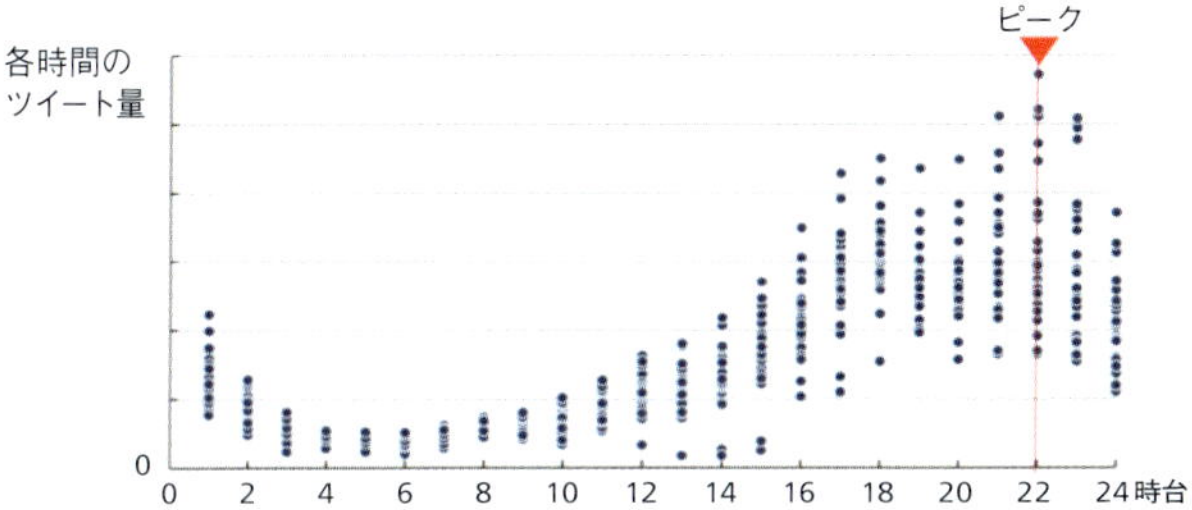

図表1-3-3　「疲れた」の時間帯別ツイート割合

2014年2月：各日の「疲れた」の時間帯別ツイート割合を1ヵ月分プロット

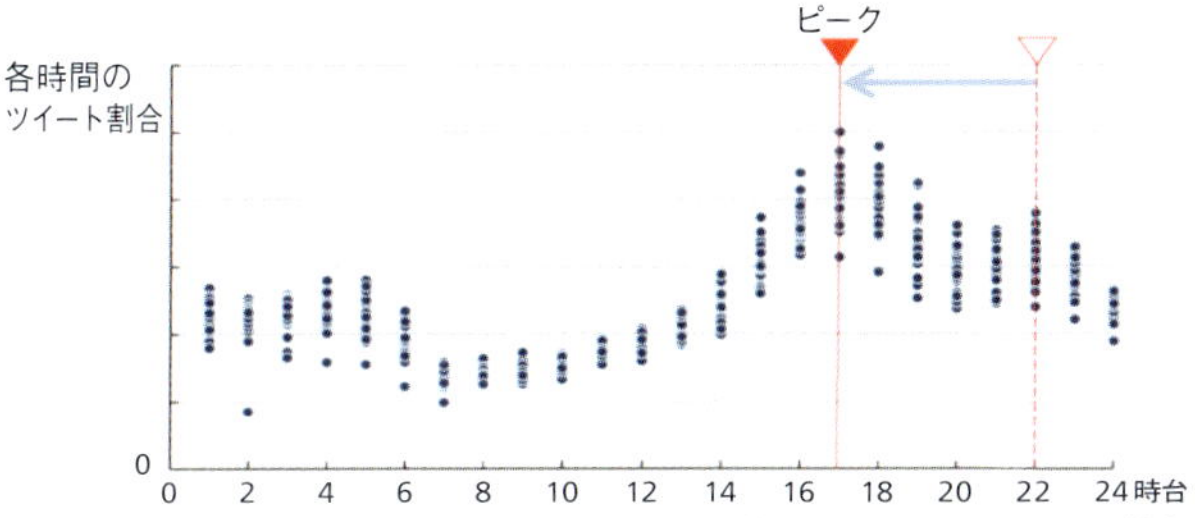

資料：Yahoo!リアルタイム検索

ちなみに、早朝の4時から5時台にも特徴的なピークが見られるが、これらは勉強や仕事で、徹夜して朝を迎えた人たちのつぶやきなのだろうか。ツイートに含まれる特徴的な言葉を抽出・解析すれば、人々の24時間の感情の特徴もわかるのだ(注)。

深夜は、気分がおかしくなる？

では、「気分」や「感情」をあらわす、様々なワードについても調べてみよう。一日の各時間帯で、特にツイート割合が高い傾向にある言葉を、次の表にまとめた。

朝6〜7時には、「明るい」、「眠い」、「健康的」、「穏やかな」、「がんばろう」、「ちゃんと」。7時の「えへへ」は……何だかよくわからないが、総じて、朝は比較的ポジティブなワードが目立つ。ただし、7時台の1位が「痛い」なのは、注目ポイントなので、後述しよう。

このように昼から夜にかけて眺めていくと、12時に嬉しいランチ、その後はお腹いっぱいと満足している様子である。17時に、仕事や学校を終えて帰宅、19時台に夕食をとったら、テレビやネットを見ながら、「かっこいい」と叫んだり「かわええ」と萌えたりする、まったりタイム……というような生活リズムを、おおよそ推測できるのだ。深夜にかけては、0時に「まだこれから」と、何やら始まりそうな人もいれば、「幸せ」な気分に浸っている人も見受けられる。

図表1-3-4　時間帯別の気分ワードTOP 5

（早朝～昼前）

	1	2	3	4	5
6時	明るい	眠い	健康的	もう少し	穏やかな
7時	痛い	えへへ	がんばろう	しっかり	ちゃんと
8時	熱い	臭い	待ち遠しい	忙しい	痛い
9時	緊張	楽しんで	ドキドキ	おかげで	快適
10時	少ない	だらだら	一安心	ご迷惑	面倒
11時	おそ	早め	最強の	遊ぼう	簡単

（正午～夕方）

	1	2	3	4	5
12時	お腹すいた	もぐもぐ	うきうき	安い	不味い
13時	満腹	あったかい	おそい	いきたい	うまうま
14時	暇	あつい	広い	どこ？	ながい
15時	甘い	ちょうだい	あつい	おそい	にくい
16時	やったぜ。	げっと	多すぎ	近い	できたー
17時	帰ろう	疲れた	終わり	頭痛い	足痛い

（夜～夜中）

	1	2	3	4	5
18時	暗く	お疲れ様です	近い	疲れ	久しぶり
19時	うま	美味しそ	手抜き	腹いっぱい	さっそく
20時	いっぱい	上手い	こんばんは	かわええ	かっこよすぎ
21時	うらやましい	笑笑	かっこいい	ほしい	いいかな
22時	えっ!?	うらやましい	いいよ	かっこいい	楽しかった
23時	一日お疲れ	ごめん	確かに	なつかしい	素晴らしい

（深夜～未明）

	1	2	3	4	5
0時	まだこれから	これからもよろしく	はっぴ	だいすき。	幸せです
1時	間違いない	こわい	悔しい	マジ	あかん
2時	怖い	エロい	やかましい	たのしい	だめ
3時	まずい	なんでや	眠れない	寝ろ	さすがに
4時	死ね	変な	どうして	情けない	苦しく
5時	暗い	大切	愛して	あるある	どうぞ

資料：Yahoo!リアルタイム検索

ここまでは、なるほど想像通り、という感じだろう。しかし、夜が更けるにつれ、徐々に様子がおかしくなり始める。

3時の1位は「まずい」、4時には1位が、とうとう「死ね」(!)。実に、危険だ。「歴史は夜つくられる」と言う人もいるが、非常にまずい夜が、日本ではつくられている。

「緊張」と「臭い」は朝

ここまで時間帯ごとに、よくツイートされている言葉を見てきたが、それぞれのワードが、どの時間帯によくつぶやかれているか、その推移を調べることもできる。

「痛い」という単語に注目してみよう。先ほども見たように、朝の7時台には、つぶやきの中でも一番割合が大きくなっている。

これをさらに詳しく、痛みを感じる部位ごとに調べると、たとえば「腰が痛い」のピークは8～9時と朝に多い一方で、「足痛い」と「頭が痛い」は夕方、17時頃なのである。日中がんばって頭を使ったり歩き回ったりしていたのだろうか。

ただ、これは私の憶測だが、「頭が痛い」は、単なる頭痛とは違う意味もあるかもしれない。これから上司に叱られるとか、部長に呼び出されるとか……みなさんも身に覚えがあるのではないか?

図表1-3-5　苦痛系ワードの発生推移

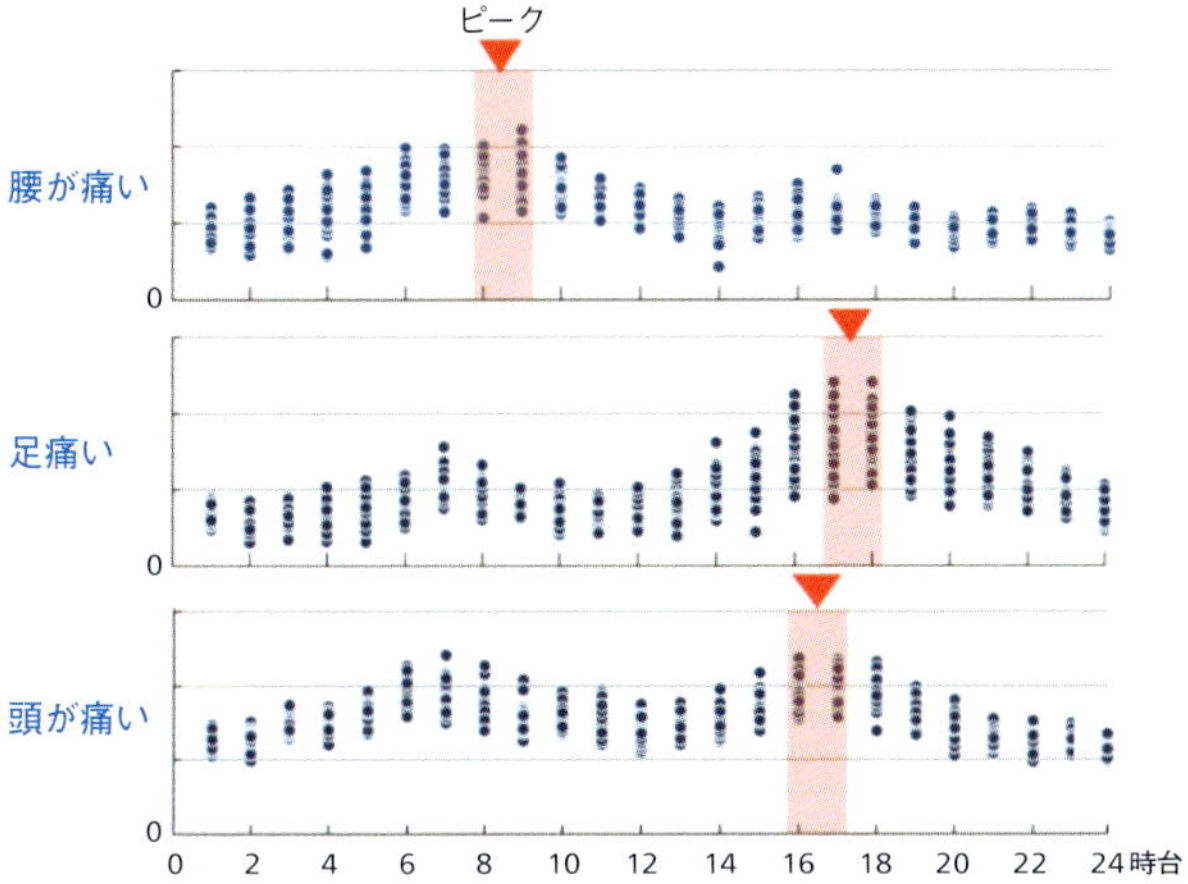

図表1-3-6　ストレス系ワードの発生推移

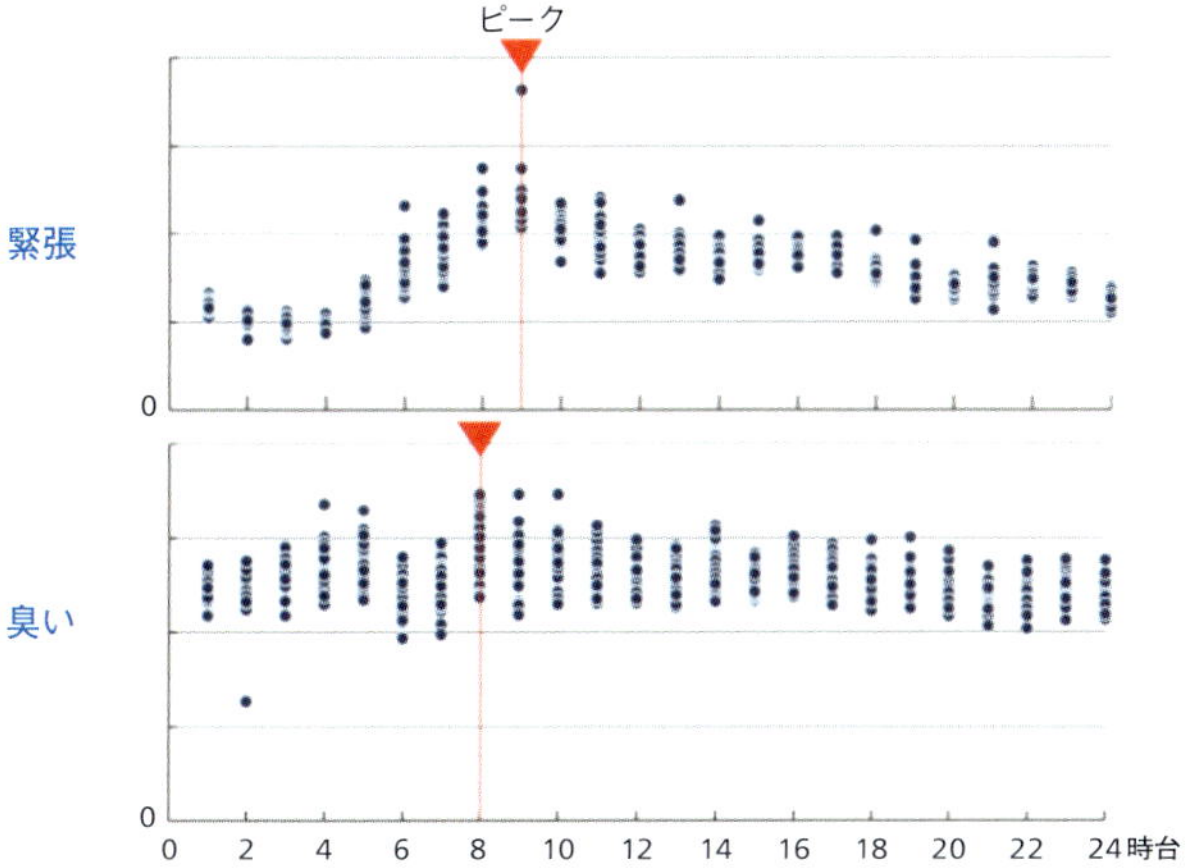

資料：Yahoo!リアルタイム検索

さて、せっかくなので日本人が苦痛を感じている瞬間をもう少し見ていくと、「緊張」と「臭い」が多いのは、どちらも8～9時台だ。「臭い」は時間帯によってその対象も変わるが、朝の「臭い」は、主に通勤電車でのことのようである。

満員電車で、「隣のおやじ、なんか臭い」とか、「おばちゃんの化粧の臭いがキツい」とか、朝から電車の中で、つぶやいている人がたくさんいるのかもしれない。

ちなみにこの結果を持ち出して、某大手化粧品メーカーのトップに『臭い』は朝8時ですよ」、という話をしたら大ウケした。もっとも、「朝のニオイに！」という化粧品会社の広告は、私はまだ見かけていないが。

ついでながら、「もうだめ」や「ダメだ」は、2～4時台にピークを迎えることが多い傾向にある。夜は人を不安にさせたり、絶望させたりするのだろう。このまま気持ちを放置していると、「死ね」になってしまうから、こういう気分になったときには、さっさと寝たほうがよさそうだ。

10～11時台は「暇だ」

イヤなものばかり見ていても仕方ないので、ここで気分を入れ替えよう。先ほどの表では、朝に明るいツイートが数多くつぶやかれていることを確認したが、図表1－3－7を

図表1-3-7　解放系ワードの発生推移

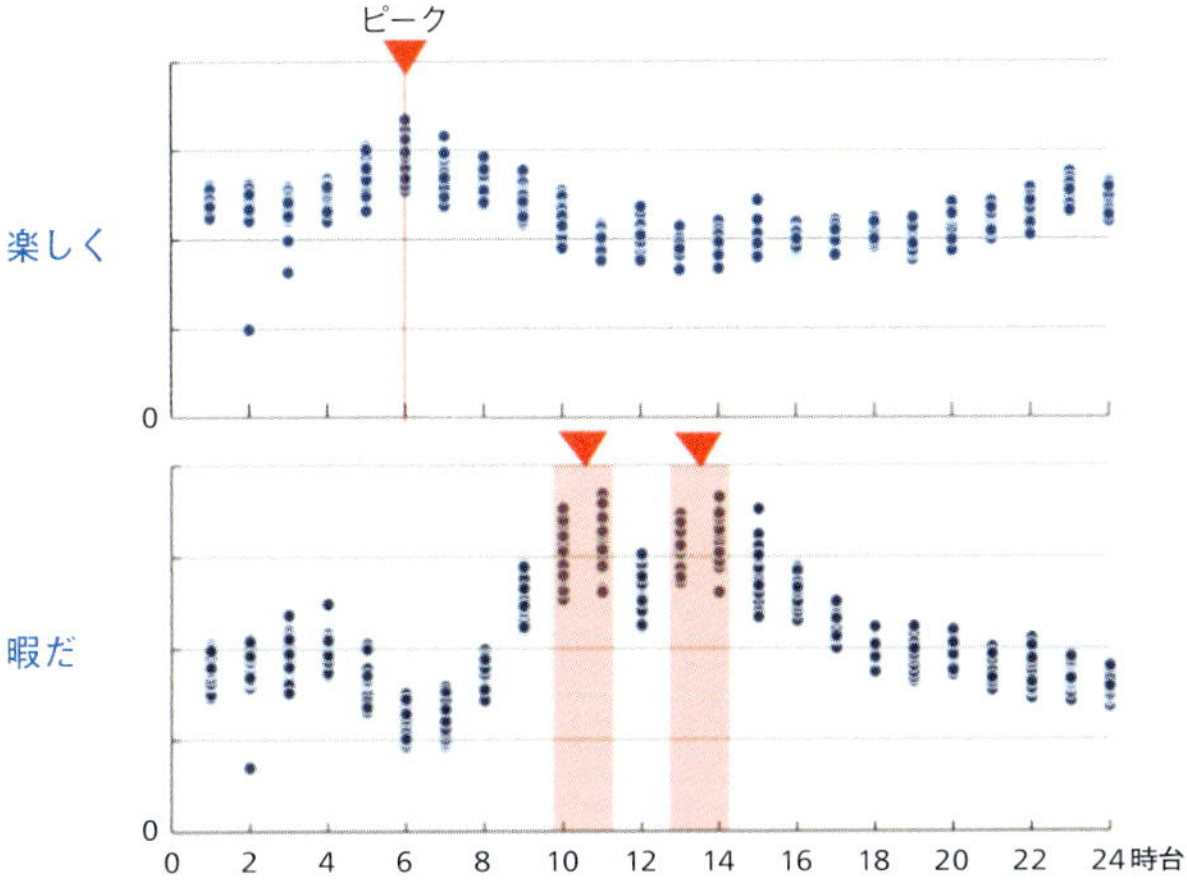

資料：Yahoo!リアルタイム検索

見ると、「楽しく」は6時に多いことがわかる。「一日をポジティブに過ごそう！」という、意気込みの表れだろうか？

続いてご覧いただきたいのが、「暇だ」。これがピークになるのは、10〜11時台と13〜14時台だ。昼食の前後、暇を持て余す人が急増するようだが、朝のやる気は、すっかりどこかへ消えてしまったのか。

悩み多き現代人も、お昼前後にはストレスから解放されている。

気持ちや感情、あるいは体調の変化や何らかの衝動を、検索キーワードや他のデータから抽出することは困難だが、思ったことをすぐに投稿することができる、ツイッターの特徴を最大限に活用すれば、一日の主な感情や感覚の動きまで明らかにできるのだ。ビッグデータ、恐るべしである。

ツイッターのデータは、他にも色々なことを教えてくれる。例えば、「家帰る」「飯食った」など自分の行動についてつぶやく人も多い。そのデータを分析すれば、「日本で最も多くの人がお風呂を沸かすのが×時で、入浴する時間帯は△時」など、生活の時間を知ることもできてしまう。先述した「臭い」の例以外にも、これらの結果は、商品のマーケティングをはじめとして大いに活用できるのだ。

レポートを作成した池宮は、もともと雑誌の編集者をしていた。彼はこのチームでも、編集長としてあらゆるジャンルのテーマを手広く担当しているが、単に「役に立つ」ものだけではつまらない、といって今回のようなレポートを思いついたそうだ。気持ちや行動パターンを丸裸にする、「人間のこころ」に着目した、彼のセンスが光るレポートである。

（注）ツイートの文章解析は以下の手法によって行った。

・ツイート文から形態素解析（文章から意味のある単語などを自動抽出する技術）により抽出したワード（名詞および形容詞）と、ウェブ検索の検索数上位ワードから作成した辞書を組み合わせてワードリストを生成。そのリストを元に2014年2月の総ツイート文からワードを再抽出。

・そこで得られたワードそれぞれの各時間帯出現数を集計（その中でツイート数が少ないワードは削除）。

・各時間帯の総ツイート数に占める各ワードを含んだツイート文の割合を計算し、各時間帯を代表するワードを選定。

1-4
矢沢永吉と郷ひろみは、双子レベルの「そっくりさん」

日本のアーティストがつくった計16万曲の歌詞の「特徴」を、様々な技術やノウハウを駆使して解析してみたところ、真心ブラザーズと奥田民生や、いきものがかりと浜崎あゆみがとても類似していることが明らかになった。

歌詞に頻繁に出てくる言葉は？

これまでとはやや趣向を変えて、エンタメ系のテーマについても見ていくことにしよう。私たちが着目したのは、最も身近な音楽であるJ-POP、なかでも、その重要な構成要素、ずばり「歌詞」である。

皆さんの「心に響く歌詞」「カッコいい歌詞」は何だろうか？　「曲の好き嫌いは歌詞で決まる！」と考える読者も多くいるだろう。

それでは、数多いる日本のアーティストが、歌詞に頻繁に使う言葉は一体何なのか。自分の好きなアーティストには、他のアーティストと比較して、どのような特徴があるのか。ぜひ、このレポートで確かめてみてほしい。再び、「こころ掘り下げ人」池宮に登場してもらおう。

池宮　このレポートを着想した当時、データを使っていろいろなモノの類似性を調べるのが、マイブームでした。何か使えるデータはないかと思い、目をつけたのが、GYAO社が提供している「GYAO!の歌詞サービス」（2019年4月サービス終了）でした。

ここには日本のアーティストの曲の歌詞が約16万曲ほど登録されています。その歌詞データを日本語処理技術に長けたメンバー（言語処理チーム・牧野恵。育児分析でも貢献）に協力していただき、徹底的に分析しました。そこからさらにもう一段階、あるスキルに長けたメンバーに頼み込んで、作成してもらったデータもあるのですが……それは本レポートの後半でお見せします。

どうやって歌詞を分析するのか？

まずは歌詞を解析して、データとして抽出する必要がある。そこで用いたのが、「**形態素解析**」と呼ばれる日本語処理手法だ。専門的な用語だが、品詞分解をイメージしてもらうと、わかりやすいだろう。

「形態素」とは、意味を持つ最小の単位のことで、「形態素解析」は、その最小単位に分解するという処理手法のことを指す。例えば「明日は日曜日です」という一文は、「明日／は／日曜日／です」という形態素に分解される。さらに「明日（名詞）／は（助詞）／日曜日（名詞）／です（助動詞）」のように、各形態素の品詞も判別できる（これ以外にも、目的に応じた様々な補正や付加要素を加え、文章の解析を行うことを一般的に「形態素解析」と呼んでいる）。

約16万曲分の歌詞データに対し、ヤフーの日本語処理技術を用いた形態素解析を適用して処理を行い、次にすべての単語（以下歌詞ワード）の出現回数や1曲あたりの出現頻度などを計算して、これを歌詞分析用のマスターデータとした。

歌詞に最もよく使われる名詞の1位

このようにして、歌詞に登場しやすいワードを分析し、品詞ごとに「頻出ワード」ランキングとしてまとめたのが、図表1－4－1である。

品詞ごとにみていくと、出現頻度第1位の名詞は、「君」！　あなたがいま口ずさんでいる歌詞にも、「君」が入っていないだろうか？

形容（動）詞は「強い」、動詞は「見る」が1位。いずれもよく耳にする単語である。

図表1-4-1　歌詞に使われやすいワードとは？

順位	品詞		
	名詞	形容（動）詞	動詞
1	君	強い	見る
2	あなた	好きだ	行く
3	僕	優しい	言う
4	今	幸せだ	笑う
5	こと	同じだ	知る
6	夢	遠い	ゆく
7	心	本当だ	生きる
8	誰	無い	忘れる
9	私	欲しい	想う
10	愛	一緒だ	泣く

資料：GYAO!の歌詞サービスデータ
次の6ワードは除外（「ない」「いい」「する」「いる」「なる」「ある」）

順に見ていくと、「君」「あなた」「僕」「今」「強い」「好きだ」「優しい」「幸せだ」「遠い」「見る」「行く」「言う」「笑う」——。

いかにも楽曲の歌詞にありそうな単語が並ぶが、これらの単語を各面につけたサイコロを何回か振って、それを順序良く組み合わせていくと、ラブソングが1曲できあがってしまいそうな気もする。

TUBEはやっぱり「夏の風物詩」

こうしてJ-POP界の全体的な傾向を把握したところで、次は個別のアーティストに焦点を当て、それぞれの歌詞の特徴を明らかにしていく。

解析方法は次の通りだ。まず、各アーティストの歌詞に含まれている歌詞ワードの

$$\text{歌詞ワード}W\text{の歌手Aにおける特徴度※} = \underbrace{\frac{\text{歌手Aの歌詞中での}W\text{の出現度}}{\text{歌手Aの歌詞ワード総数}}}_{\text{要素1}} \times \underbrace{\frac{1}{\text{歌詞に}W\text{を使うアーティスト数}}}_{\text{要素2}}$$

要素1：（歌手Aが*W*を使う割合）

要素2：（*W*がどれくらい特殊なワードか表す値）

※*W*が歌手Aにとってどれくらい特徴的かを示す度合い

特徴を、統計的に解明する。アーティストが持つ歌詞ワードごとに「特徴度」を求めて、値が高かった上位歌詞ワードを各アーティストの「特徴語」とした。

これによって「アーティストAさんの歌詞の中ではよく使われ（要素1）、他のアーティストの歌詞には現れにくい（要素2）歌詞ワード」ほど高い値となり、特徴語として抽出することができる。今回は精度を保つために、「GYAO!の歌詞サービス」への登録曲数が多い順に、上位約５００アーティストに絞って分析を行った。

あらゆる曲の歌詞が登録されている「GYAO!の歌詞サービス」のなかで、登録曲数が最も多かったアーティストが、ＴＵＢＥである。その数、３８２曲（分析当時）。

この「ＴＵＢＥ」の、スコア上位20件の特徴語を並べると、次のようになる。

上位から、「夏」「君」「胸」というワードが並んだ。想像通りの結果だったろうか？　もしも、誰かが突然、道の真ん中

図表1-4-2　TUBEの歌詞の特徴語は「夏」が断トツ

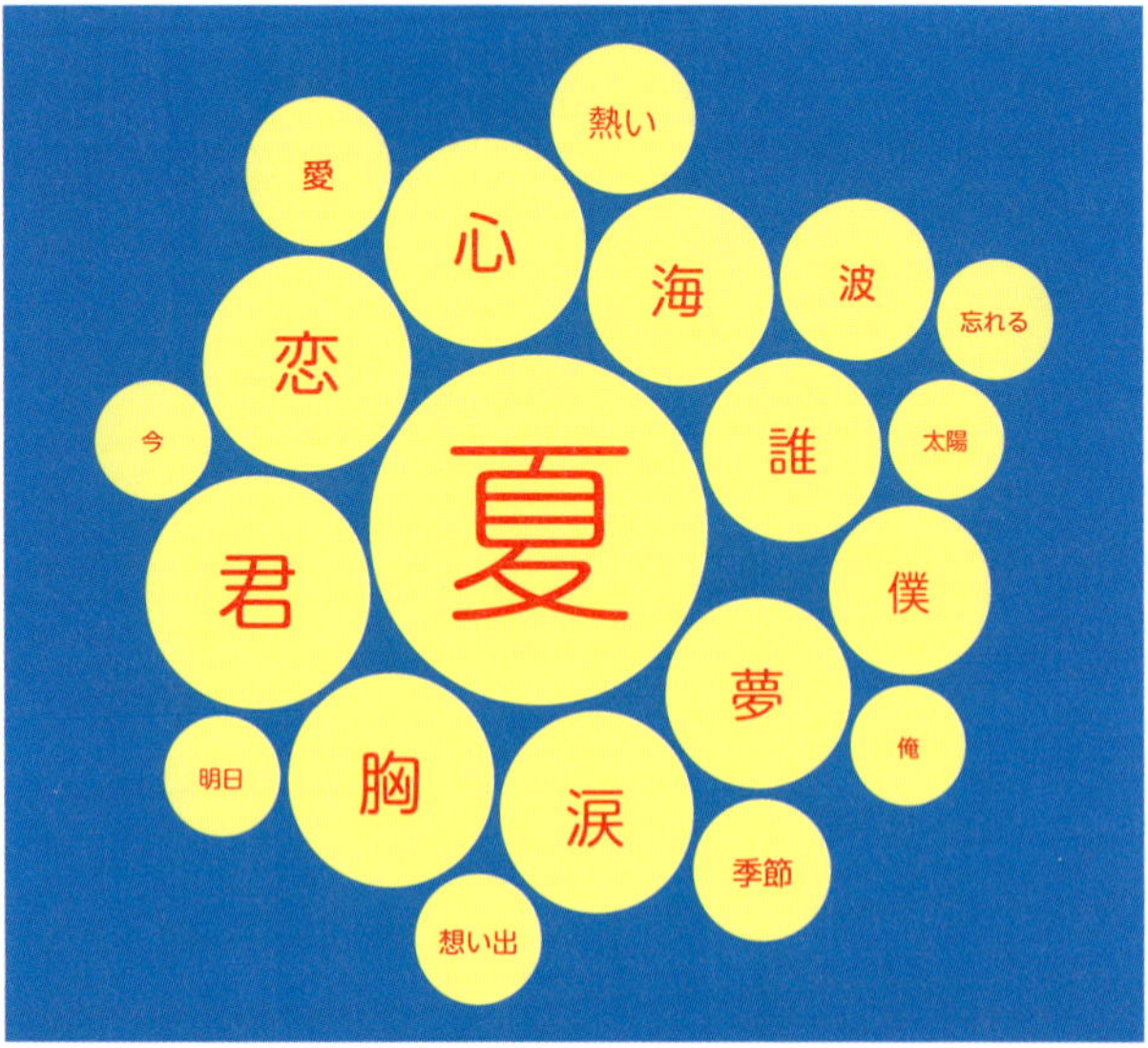

で、「夏、君、胸だよね、キミ！」などと言ったら、その人は間違いなくアブナい人扱いをされるはず……だが、ここではデータによって、「TUBEは『夏』『君』『胸』だ」ということが明白に証明されている。

　ちなみに、このレポートの作成途中で、ビッグデータレポートチームの若手メンバーが「私はTUBEを知りません」とつぶやいて、とても驚いた。しかし、若者たちが知る・知らないにかかわらず、TUBEといえば、夏になればあちこちで流れていて、蚊取り線香よりも巷に溢れている夏の風物詩なのである。

「自分」と「相手」をどう呼ぶか

さて、今回の話はこれにはとどまらない。この抽出された歌詞ワードを、さらに違う角度から分析してみよう。

初めに見た歌詞の頻出ワードの表をもう一度、ご覧いただきたい。名詞の上位3つは、「君」や「僕」などの人称代名詞だった。歌手たちは、大好きな「君」への呼びかけ、「僕」の熱い思いを、メロディに乗せて歌うのだ。

この結果にもう一手間加えて、いけみーの発案で「自分」と「相手」、その呼び方の組み合わせを調べてみた。その結果が、図表1－4－3だ。

ここからまずわかるのが、「僕」×「君」、つまり一人称が「僕」で、二人称が「君」という組み合わせを使うアーティストが圧倒的に多いことだ。

次に多いのが、「私」×「あなた」。この組み合わせが〝二強〟で、ほぼすべてを占めている。aikoやいきものがかりでは、一人称が「わたし」ではなく「あたし」になる。「わたし」と「あたし」――わずか1字の微妙な差異だが、聴く側の印象はだいぶ違うかもしれない。

図表1-4-3　あなたはどれ派？
一人称（自分）×二人称（相手）の組み合わせ

順位	一人称（自分の呼び名）	二人称（相手の呼び名）	アーティスト数	アーティスト名（曲数順）
1	僕	君	194	TUBE、SMAP、B'z、嵐 ほか
2	私	あなた	121	中島みゆき、松任谷由実、松田聖子 ほか
3	私	君	43	浜崎あゆみ、奥井雅美、AKB48 ほか
4	俺	君	40	GLAY、サザンオールスターズ ほか
5	わたし	あなた	15	ALI PROJECT、Dreams Come True ほか
6	俺	お前	14	クレイジーケンバンド、長渕剛 ほか
7	私	貴方	13	松山千春、高橋真梨子、谷村新司 ほか
8	あたし	あなた	10	aiko、いきものがかり ほか
9	俺	おまえ	8	氷川きよし、矢沢永吉、北島三郎 ほか
9	僕	あなた	8	HY、10-FEET、move ほか
11	オレ	君	6	THE HIGH-LOWS、筋肉少女帯 ほか
12	あたし	君	5	GO!GO!7188、SHAKALABBITS ほか
13	ボク	君	4	BEAT CRUSADERS、T.M.Revolution ほか
13	N/A	君	4	スガシカオ、Angelo、the telephones ほか
15	オレ	お前	3	グループ魂、RIZE、泉谷しげる
15	俺	あなた	3	SEX MACHINEGUNS、堀内孝雄 ほか
17	あたし	N/A	2	Perfume、nano.RIPE
17	オレ	おまえ	2	ウルフルズ、BLANKEY JET CITY
17	わたし	君	2	クラムボン、Ceui
20	俺	N/A	1	電気グルーヴ
20	N/A	お前	1	LOUDNESS
20	私	あんた	1	やしきたかじん

※特徴スコアによる閾値足きり後のデータを使用。また複数の呼び方を持つアーティストはスコアが高いほうを採用　資料：GYAO!の歌詞サービスデータ

図表1-4-4　一人称と二人称の呼び方アーティスト数バブルチャート

一人称（自分の呼び方） ＼ 二人称（相手の呼び方）	あなた・貴方	君	あんた	おまえ・お前	N/A
私・わたし	149	45 AKB48ほか	1 やしきたかじん		
あたし	10 aikoほか	5 GO!GO!7188ほか			2 Perfumeほか
僕・ボク	8 HYほか	198			
俺・オレ	3 堀内孝雄ほか	46 サザンほか		27 矢沢永吉ほか	1 電気グルーヴ
N/A		4 スガシカオほか		1 LOUDNESS	

※特徴スコアによる閾値足きり後のデータを使用。また複数の呼び方を持つアーティストはスコアが高いほうを採用　資料：GYAO!の歌詞サービスデータ

AKB48は、言われてみれば、よく「君が」「君の」などと歌っているイメージがあるが、その曲をよく聴く年代や生き方などを意識しての戦略なのかもしれない。

逆に、数の少ない組み合わせにも注目してみると、「俺」×「あなた」の組み合わせは、堀内孝雄ほか3組しかいない。そして最も驚くべきは、約500という多くの歌手の中で、「私」×「あんた」が、やしきたかじんしかいない、ということだ（図表1-4-4）。

日本のアーティストの「樹形図」

実は、このレポートの本番はここ

からである。

特徴語のデータを視覚的に分かりやすく示すべく、データのビジュアル化に挑戦した。本レポート作成時にビッグデータレポートに在籍していたメンバーに頼み込み、D3.jsというライブラリを用いて作成したのが、日本の約500アーティストの樹形図（図表1－4－5）だ。

これはぜひ、実際に、皆さんのパソコンで見て、触って、動かしてみてほしい。図の全体を俯瞰すると大きなカタツムリの殻のようだが、その外縁に細かくずらりと並んでいるのが約500のアーティスト名であり、パソコン上では、その一部を拡大して見ることができる。

この樹形図の完成に至るまでには、次の5つの手順を踏んでいる。

1：約500アーティストそれぞれが持つ特徴語のスコア上位150ワードを抽出
2：全アーティストをペアにして、すべての組み合わせの特徴度の一致スコアを算出
3：最もスコアが高くなったアーティストのペアから順に組み合わせを生成
4：ペアの組み合わせがなくなるまで処理を行う
5：（4）の結果をD3.jsというデータビジュアライズライブラリを用いて可視化

酷似する森進一と堀内孝雄

実際に、具体的なアーティスト名を検索してみよう。まずは、平成時代の象徴ともいうべきアイドルグループ・モーニング娘。を探してみる。

すると、モーニング娘。のペアとなるアーティストとして、同じハロー!プロジェクト(ハロプロ)に所属するBerryz工房が表示された。両アーティストに共通する特徴語は、「私」「恋」「あなた」「夢」「みんな」「恋」。また付近には、℃-uteや松浦亜弥といった、ハロプロ関連のアーティスト名が並んでいる。

さらにはハロプロのプロデューサー・つんく♂の所属するシャ乱Qも、モーニング娘。の3つ隣に位置している。彼、彼女らがファミリーを形成しているということが、歌詞データからも一目瞭然となる。

つんく♂ファミリーの例は、感覚的にも納得のいく組み合わせかもしれない。その一方で、ちょっと意外な、興味深い類似も見つかる。

たとえば、Mr.Childrenと、TOKIO。この両者は、全500の日本のアーティストのなかで隣同士に位置しており、実は極めて高いレベルの類似性を示している。共通する特徴語は、「僕」「君」「胸」「夢」「今」だ(図表1-4-6)。

他にも、矢沢永吉と郷ひろみ。いきものがかりと浜崎あゆみ。先述したTUBEの隣に

図表1-4-5　チャートの全体図。一部を拡大すると……

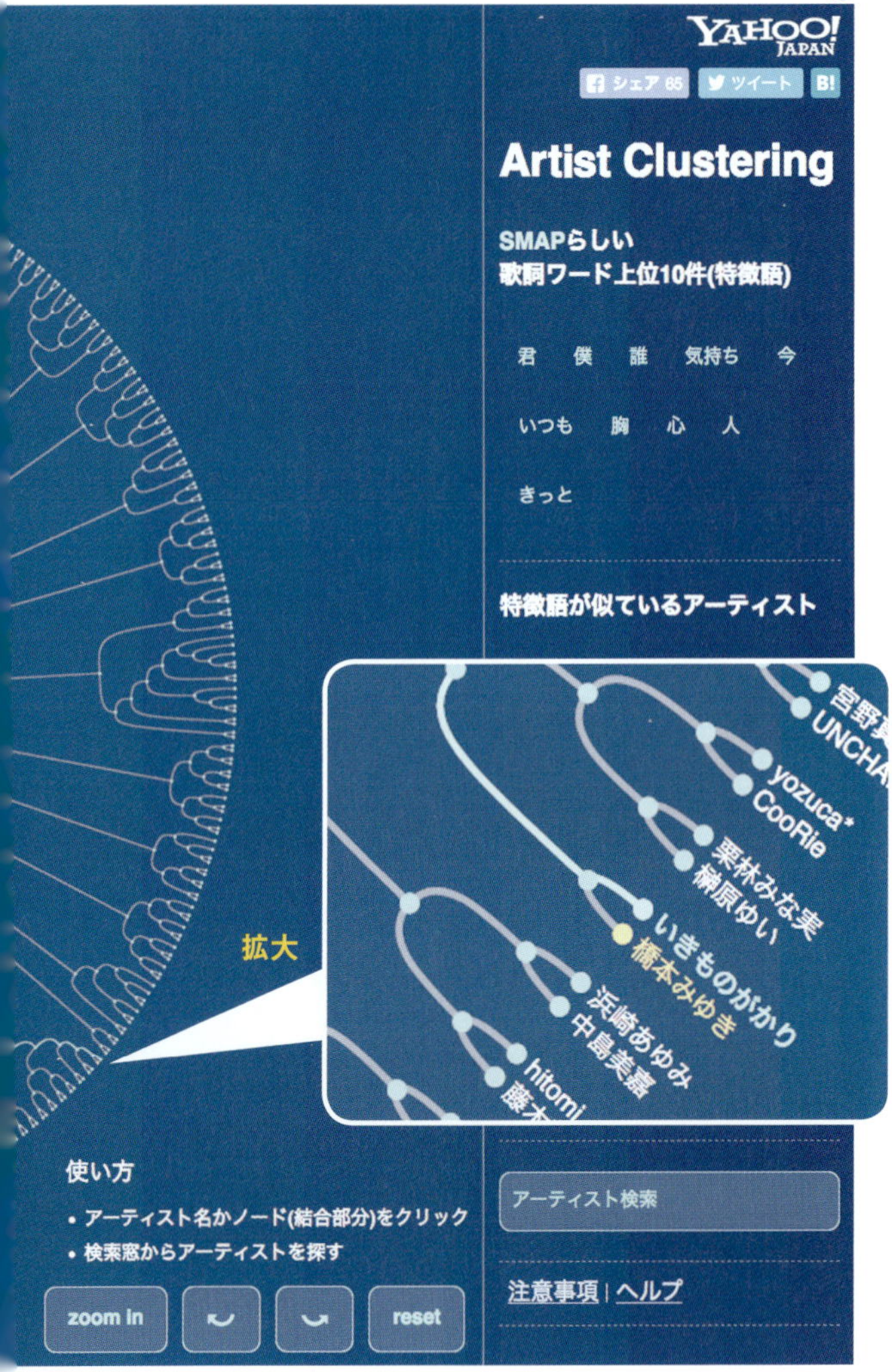

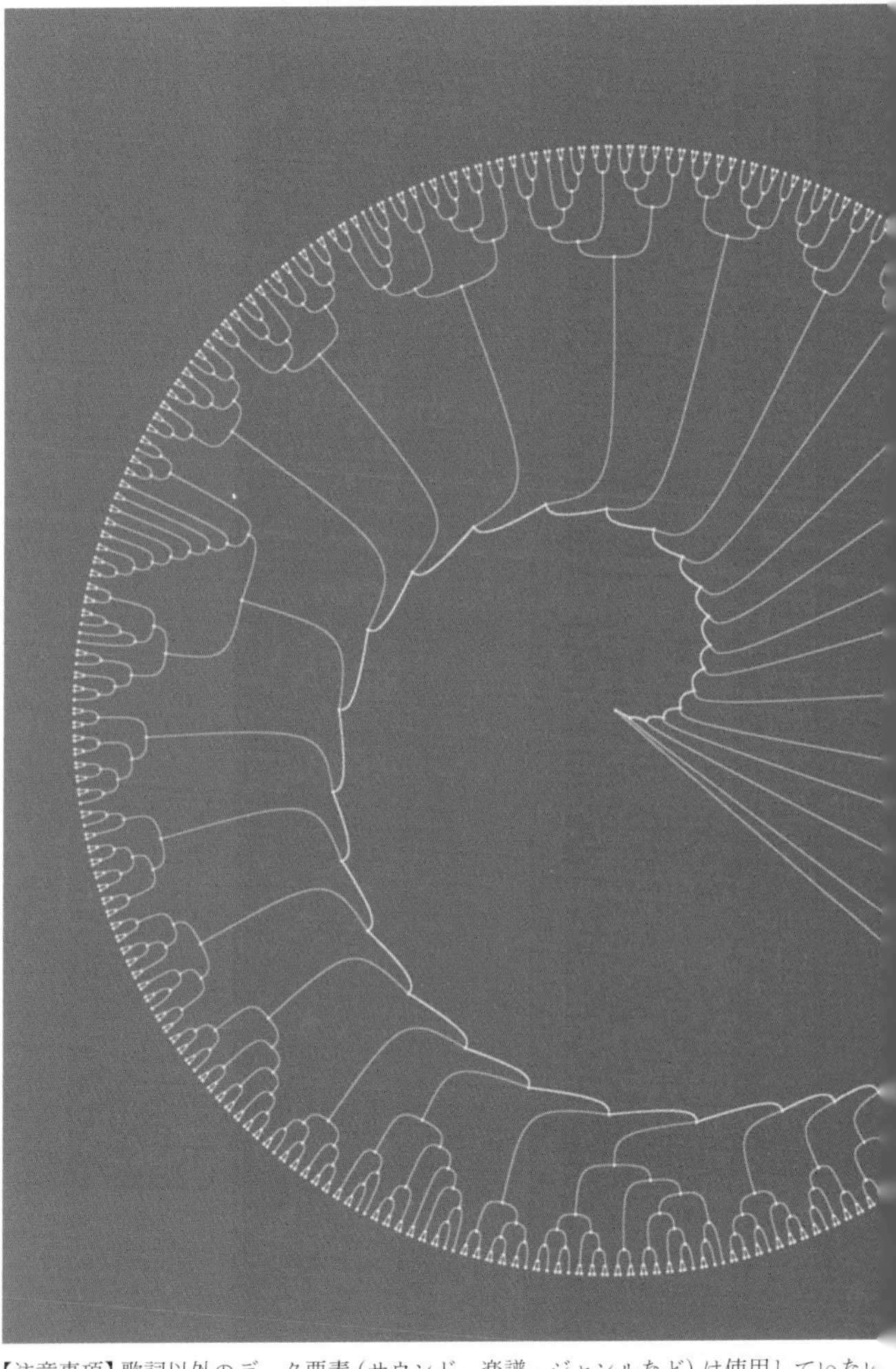

【注意事項】歌詞以外のデータ要素（サウンド、楽譜、ジャンルなど）は使用していない
日本語、英語とも一部の単語は除く（助詞、接続詞、代名詞など）。カバー曲も含まれる
作詞者を考慮したフィルタリングは行っていない。「GYAO!の歌詞サービス」に登録され
曲数に基づいたデータであり、すべての楽曲を網羅しているわけではない。データは20
年6月までのものを利用している。一致スコアが極端に低いアーティストは除外。ツー
の詳細な使い方はツール内のヘルプで解説しているが、基本的にはアーティスト名を選
することで、そのアーティストの特徴語や、類似アーティストの情報を見ることができる

図表1-4-6
「僕」派のミスチル・TOKIO、「俺」派の矢沢永吉・郷ひろみ

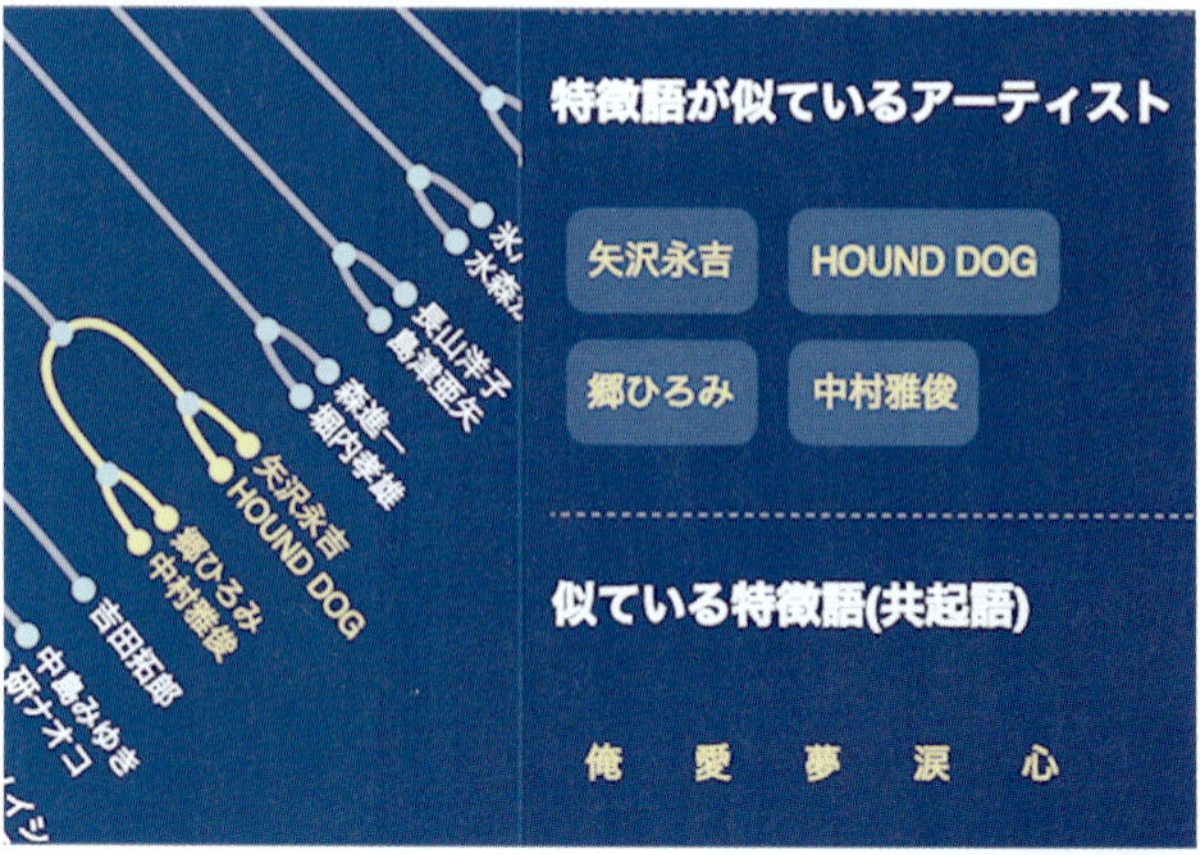

は大黒摩季がいる。はたまた、真心ブラザーズと奥田民生、森進一と堀内孝雄に、中島みゆきと研ナオコ……各アーティストのファンの方が目にしたら、意外な似た者同士に「エーッ！」と驚愕するかもしれない。

しかし、〝歌詞の遺伝子レベル〟で考えれば、各々のペアはほぼ同じアーティストと言い切って良い。

あなたのお気に入りのアーティストは、どの辺りに位置していただろうか？

もし、その隣に、「ありえない！」と思うようなアーティストが並んでいても、その彼／彼女も、実は案外、あなたが好きな感性やセンスを持っているのかもしれない。

「面白そう」が、データ活用のカギとなる

この歌詞分析を、さらに異なる角度から眺めれば、たとえば年代別での歌詞ワードの特徴を明らかにしたり、歌詞のもつ感情を評価したりすることもできる。昭和40年代にどんな歌詞ワードが流行していたか？　少し前の若者たちが、どのような曲を聴きながら育ってきたか？——そんな傾向を考察することもできるだろう。

今回のレポートは、池宮のアイデアをもとに、「GYAO!の歌詞サービス」の膨大な歌詞データ、ヤフーの日本語処理技術、そしてチームメンバーのデータビジュアライズの技術

など、様々なスキルを駆使して作成した。

素材となるデータがあっても、それをどのように分析し調理するかは、データを使う人間次第である。素材を使って何ができるか、こんなことがわかったら面白いのではないか……そうしたアイデアをもとに、適切な技術を用いてデータを分析し、さらにその結果をどう可視化していくかが、データをビジネスに活用するカギとなる。

1-5

日本は、「東京」と「それ以外」の2つの国からできている

47都道府県のうち、東京だけが特殊な例外だ――統計データと検索データを駆使し、リアルとネット双方の観点から、日本の中での東京の特異性、さらには県民性を浮き彫りにする。

東京セントリック思想

「日本のなかには、2つの国がある」――今回のレポートで私がみなさんに証明したいのは、この一点に尽きる。

東京一極集中と言われる昨今であるが、政治も経済もビジネスも、すべての拠点が東京にあり、東京で使われる言葉は「標準語」とさえ呼ばれている。

しかし、「東京」が標準だという発想は、本当に、正しいのだろうか？　富山県の漁村出身者である私は、これについて昔から大きな疑問を抱いており、それを**「東京セントリック思想」**（東京中心主義）と称している。世の中は、東京を中心として物事を考えすぎなのではないか、それによって世の中には歪みが生じているのではないか……。

今回は、そんな私の個人的な疑念をもとに、人々の生活や好みといったいくつかの観点から、まったく異なる文化をもつとも言えてしまえるような、「東京の異質さ」を証明していこう。ウェブでの公開時も非常に大きな反響を呼び、公開後もずっとSNSなどでシェアされ続けている人気レポートだ。

『北の国から』ならぬ、「2つの国からデュオ」、阪上恵理と大瀧直子が語る。

阪上　最初は自家用車の車種などでエリアごとの特性が出てきたら面白いねと掘り下げていたんですけど、あまり明確な特徴は出なかった。色々考えているうちに、「やっぱり東京の特異性に特化したほうが面白いのでは！」という仮説を出してみて、そこからITや教育の話に広がっていきました。

大瀧　レポート冒頭の「電車の年間利用回数とマイカー通勤・通学率：都道府県マッピング」は以前に作成しており、遠く離れた地方だけでなく、神奈川や大阪とさえも大きく異なる東京に驚いたことを覚えています。いわば、1都vs.46道府県。それゆえ、東京の異質性をビッグデータで可視化するのは面白いと思いました。リリース後の反響も大きく、今でも続いているようで嬉しい限りです。

極端な「電車社会」

皆さんは、1週間に何回くらい電車に乗るかを考えてみてほしい。

電車で通勤・通学をしている人は、少なくとも往復で5日間、計10回くらいは乗っているのではないか。都内に住んでいる方は、まさか10回なんかじゃ済まないぞ、と思った人も多いかもしれない。一方、電車は遠出をするときぐらいで基本はクルマだ、という方ももちろんいるだろう。

まず、リアルのデータから見ていこう。次のチャートは、ひとりが1年間に電車を利用する回数(注)を横軸、マイカー通勤・通学率を縦軸にとり、47都道府県をマッピングしたものだ。

このグラフから一目瞭然だろう。東京だけが、他の都道府県と大きく離れて右端に位置し、孤立している。マイカーと比較して、電車比率の度合いが著しく高いのである。

これは、東京がいかに極端な「電車社会」であるかを示している。神奈川や大阪など、関東・関西の主要府県の人は、東京と同じようなライフスタイルである印象を持つ方も多いかもしれない。だが、実際に赤ちゃんからお年寄りまでの全年齢の平均的な電車利用回数を見てみると、東京の人は年間800回以上(1週間に15回以上!)も電車を利用しているのに対し、神奈川や大阪の人々の電車利用回数は、400回以下と、東京の半分にも

図表1-5-1　電車の年間利用回数とマイカー通勤・通学率：都道府県マッピング。東京とその他は隔絶している

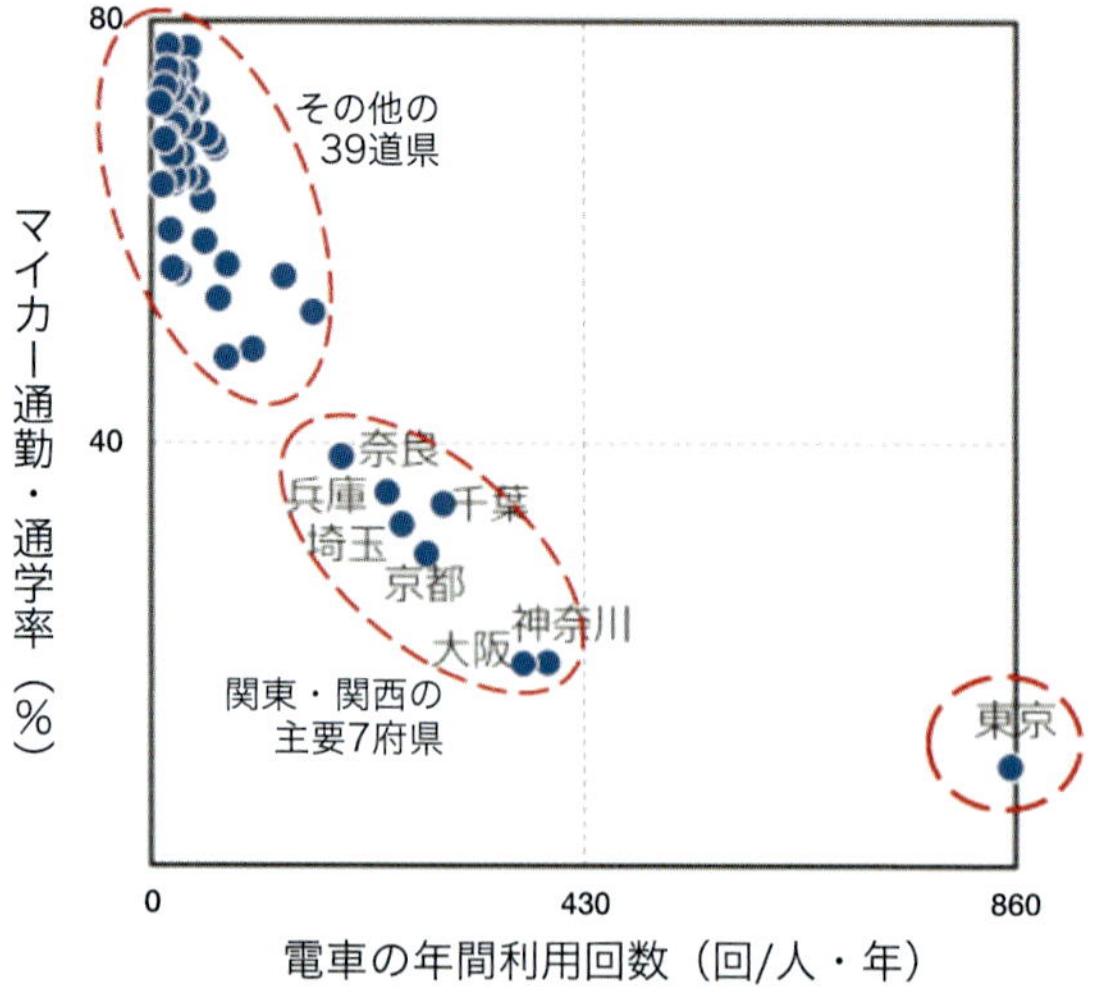

出所：電車の年間利用回数は国土交通省旅客地域流動調査（2013年）と総務省統計局の都道府県人口（2013年）を元にヤフーが算出。マイカー通勤・通学率は国勢調査（2010年）

満たない。

その他の残りの大半の県は、クルマがメインの生活だ。電車は年に数十回乗るかどうかという程度であり、東京の10〜100分の1に過ぎない。

電車とクルマの利用度という観点から見るならば、日本の都道府県は、①圧倒的な電車社会である東京、②電車とクルマを併用する関東・関西の主要7府県、③クルマ社会である残りの大半の道県と、3つのグループに大別されることがわかる。

しかし、やはり①と②の間

図表1-5-2　都道府県別一人あたりの検索数

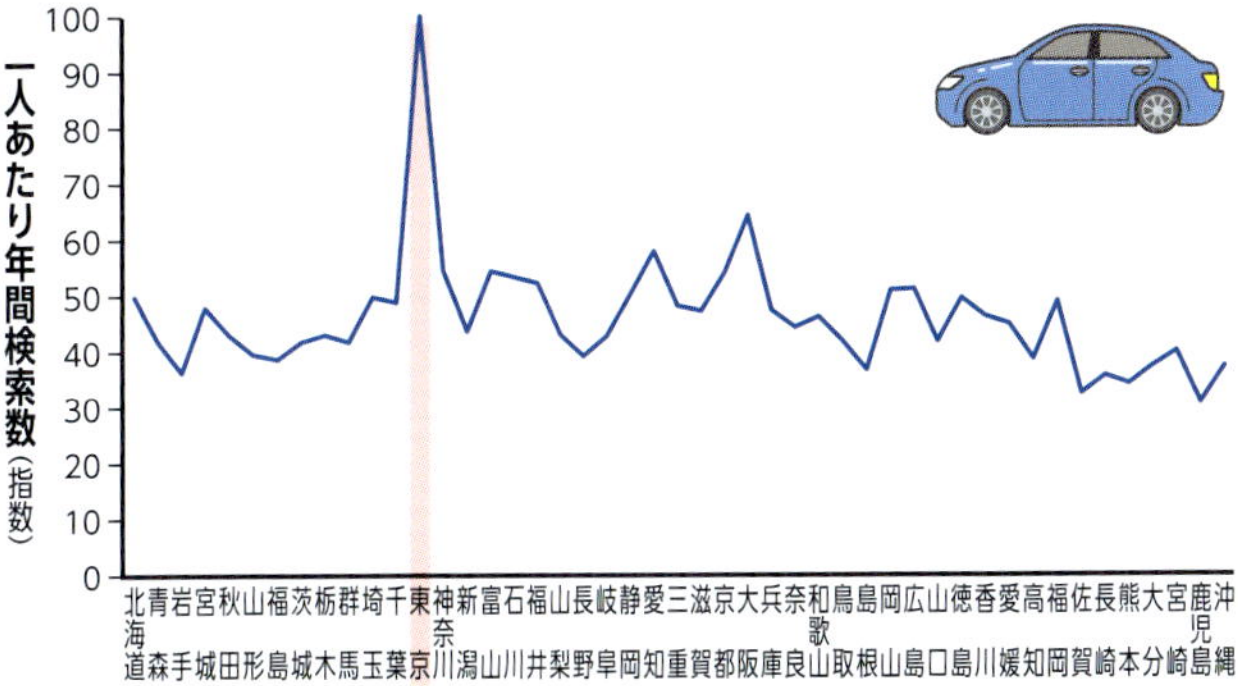

資料：Yahoo!検索データ（2015年1月〜12月、PCのみ）

の差は大きく、東京の異常性が突出していると言える。

さて、この調子で、東京の特殊性を深掘りすることで、日本の異常さを明らかにしていこう。

クルマに関心がなく、タクシー依存

次に、インターネットの利用度について見てみる。上の図は、2015年の人口一人あたりの年間検索数を指数化し、都道府県別に表したものだ。

この図でも、東京で跳ね上がっており、東京の人々が他県の人々に比べて、インターネット検索をする回数が圧倒的に多いことがわかる。東京の一人あたり検索数を100とすると、第2位の大阪でさえ東京の3分の2にも満たず、日本の都道府県のほとんどの地域では東京の半分以下だ。ちなみに、最も少なかったのは鹿児島で、東京より

も7割以上少ないという結果であった。

検索について、すべてのワードの検索数から、その検索の中身についても見ていこう。すると、先ほど見てきた「電車vs.クルマ社会」に関連した構図が浮かび上がってきた。

図表1－5－3は、各都道府県の自動車メーカーに対するインターネット上の注目度を日本地図で表したものだ。算出方法としては、2015年の1年間の総検索量に占める、自動車メーカー（国内大手8社）に関連する検索数の割合を調べ、最も多い都道府県の割合を100とする指数として出している。

黄色からオレンジ、赤色になるほどに、注目度が高いということである。多くの道府県の注目度が高いことがお分かりだと思うが、よくよく見ると、わずかひとつの東京エリアのみが、真っ青に染まっている。東京人の自動車メーカーへの関心が顕著に低く、電車などの公共交通機関への比重が高い生活であることを示すものといえる。外車にのみ関心が高いこともあり得るが、その可能性は低いだろう。

先ほどのリアルの統計と総合して、東京が、日本の中でも特殊な電車社会であることが、リアルのデータとインターネット上の注目度の両方から裏付けられた。

一方、同じ「クルマ」といっても、自家用車ではなく「タクシー」については、東京だ

図表1-5-3　インターネット上の注目度【自動車メーカー】

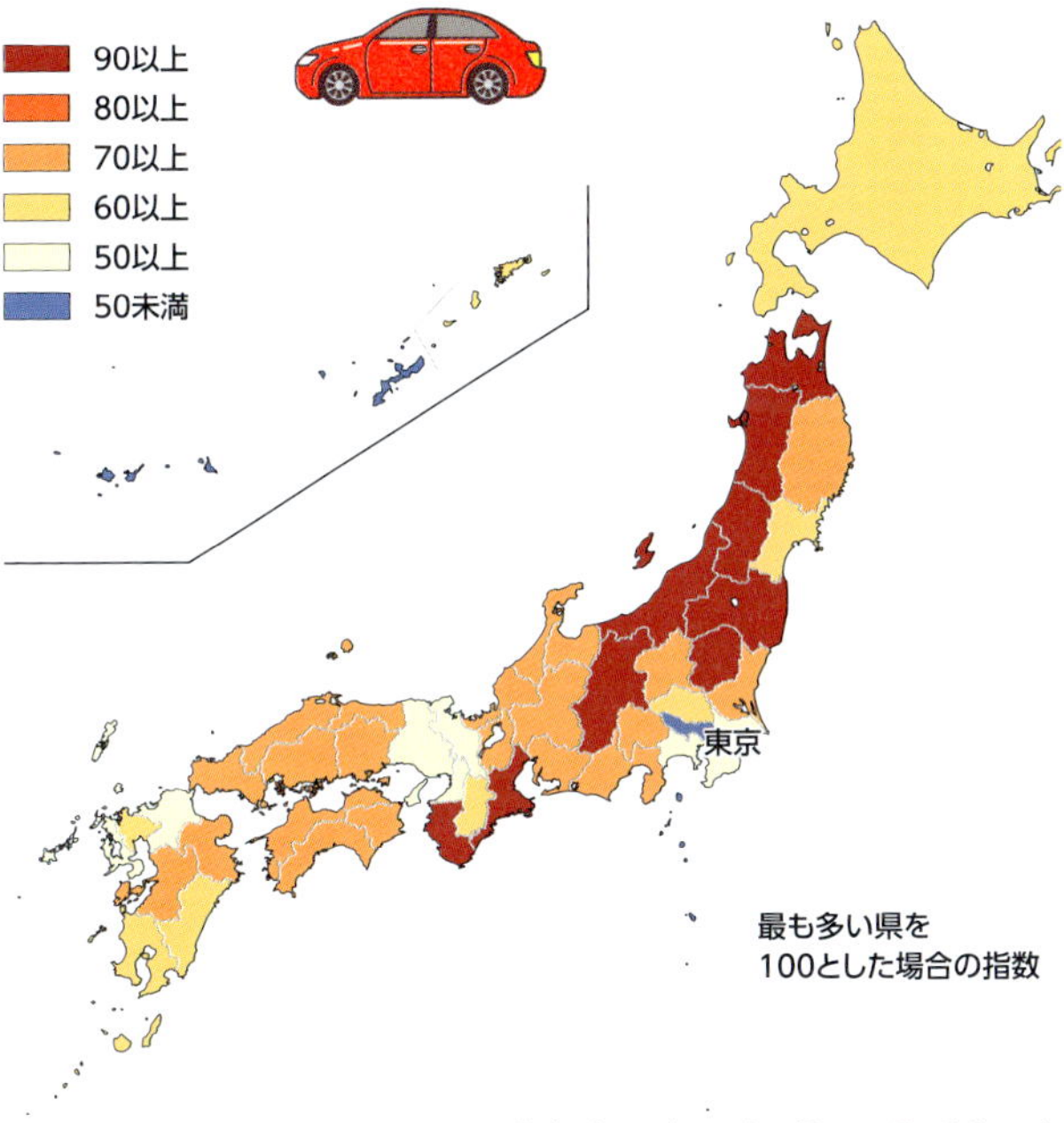

資料：Yahoo!検索データ（2015年1月～12月、PCのみ）

けが極端に高い注目度を示している。図表1－5－4の地図をご覧いただくと、47都道府県のうち、全国的に真っ青であるなかで、東京だけが唯一真っ赤に染まっている。

都内に住んでいる人は、「タクシー」という交通手段を当たり前に使っているかもしれないが、日本全体で見ると、実は、タクシーという手段に馴染みの薄い道府県の方が圧倒的に多いのである。

他にも、いろいろ特徴のありそうなワードを調べてみた。どんなワードがよいか、ビッグデータレポートチーム内でネタ会議を開催し、地域差がありそうなものを思いつくままに当たってみた結果、いくつかのワードで特徴的な傾向が見られた。

まずは、ＩＴ系の用語は、基本的に総じて東京の注目度が高い。たとえば「フィンテック」や「Uber」。情報感度が高く、常に最先端の技術や最新の流行に接している人々がたくさんいるということだろう。

その他、東京らしさを感じられるのが、勉強系のワードだ。端的な例が、「中学受験」や「ＴＯＥＩＣ」であり、東京を中心とする都市部で高い。「中学受験」という制度自体、東京を中心とする大都市圏に特有のものといえ、地方にはそもそもそんな概念は存在しない、という状況なのかもしれない。

また「ＴＯＥＩＣ」についても、大学や企業の集中している東京では、留学や就職活

図表1-5-4　インターネット上の注目度【タクシー】

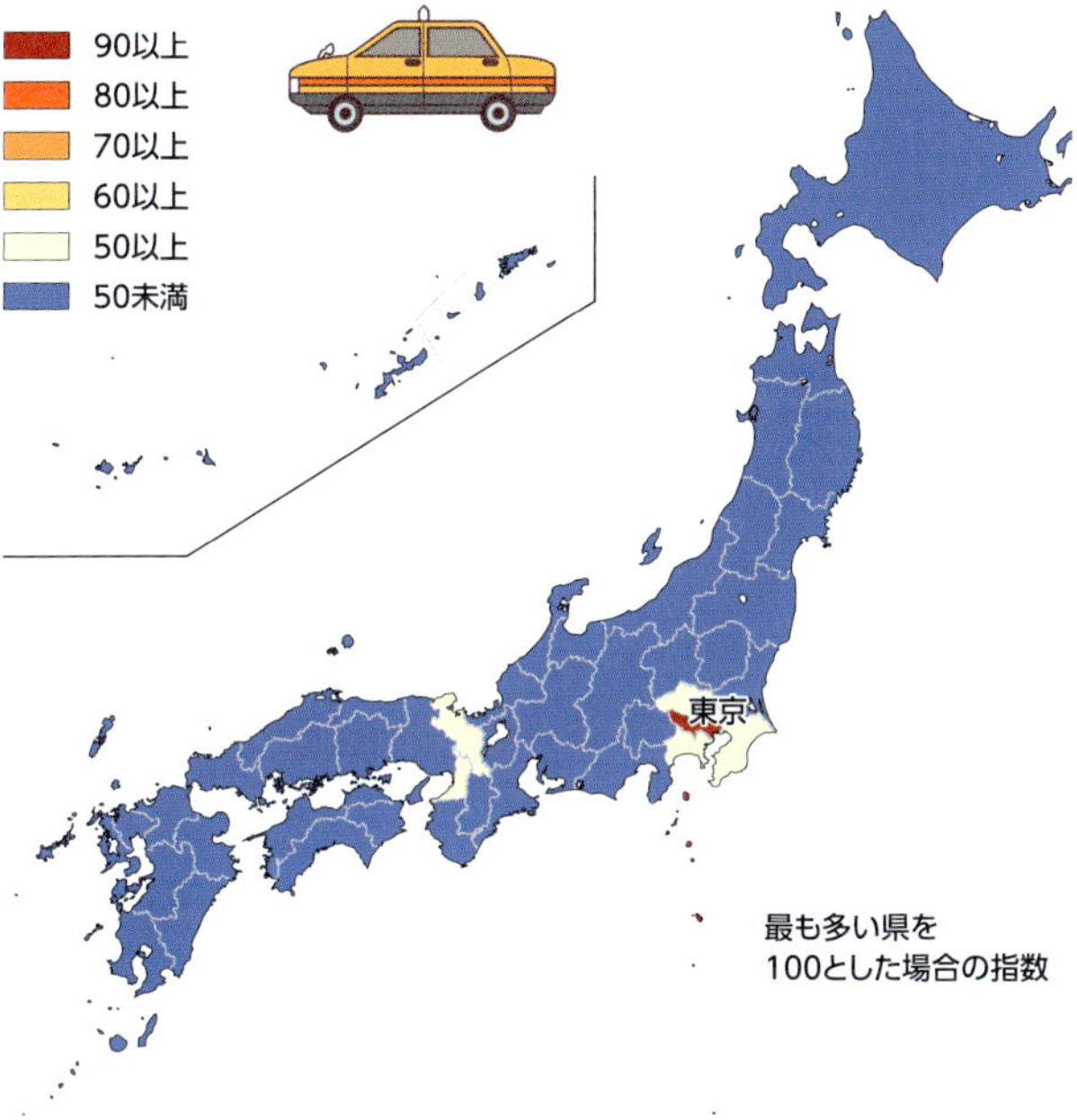

資料：Yahoo!検索データ（2015年1月～12月、PCのみ）

図表1-5-5　インターネット上の注目度【IT系・勉強系トピックス】

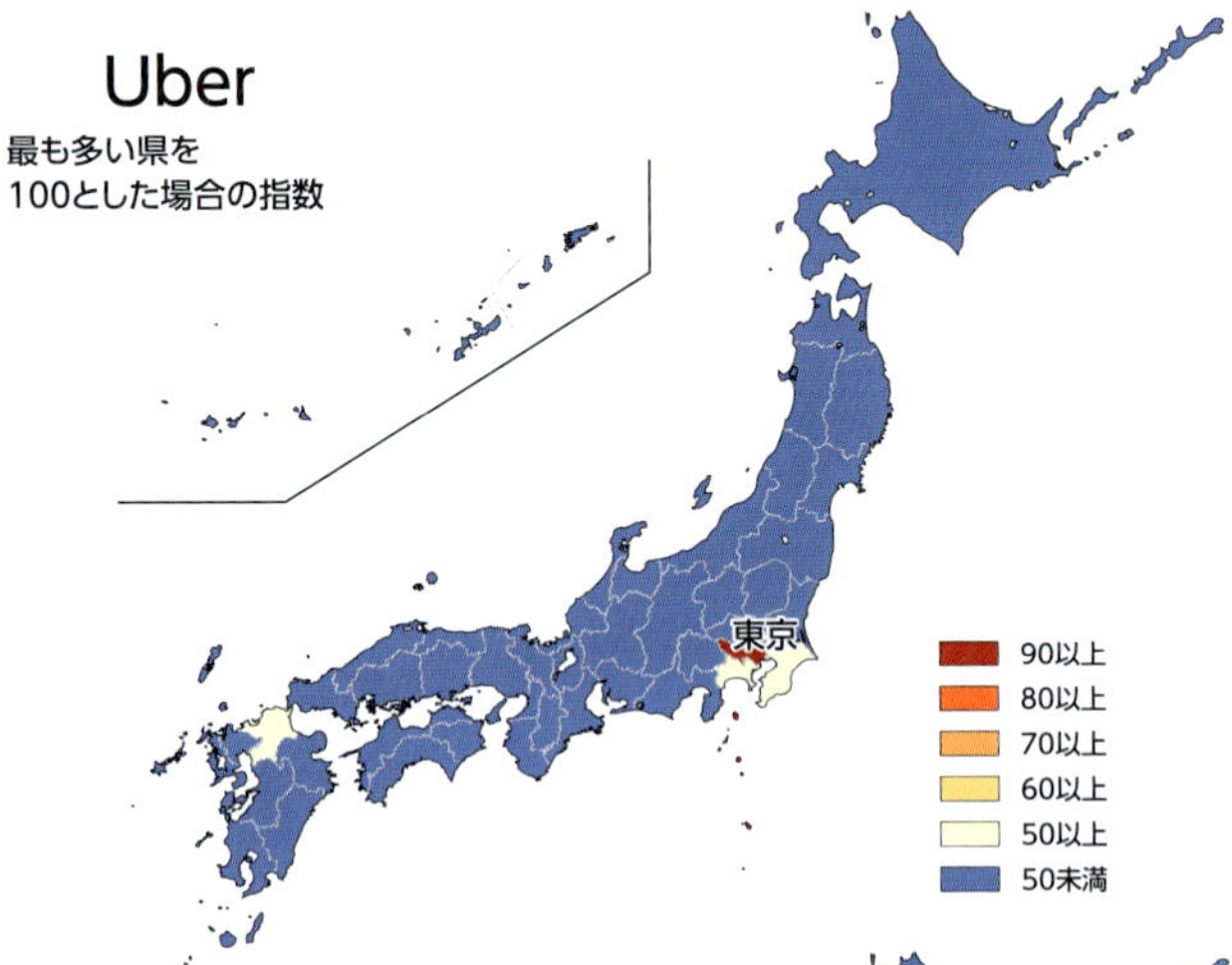

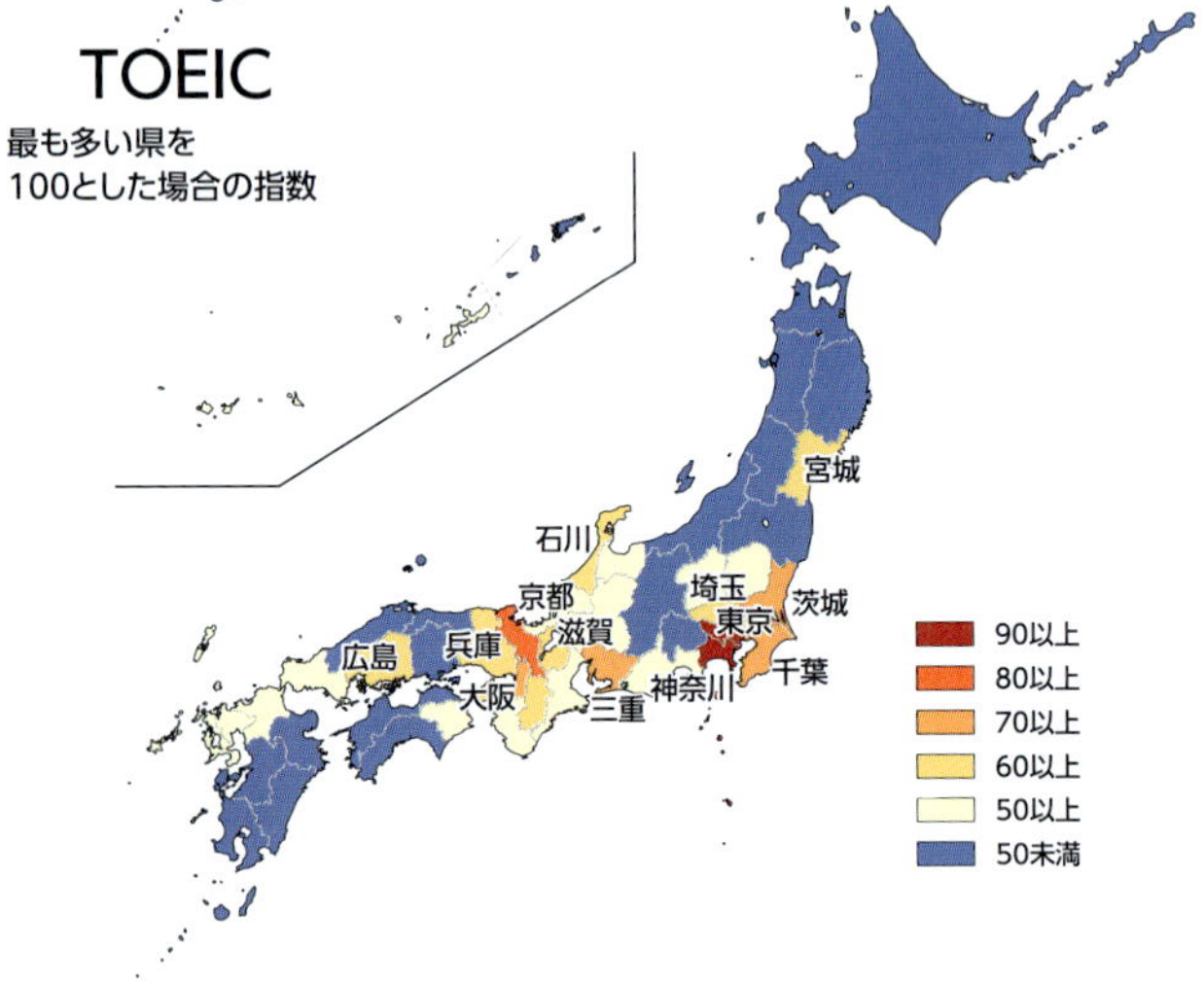

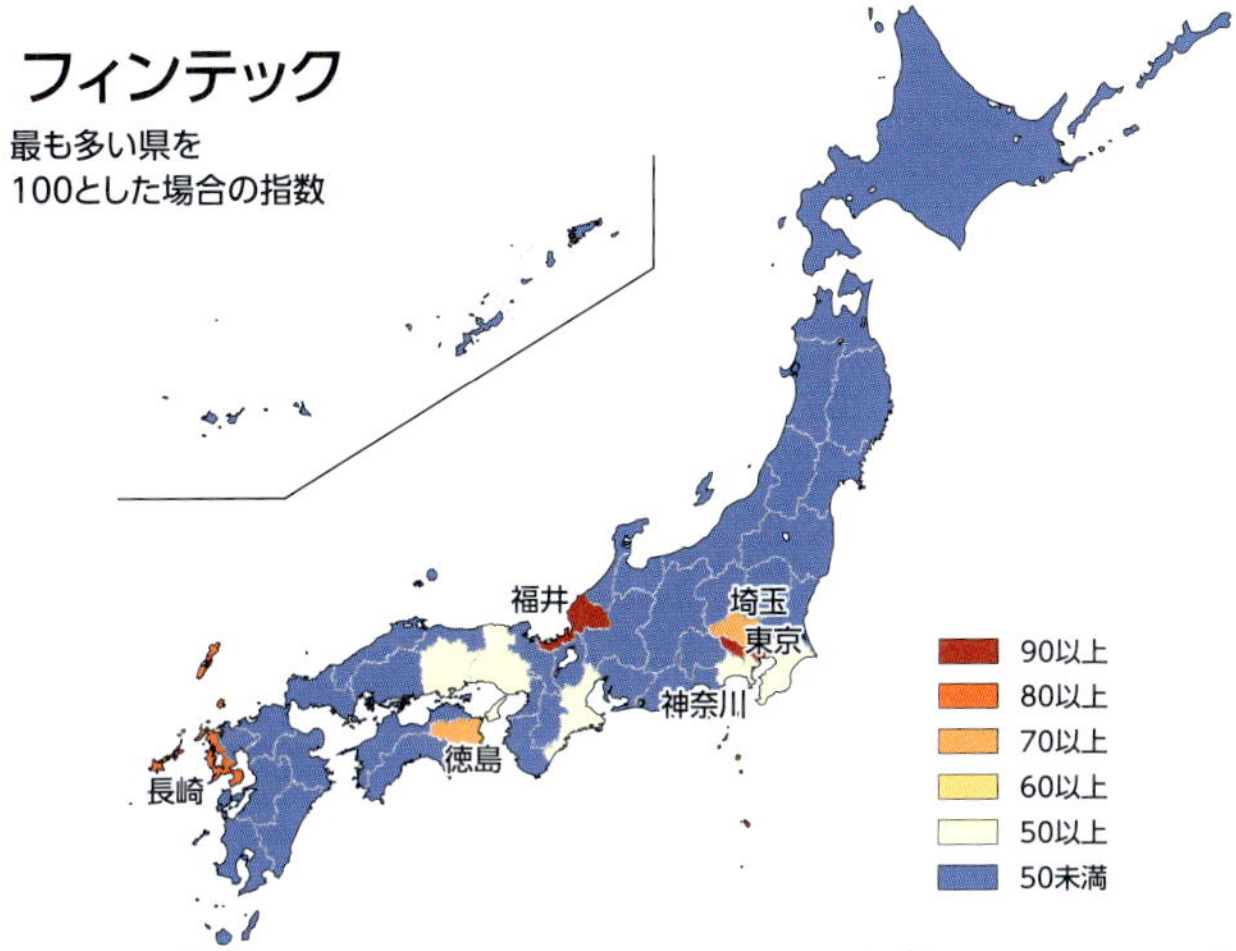

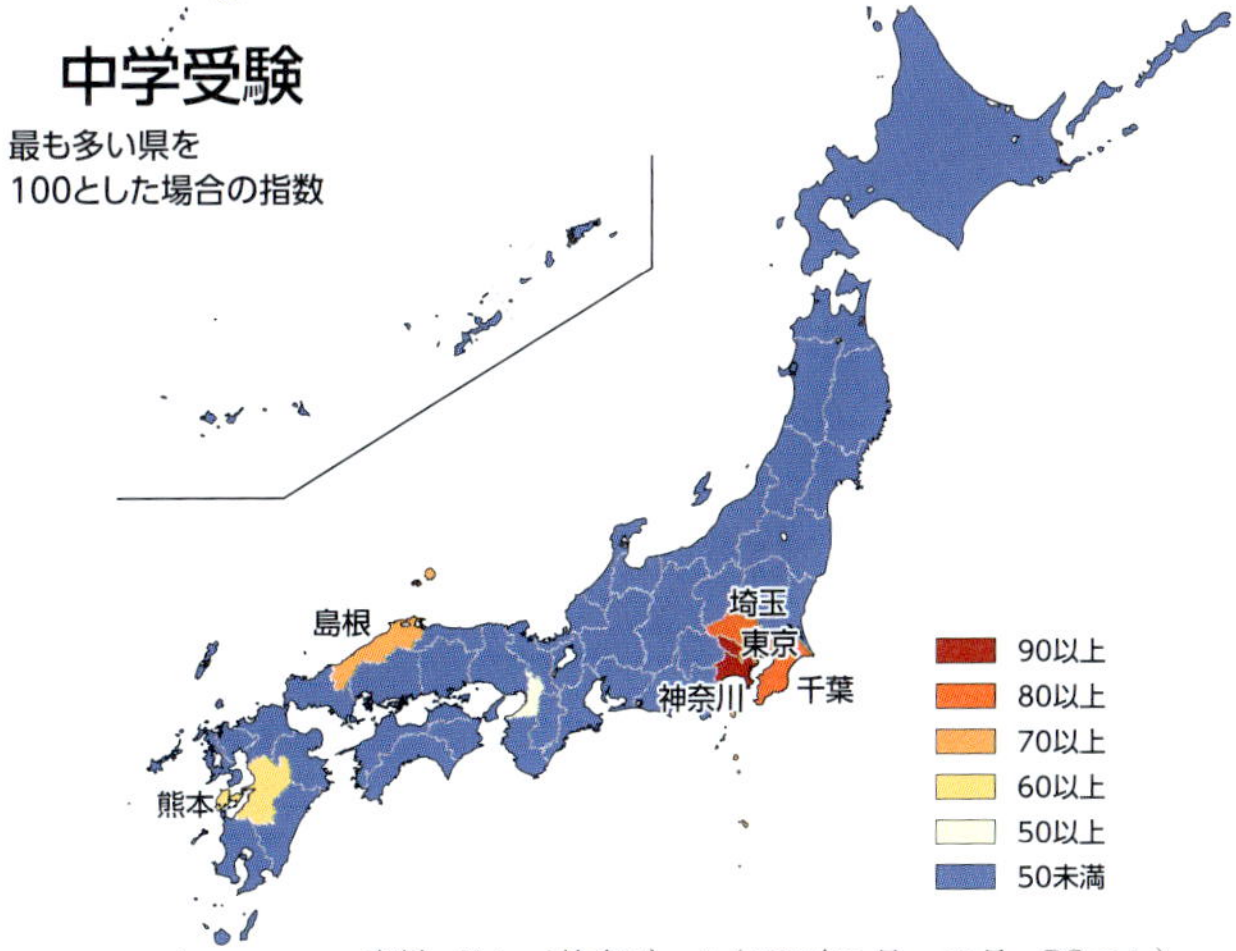

資料：Yahoo! 検索データ（2015年1月〜12月、PCのみ）

動、社内での昇進のため、日夜、必死でTOEICのスコアアップに励む人たちが多く見られるようだ。

そうめんは香川・奈良、ラーメンは山形・新潟

さて、ここまでの結果から、「東京が日本のスタンダードなどではない」という東京の特異性に関する証明は十分だろう。

ここからは、**東京以外のエリアの地域差**に着目してみたい。「県民性」という言葉もあるが、そのような都道府県ごとの地域性を客観的なデータから露にしてみよう。

まずは昨今の国民的話題の中から、私たちの暮らしに大きく影響のある「ふるさと納税」についてだが、関西エリアでの関心が他の地域と比べて高く、地域差が浮き彫りとなった。納税先を変えるだけで美味しい食べ物などが手に入る「お得感」は、主に関西人の心を動かしたようだ。逆に東北や北陸地方の人の関心が低いのは、そこが「ふるさと」そのものだからかもしれない。

次に食べ物についてもみてみよう。麺類で比べてみると、「ラーメン」は東日本、「そうめん」は西日本と、東西できれいに2分割された。「そうめん」については、奈良県は「三輪そうめん」、香川県は「小豆島そうめん」というご当地グルメがあることからも、よ

図表1-5-6　インターネット上の注目度【暮らしの話題】

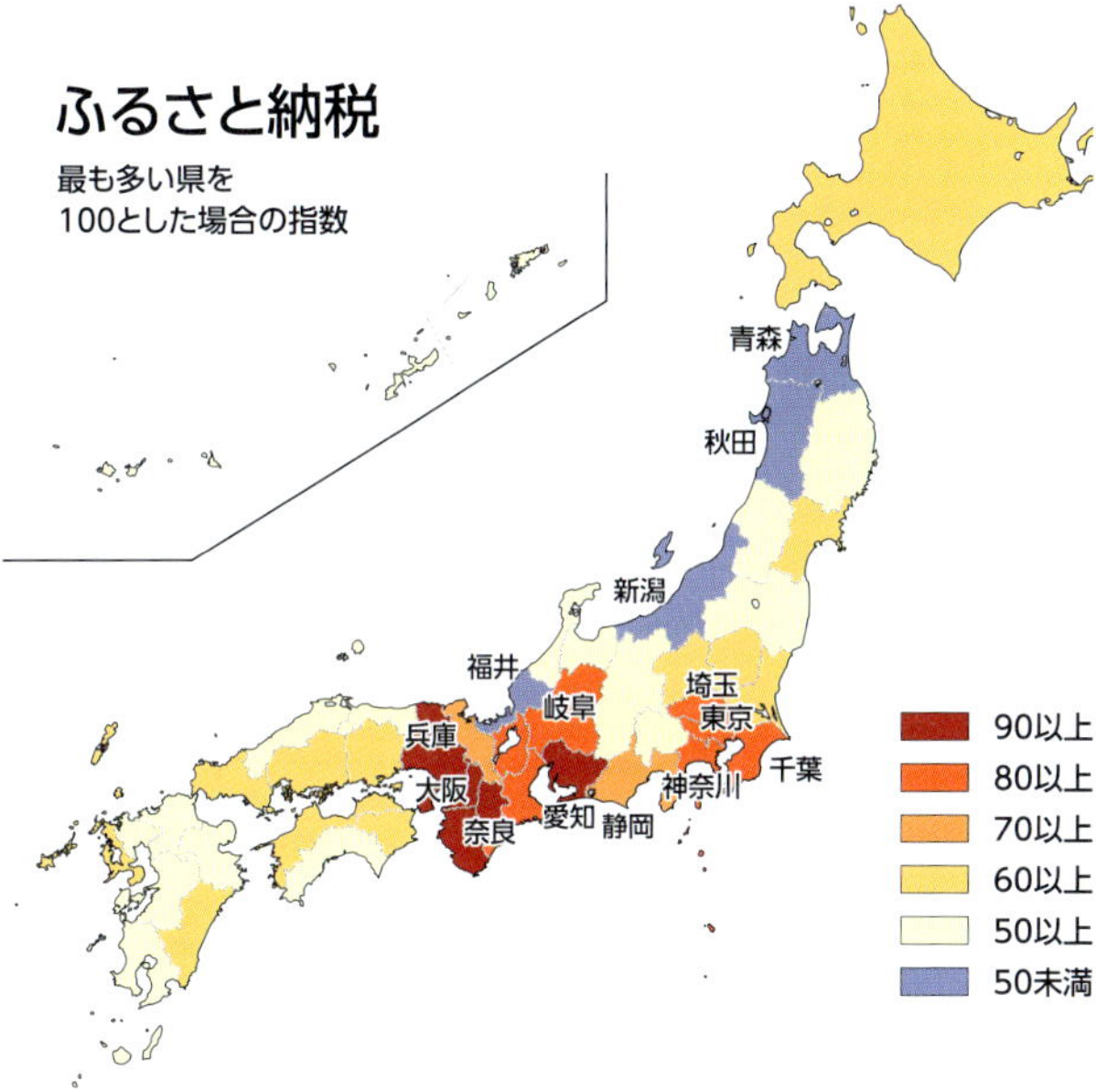

資料：Yahoo!検索データ（2015年1月～12月、PCのみ）

図表1-5-7　インターネット上の注目度【麺料理】

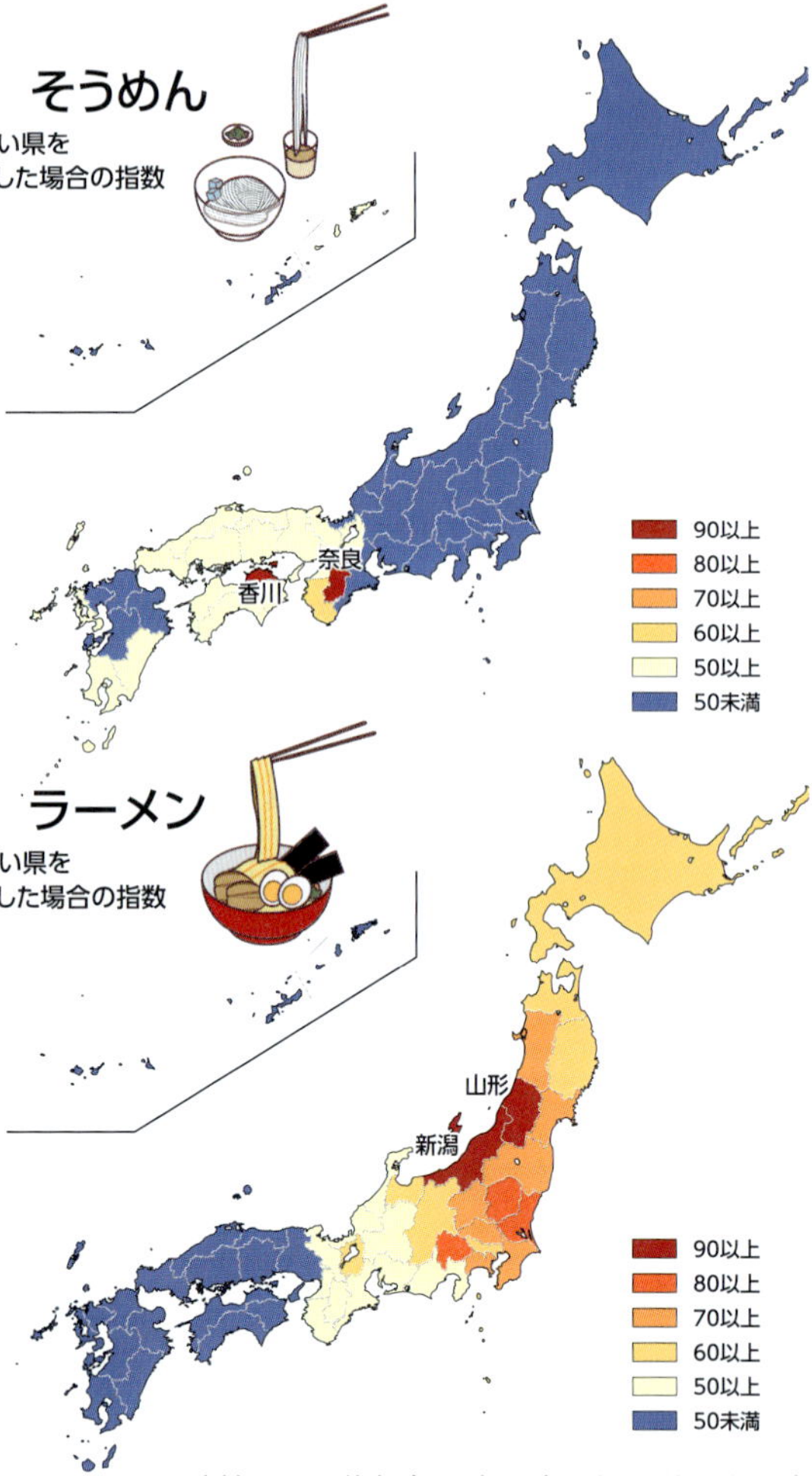

資料：Yahoo!検索データ（2015年1月～12月、PCのみ）

図表1-5-8　インターネット上の注目度【映画】

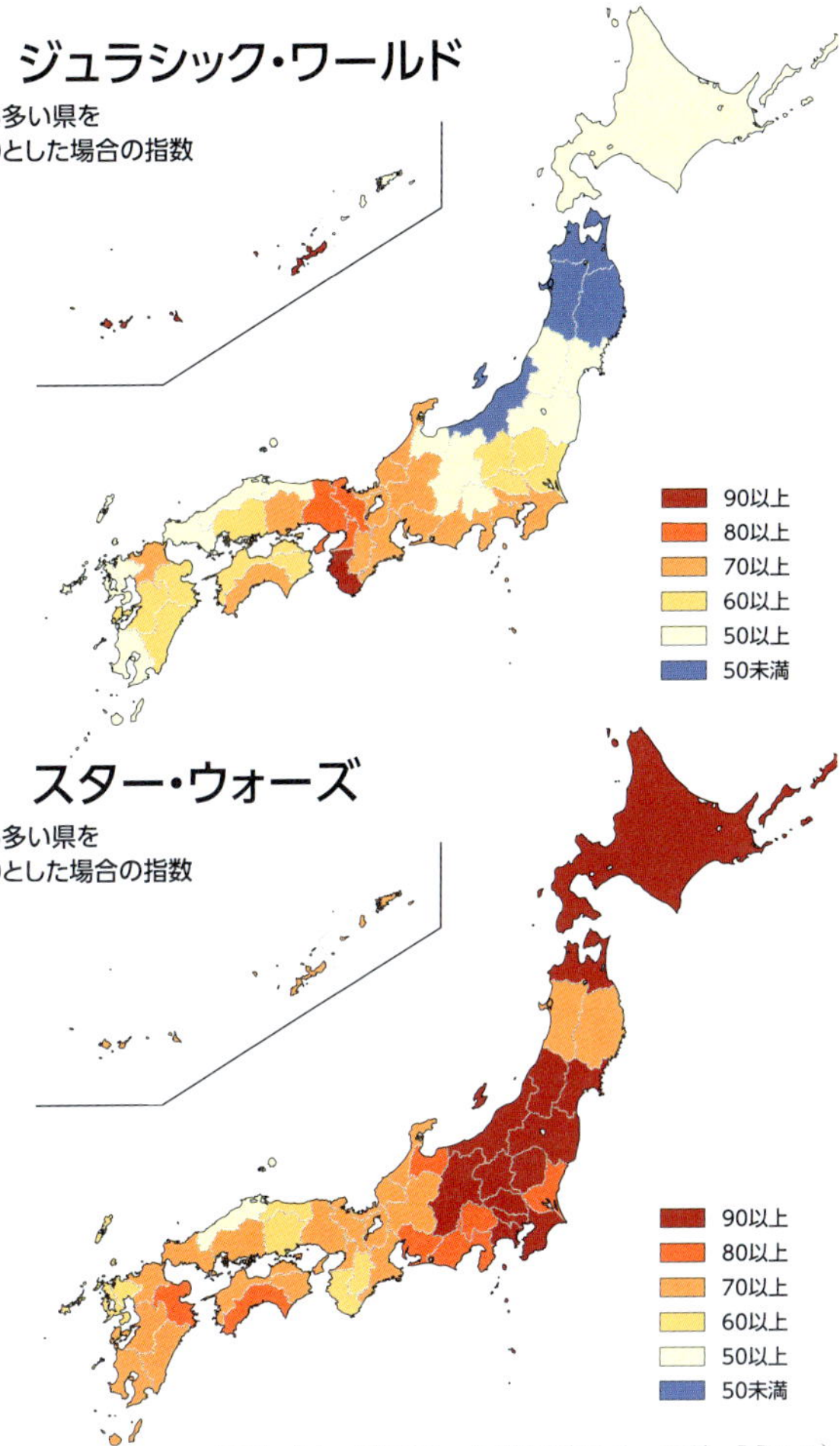

資料：Yahoo! 検索データ（2015年1月～12月、PCのみ）

くわかる。

気になるのが、ラーメンの注目度が劇的に高いのが、新潟県と山形県であることだ。そこで少し調べてみると、年間1世帯あたりの中華そば（外食）の支出金額1位は山形市で、2位が新潟市という（総務省「家計調査」２０１７年）。これらラーメン好きの県民性は意外と知られていないのではないだろうか？

東西の地域差があるのは、食べ物だけにはとどまらないようだ。エンタメカテゴリとして、映画作品への関心に注目してみたところ、『スター・ウォーズ』は東日本、『ジュラシック・ワールド』は西日本で、多く検索されていた。理由はよくわからないのだが、データがこのように証明しているのである。

「ライトセーバー、カッコよくない？」「いや」「ああ、そっか。オマエ、島根県民だからなあ」という会話が成り立つとしても不思議ではない。


いかがだっただろう。まずは、東京がいかに異常であるか、その特異性をお伝えしたいという私の目的は無事、達せられたように思う。政治にしても、経済にしても、ビジネスにしても、ぜひ「東京セントリック思想」の見直しを毎年1回は検討していただきたいのだが……。

関西・関東という区別以前に、東京中心にものを考えるな、と私は声を大にして言いたいのである。

(注)

JR、私鉄、地下鉄などを乗り継いだ場合、鉄道会社ごとに1回とカウント。行きと帰りは別々にカウント。

幕間劇 1-6

音楽CDが売れる時、サバの漁獲量が増える——擬似相関とは何か？

全く関連していない2つの事象が、見事な連動を示す……データを眺めていると、そんな奇跡のような結果が得られることがある。ここでは、「なんちゃって相関（＝擬似相関）」を取り上げながら、データを正しく見るために必要不可欠な「相関」の概念を解説していこう。

相関はあるが、因果関係はない

「音楽ＣＤが売れると、サバの漁獲量が増える」……こんなエピソードを聞いて、ほとんどの方はマサバ、いや「まさか！」と思ったことだろう。しかし、次のグラフを見てほしい。

Yahoo!ショッピングでの音楽ＣＤの流通総額と、サバの漁獲量の推移が見事に一致していることが、グラフから一目瞭然なのだ。ＣＤの流通総額が増加しているとき、確かに、サバの漁獲量も同様に増加している。

このように片方の変化と、もう一方の変化が連動しているような関係性を、一般的には「相関がある」と言う。

しかしながら、常識的に考えて、音楽ＣＤの売り上げとサバの漁獲量という2つの事象に、何か直接的な関連があるとは考え難い。両者のデータの推移がほとんどぴったり一致してしまったとしても、それはまったくの「偶然」である可能性のほうが高いはずである。つまり、このデータは**「相関があるが、因果は考えにくい」**というデータなのだ。

このような関係は、**「擬似相関」**（spurious correlation）」とも呼ばれている。本レポートでは、これから様々なタイプの「擬似相関」をご紹介していこう。「まさか、あんなデータとこんなデータが！」という、色々と面白い偶然の一致が見つかった。

「擬似相関」シリーズのレポートを作成しているのは、若手メンバーの草野真史だ。

よしサバサバ、行ってみよう、「サバ王」がやってきた！

草野　こんにちは、「サバ王」こと草野です。さきほどの安宅さんの説明に、「相関はあるが因果は考えにくい」という表現がありましたが、「相関」と「因果」の関係という概念は、それぞれ非常に混同されやすいものです。

データを見るときにはどのようなことに注意しなくてはならないのかについても、これをきっかけに理解を深めてもらえたらと思います。

このレポートの作成のきっかけになったのは、僕が初めてビッグデータレポートチーム

図表1-6-1

Yahoo!ショッピングの音楽CDの流通総額とサバの漁獲量（r =0.82）

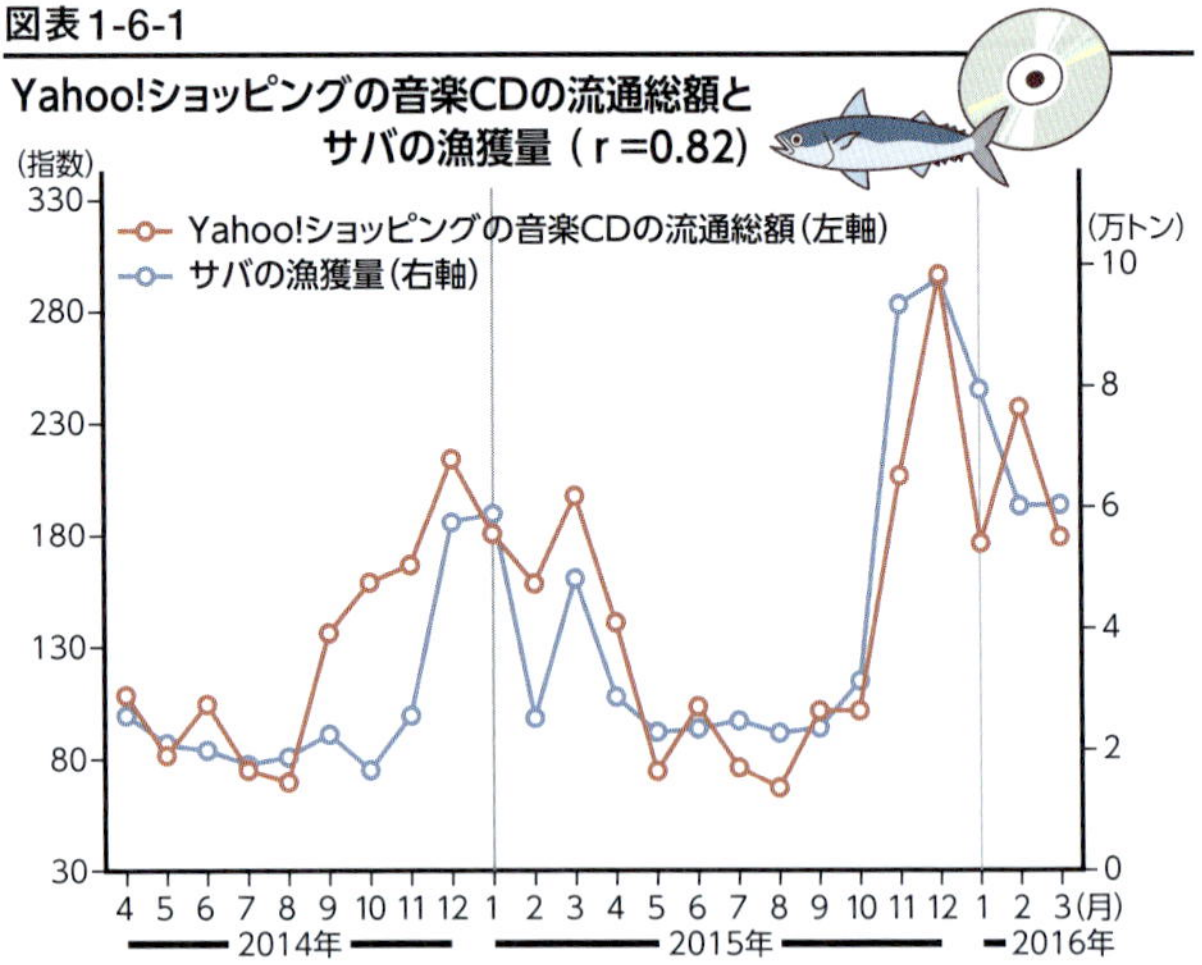

資料：Yahoo!ショッピング、農林水産省統計

の活動を見学しにきたとき、安宅さんから『スプリアス・コリレーション（擬似相関）』という本を紹介されたことです。その本には擬似相関の例が紹介されていました。たとえば蜂蜜の生産量とバーモント州における婚姻率が相関しているとか……すごく面白かったんです。

　すると、「これの日本版を見つけてほしいなー！」と安宅さんに頼まれました。そこで、日本で公開されているあらゆるデータと、ヤフーが所持しているデータを使って早速調査にとりかかってみたら、最初に発見したのが、サバと音楽CDの相関だったのです。

相関とは何か？

辞書で「相関」という言葉を引くと、「二つのものが密接にかかわり合っていること」とあるが、データの世界でそれを厳密に表現すると、「一方が変動すると、もう一方のデータもその変動と綿密に連動した変化を伴うもの」となる。

さらに、相関には「正の相関」と「負の相関」がある。簡単に言うと、正の相関とは、一方の変数が増えると、それに伴ってもう一方の変数も増える関係。反対に、負の相関というのは、一方の変数が増えると、もう一方の変数が減るような関係のことだ。

その「相関」の正負や強弱を示す指標が、「相関係数（r）」だ。相関係数は、1に近づくほど正の相関、マイナス1に近づくほど負の相関があると表現され、1かマイナス1に近づくほど相関が強いものとされる。

最も単純で分かりやすい「正の相関」の具体例を見よう。1個100円のりんごをn個買うとする。このとき、りんごの個数と合計金額のグラフは綺麗な直線となっており、相関係数はr＝1。りんごの個数と合計金額には、完全な「正の相関」があるということになる。

では、両者の「因果」関係はどうだろう。当然だが、りんごの合計金額が増えるのは、購入するりんごの個数が増えるためである。りんごの個数と合計金額は完全に影響を与え合う関係にあり、両者のあいだには「因果関係がある」といえる。

図表1-6-2　相関するが因果関係のないパターン

ケース	見えてくる相関の例	相関する理由
共通の原因	 小学生では背が高いと学力が高い	高学年の方が身長も高く、学力も上がるため
因果関係が逆	 交通事故注意の看板があると交通事故が多い	交通事故が多い所に看板が置かれている
偶然の一致	 サバの漁獲量が上がると男子用上着の売り上げが上がる	2つのデータがたまたま相関している
選択バイアス	 雨が降ると、電車の利用が増える（東京のみのデータの場合に基づく）	サンプルの偏りによって、一般性の低い相関が発生するため

「相関」と「因果」は独立の概念

りんごの個数と合計金額のように、**「相関があり、因果関係もある」**というパターンは、イメージしやすく、とても分かりやすい。だが、前述したように、「相関」と「因果」は独立の概念である。**「相関があるが、因果がない」**というパターンも、探してみると意外と多く見つかるのだ。典型的な例を、上にいくつか挙げてみた。

この中でも、特に「偶然の一致」に該当するようなものを「擬似相関」と呼ぶ。冒頭で紹介したサバの漁獲量と音楽CDの売り上げの事例

図表1-6-3 因果関係があってもシンプルな相関がないもの

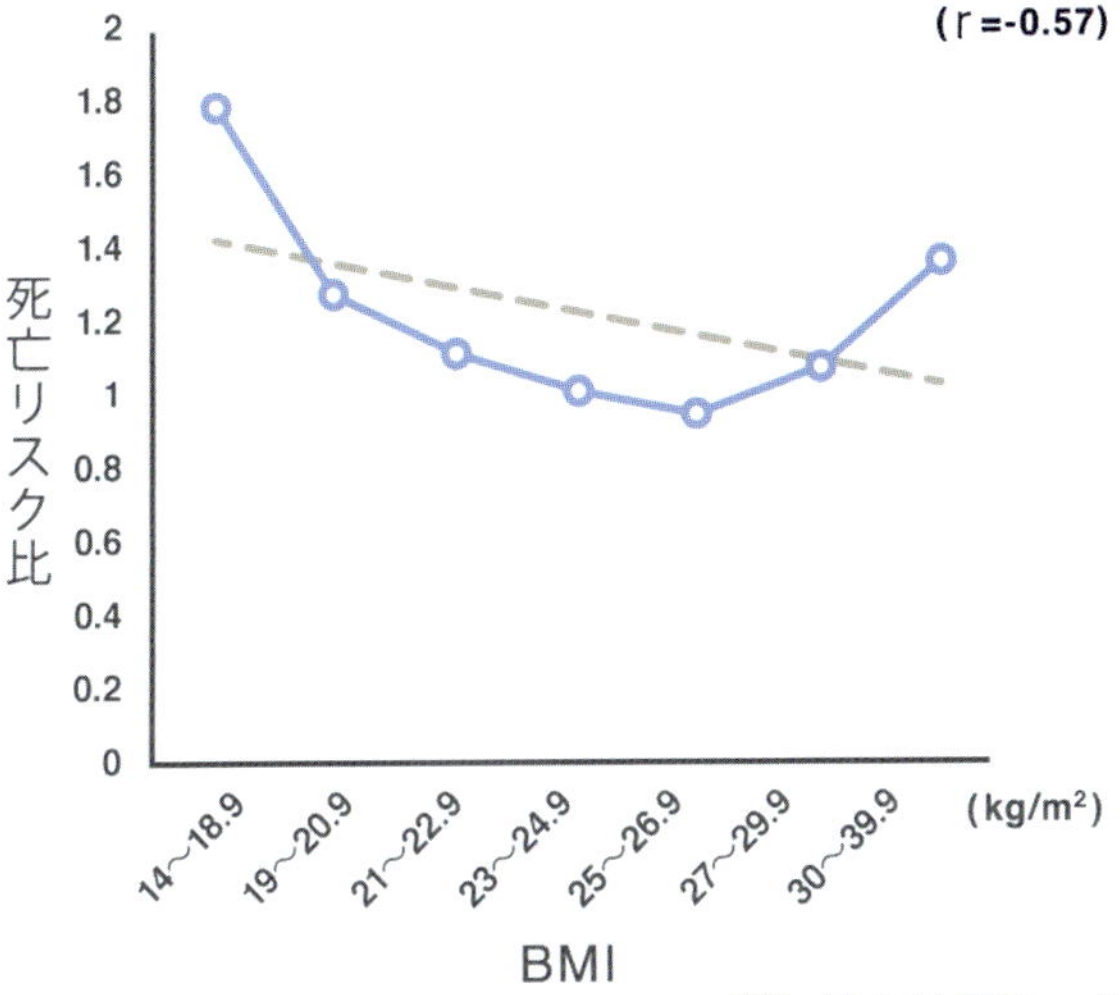

資料：国立がん研究センター

も、まさしく「擬似相関」である。

ちなみに、「擬似相関」を発見するのは意外と難しい。というのも、擬似相関に見えて、実はちゃんと因果関係が存在していたり、たとえば三角関数的な周期性のある時のように相関係数だけでは判断できなかったりすることがあるためである。

「相関はあるが因果はない」の反対に、**「相関はないが因果はある」**というパターンも、実は意外と多く存在する。いったいどのような場合か、想像がつくだろうか？

上のBMIと死亡リスクのグラフを見てもらいたい。

健康診断でおなじみのBMI、ご

存知の通り、肥満度を示すヒトの体格指数である。「体重÷（身長ｍ×身長ｍ）」で計算され、日本ではＢＭＩ：22が標準指数とされている。このＢＭＩと死亡リスクをグラフに表してみると、ご覧のように綺麗な直線にはならず、高い値から徐々に下降し、ある基準を境に、再び数値が上昇していく。相関係数はｒ＝マイナス０・５７で、ある程度の負の相関があるということになる。

全体として中央で凹んだグラフになるのだが、これはよく考えれば当然である。ＢＭＩが標準指数と比べて低すぎても高すぎても、つまり痩せすぎていても太りすぎていても、死亡リスクが高まるためだ。ＢＭＩの数値と死亡リスクは、互いに「因果関係」があるものの、シンプルな「相関」があるとは言えないのである。本当は低い領域では負の相関、高い領域では正の相関があるからだ。

はっきりとした「因果関係」があるのに、データがこのような曲線を描いたり、二次関数的に伸びたり、ある基準点を境に極端に切り替わったりする場合など、「相関」にはならない、ということもよくある。

逆に言うと、２つのデータの間に「相関」がないからといって、「因果」の関係も存在しない、と簡単に断定してしまうことはできない、ということでもある。あるデータを見るときには、「相関係数」と「因果関係」を理解した上で、その両者を考慮することによって、初めて本質を読み解くこともできるようになるのだ。

じゃがいもが売れる時、自民党の支持率がアップする

　さて、ではここから、擬似相関の例を見てみよう。以降で使うデータは、「政党支持率」だ。２０１４年４月から２０１６年３月までの各政党の支持率推移について、日本の約８０００件のオープンデータを集めて相関係数を計算し、波形が類似するデータを抽出してみた。

　少し方法を説明すると、波形が類似するかどうかは実際に可視化してみるまでわからないので、簡単なプログラムを組んで相関係数の高い組み合わせから順にグラフ画像を生成し、その画像を確認していけば、波形の類似が探せるのである。

　まずは自民党支持率の推移と相関係数が高く、かつ波形が類似するデータを抽出してみた。図表１－６－４のグラフをご覧いただこう。生たらの漁獲量、じゃがいもの卸売数量……突拍子もないこれらのデータが、自民党支持率と見事に連動している。

　とても良く似ていることに、驚きを禁じ得ないではないか！

　ちなみに、ほかの政党も見ていくと、かつてあった民進党（国民民主党に合流）では、青森県の平均風速と支持率の相関などの意外な組み合わせが見つかった。「風が吹けば桶屋

図表1-6-4

自民党支持率と生たらの漁獲量（r =0.71）

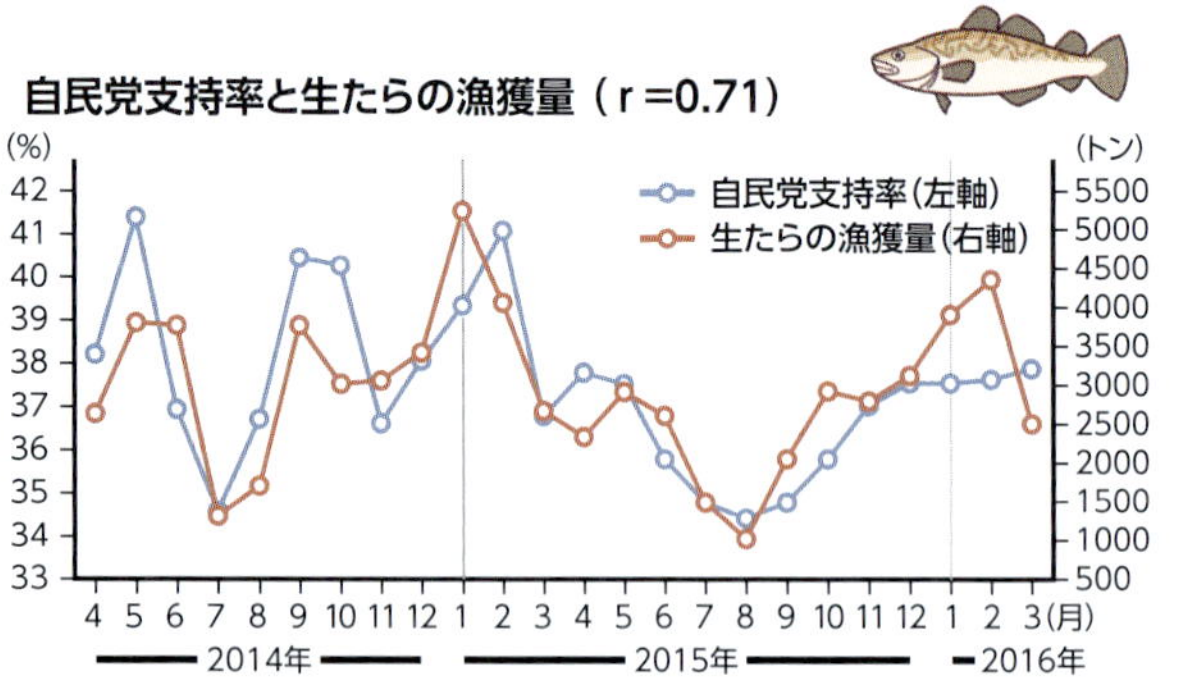

自民党支持率とじゃがいもの卸売数量（r =0.68）

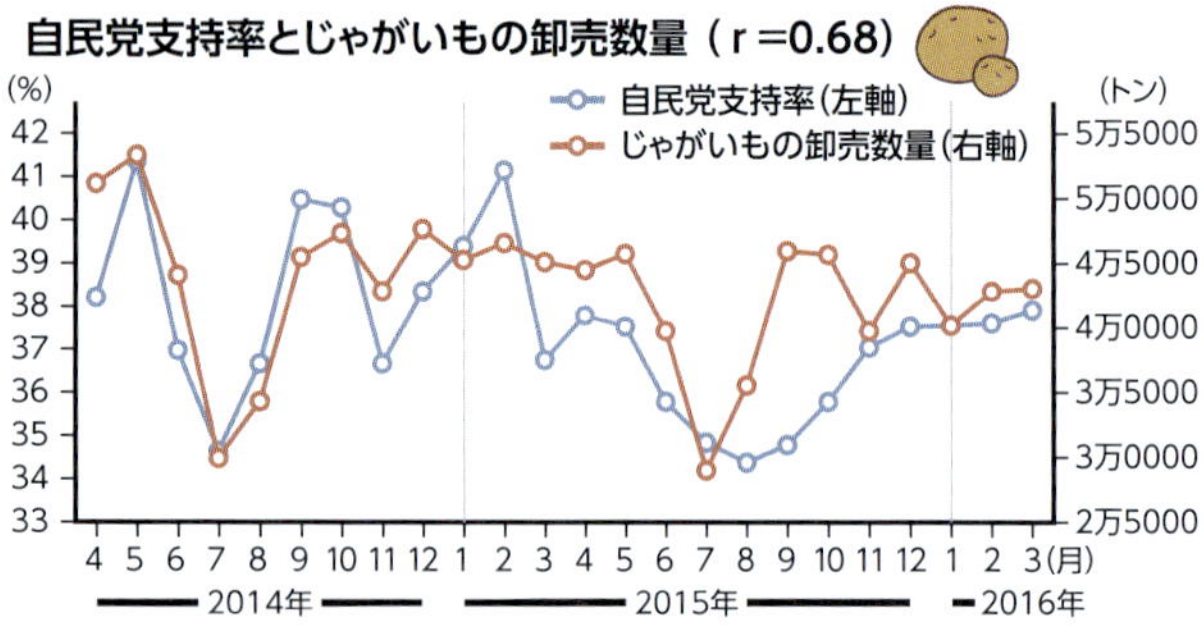

資料：NHK放送文化研究所 政治意識月例調査、農林水産省産地水産物流通調査、農林水産省青果物卸売市場調査

が儲かる」ではないが、青森県で風が吹けば吹くほど、民進党の支持率が上がると言える（図表1－6－5）。

公明党については、大豆製品の家計支出額、みつばの卸売数量、津市の平均風速（今度は三重県の風だ）など、波形が非常によく似ているデータがいくつか見つかった（図表1－6－6）。相関係数がそれほど高いわけではないが、公明党は他の政党と比較して、長期間で支持率が大きく変動することがない、という特徴があるため（データを参照）、波形では少しのズレに見えても相関が上がりにくくなってしまっていると考えられる。

共産党の支持率との相関があらわれたのは、家賃支出やコーヒーの家計支出など、生活に密着したデータであった（図表1－6－7）。家賃の支出については、なんだか、いかにも関係がありそうな気もするが……もちろんこのデータからは、両者に因果関係があるかを明らかにすることはできない（もしかすると、私たちが気付いていないだけで、何らかの因果関係がある可能性も残るが）。

これは少し極端な例だが、関係性がよくわからないものでも、それが何か重大なことを意味している可能性を、一切否定してしまうことは難しい。未知の関係性をうまく活用することで、新たな予測やデータの活用ができるようになるかもしれない——そう考えると、ちょっとワクワクしてしまう。

図表1-6-5

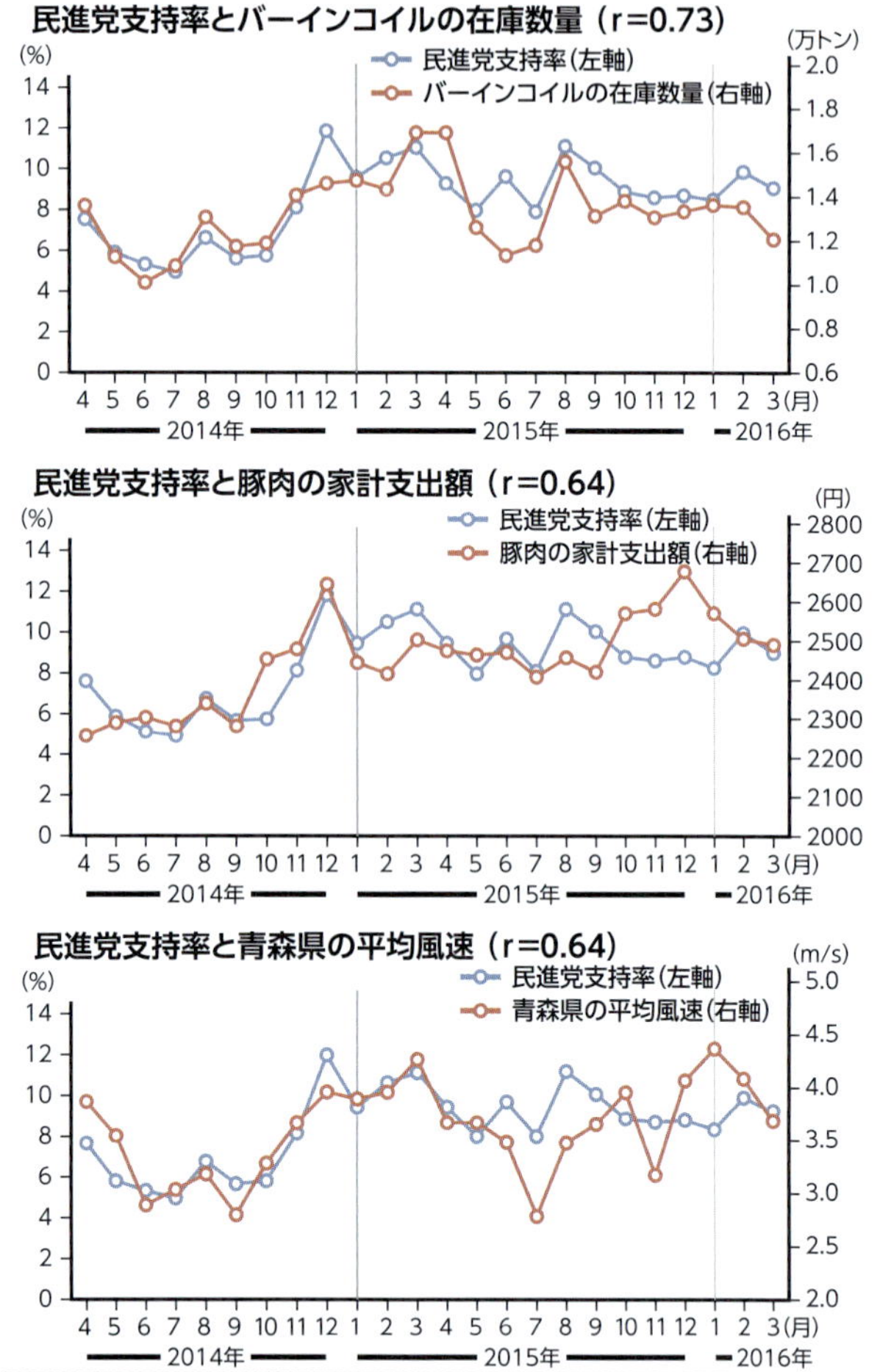

資料：NHK放送文化研究所 政治意識月例調査、総務省家計調査、経済産業省生産動態統計、気象庁気象データ

図表1-6-6

公明党支持率とみつばの卸売数量（r =0.62）

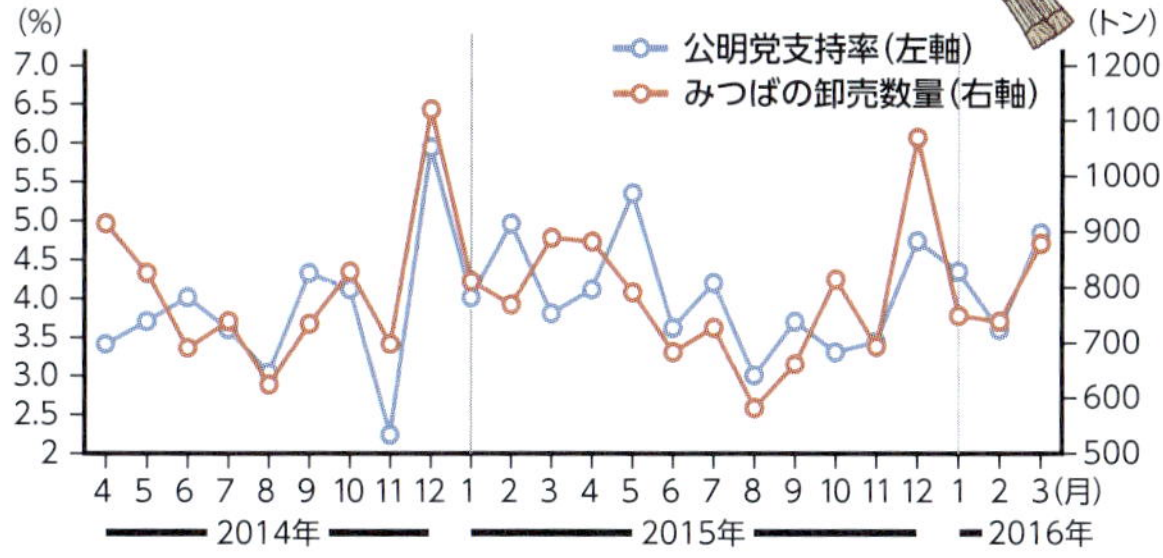

公明党支持率と津市の平均風速（r =0.66）

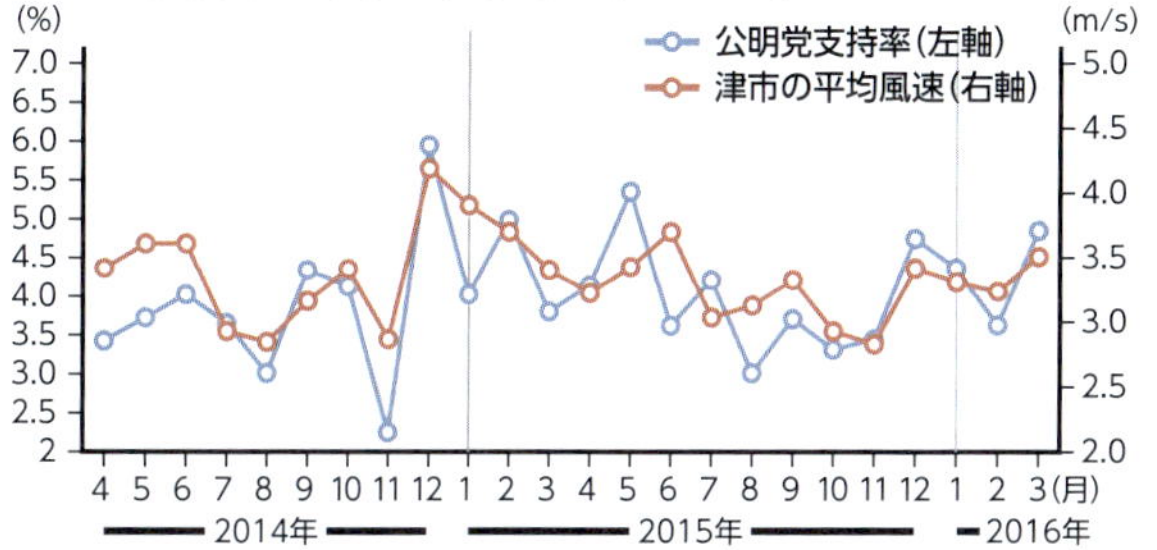

公明党支持率と大豆製品の家計支出額（r =0.66）

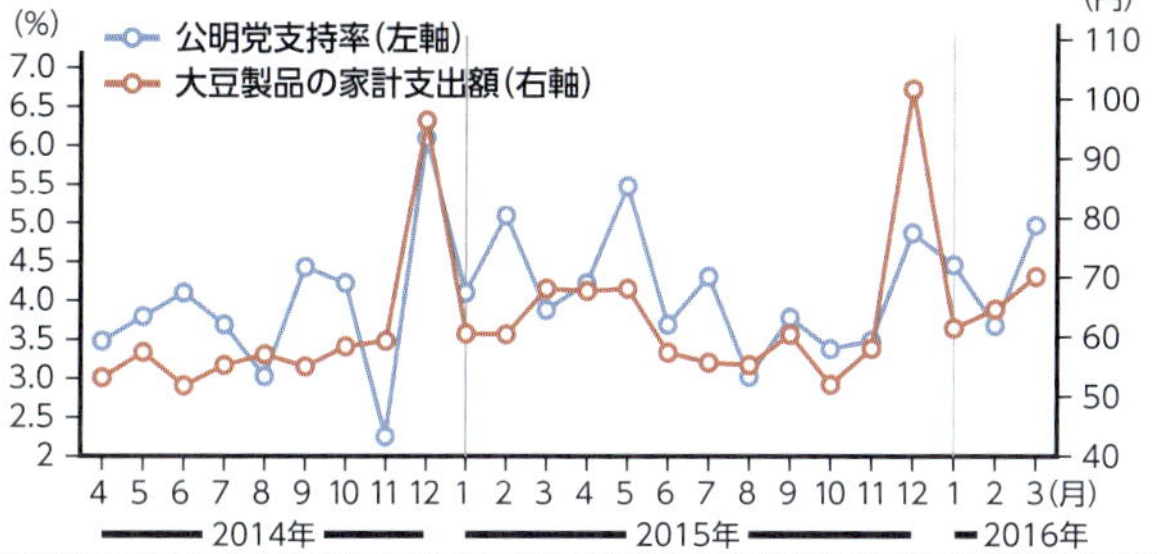

資料：NHK放送文化研究所 政治意識月例調査、総務省家計調査、農林水産省青果物卸売市場調査、気象庁気象データ

図表1-6-7

共産党支持率と民営家賃（r =0.76）

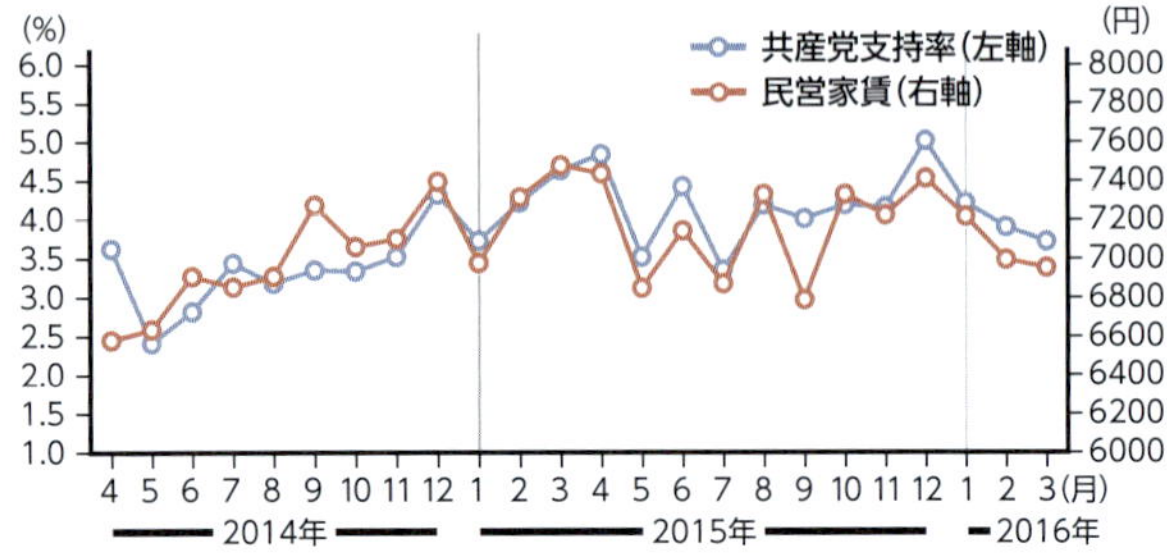

共産党支持率とコーヒーの家計支出額（r =0.67）

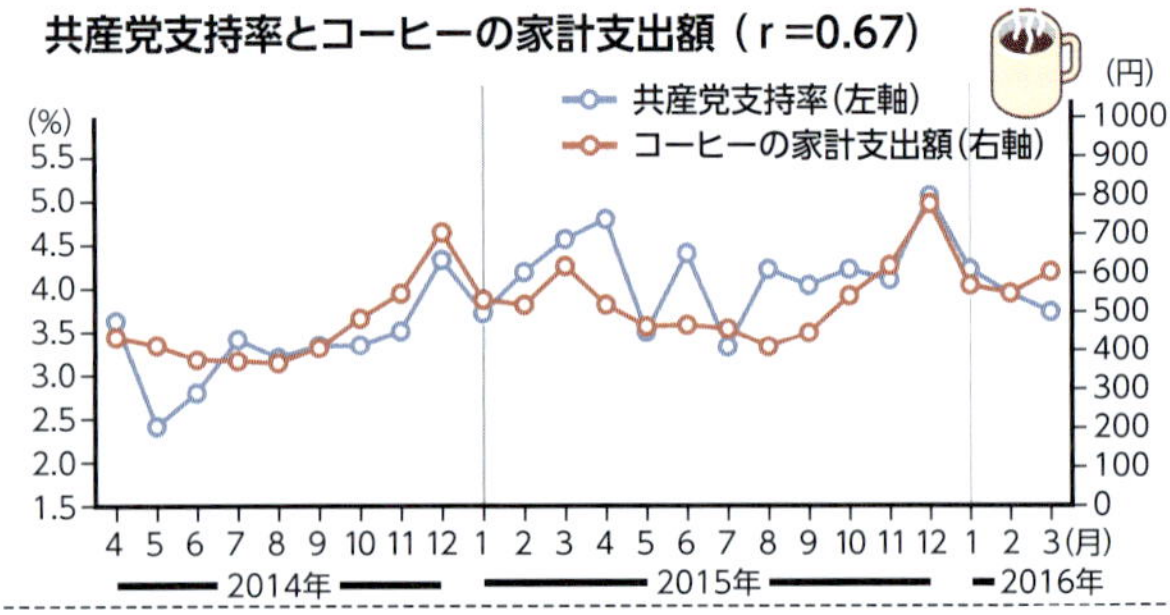

資料：NHK放送文化研究所 政治意識月例調査、総務省家計調査

相関はモデルの母

ところで、あらゆる自動化は、モデルから生まれるという。そのモデル作りを自動化したものが機械学習だ。相関は、ほとんどのモデルの母である。

実は、多くのモデルの中に入っているパラメータは、なぜそれがそのモデルを生むのかを必ずしも理解できない。それでも十分な相関さえあれば、モデルを作ることができる。

先取りして言うと、2－6で報告する「Yahoo! JAPAN景気指数」もそのひとつだ。ここに入っているパラメータ196個は、統計的に相関があるものを、一切意味を見ずに拾ったものである（ただし、相互に極度に相関の高い、多重共線性のある変数は、取り除いている）。

第2部　ビッグデータは、こんなに役立つ

2-1 これからの「混雑ぶり」がわかり、移動のストレスが消える

予期しない電車の混雑を、事前に把握することは可能か。それを知るためのヒントが、ヤフーの2つのサービスに隠されている。これらに蓄積されたデータの合わせ技で、あなたのストレスは消えてしまうかもしれない。

「混雑」するのはどんなときか？

「ああ、今日はなぜか身動きがとれないほど混雑して、クタクタになったなあ……」

都会に住む日本人の大きなストレス、混雑。毎朝の通勤ラッシュや、休日の観光地の人混みなどはもちろんのこと、私たちが特にうんざりしてしまうのは、まったく予期せぬタイミングで、大混雑に直面してしまうときではないだろうか？

ある目的地に向かうとき、そこに至るまでのルートがどのくらい混雑するのかを事前に把握できたなら、どんなにストレスを軽減できることか。

日々の生活をちょっと快適に――そんな未来の混雑予測に取り組んだのが、「はじめに」

でご紹介した「位置情報《ロケーション》ドクター」坪内孝太だ。
　彼は行動データ解析で博士号を取得した情報科学者であるが、しばらく東大で研究員を務めたあと、ヤフーの保有する膨大なデータに惹かれてYahoo! JAPAN研究所にやってきた。そんな超強力なブレインパワーを誇る坪内だが、彼の素のキャラクターもまた、強烈だ。彼と話していていつも思うのだが、藤子不二雄のマンガ作品に登場して、ラーメンを食べていそうな雰囲気を醸し出している。

坪内　ラーメン大好き……かどうかについてはノーコメントですが（笑）、僕がビッグデータの質と量に魅力を感じて、Yahoo! JAPAN研究所に入所したことは事実です。位置情報関連のデータを持っている日本企業は、他にも数多くあります。ですが、分野や人の属性の偏りなく、これほど幅広いデータを保有している企業は、唯一無二といってもいいでしょう。
　データサイエンティストにとって、ユーザー数を確保することは何よりも大切で、かつ大変ですから、常にその膨大な集積が存在することは本当に魅力的です。解析ノウハウをうまく挟めば、日本全体、約１億３０００万人の実態を浮かび上がらせることもできてしまいます。このレポートは、そんな僕の壮大な計画の一端です。

ふむふむ。では、本題に入っていこう。

まず、異常な混雑に遭遇するシチュエーションを想定してみる。典型的な例として、人気アーティストのライブや野球の試合後の会場の最寄り駅を思い浮かべてみてほしい。駅やホームで大量の人の波にでくわし、ただでさえ疲れているのに、すし詰めの満員電車でうんざり、という経験のある人は多いだろう。

この例では、事前にそのイベントの情報を把握できていなければ、混雑を予測することは難しい。仮に把握できたとしても、それが毎年恒例のイベントであれば推測することもできるが、あくまでも例年の実績に基づいた推測値に過ぎない。ましてや、過去に実績のない初開催イベントであれば、一体どの程度の混雑になるのかを予測することはまったく不可能だ。

だが、イベントの開催が決定しているならば（というか、決定している場合が大半だろうが）、その情報から電車の混雑を事前に予知することはできないものか？　ここでは、この問題の解決に挑戦してみよう。なお、今回のレポートでは「混雑」（異常混雑）の定義を「平時（通常時）よりも人が多く集まっている状態」とした。

混雑を「予知」できる意外なサービス

まず活躍してもらうのは、「Yahoo!地図」のサービスだ。この地図には「混雑レーダー」という機能がある。地図の各メッシュあたりの推定人口を計算し、ヒートマップとして地図上に表示したものだ。

この「混雑レーダー」の機能では、どのエリアにどれほどの人口密度がありそうかという時系列の情報を保持しており、平日と休日、それぞれの一日の推定人口の変動推移がデータとして蓄積されている。

そのデータを「平時の基準推定人口（定常人口）推移」としよう。これはつまり、平常時、あるエリアにどのくらいの数の人がいるのかを表すものだ。そのエリアに急激に人が集中するとき、波形は、平常時と大きく乖離《かいり》する。なので、あるエリアの混雑状況を知るためには、そのエリアの平時の人口推移波形との乖離を計ればよい。

この手法を用いれば、あるエリアの「現在」の混雑状況は把握できる。そのエリアにいる人々の位置情報から計測される、リアルタイムの人口密度データを用いればよいからだ。しかし、未来に発生する混雑を「予知」するためには、どうすればよいのだろうか？

未来の混雑を予測するために、どんな情報が必要となるかを考えてみよう。今一度確認するなら、ある未来の日時、○月×日△時にA地点が混雑するかどうかを知るためには、

図表2-1-1　予知するための基本的な考え方

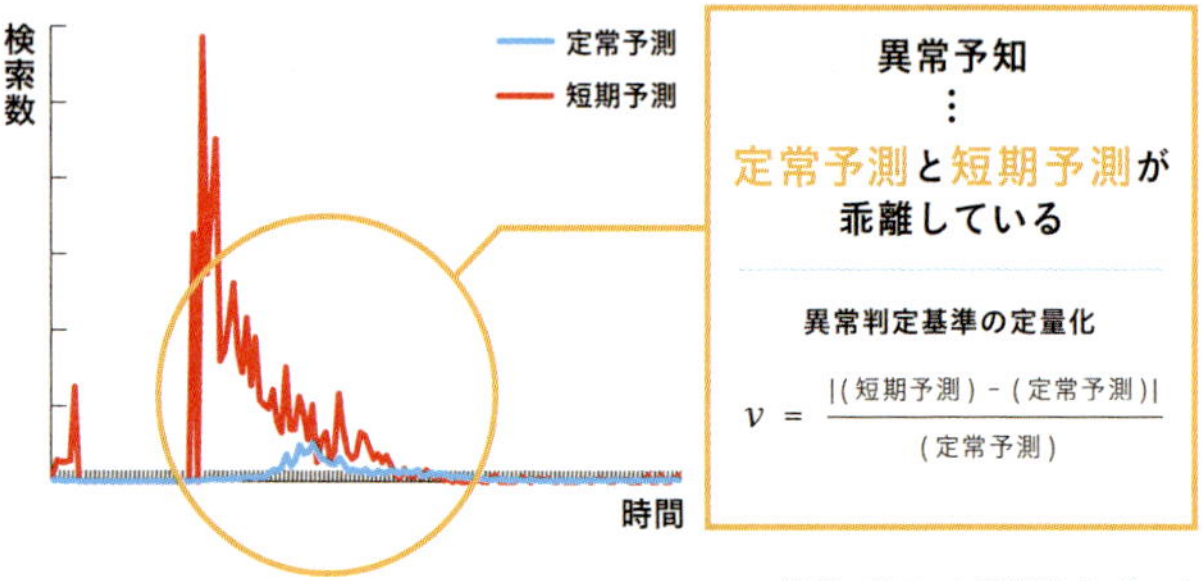

資料：Yahoo!乗換案内データ

A地点の平時の人口推移波形（定常予測）と、ある未来の日時、○月×日△時における人口推移波形（短期予測）が乖離している、ということが検知できればよい（図表2－1－1参照）。

では、未来の日時の人口推移波形を知るにはどうすればいいか？

この問いをより簡単な言葉で言い換えるなら、○月×日△時に、A地点に行く予定の人がどの程度いるか？　ということだ。

ここが頭の使いどころなのだが、実は、この情報を知るヒントは、みなさんも馴染み深い、ヤフーが運用しているサービスに隠されている。

それこそが、「Yahoo!乗換案内」（以下、乗換案内）だ。

少し意外に感じられたかもしれない。「Yahoo!乗換案内」とは、出発地と目的地を入力すると、路線ルートや運賃を調べることができるサービスだ。

このサービスには、ユーザーが検索した出発地と目的地、および出発（到着）日時のデータがセットとなって蓄積されている。これらのデータこそが、未来の混雑を予測するキーとなる。

具体的なケースを、一緒に想像しながら見ていこう。

2週間後、ずっと楽しみにしていた大好きなアーティストAのコンサートに行く予定があるとしよう。会場は武道館だが、訪れるのは数年ぶりだ。何時に自宅を出て、どんなルートで行くのがベストか。

そんな疑問を抱いたとき、おそらくほとんどの人は、事前に「乗換案内」の機能で交通機関のルートを調べ、何時に家を出るべきか、当日の自分の行動計画をあらかじめ立てておくに違いない。

重要なことは、事前にルートを調べるそのような人は、あなたひとりだけではない、ということだ。よほど武道館に行き慣れている人を除いて、アーティストAのコンサートに参加する予定の人々の多くが、同様に、事前に武道館までの到着時間を考慮した最適ルートを調べている、と考えられるのだ。

ここから、少しずつ見えてきたのではないか。**「乗換案内」には、現在時刻のルートを検索するデータだけでなく、将来の予定を先読みするデータが大量に蓄積されている。**

つまり、「乗換案内」に蓄積されたデータを分析すれば、「○月×日△時にA駅に到着したい、と考えて検索している人がどの程度いるのか」を推測することができる。それを平時の検索数と比較することで、混雑の予測が可能になるというわけである。

始発でコミケ会場に殺到する人々

未来の乗換案内データを使って、異常混雑を予知する――理論的には納得していただけただろう。それでは、この方法がどれだけ現実において有効であるか、実際に過去の例のデータを使って検証してみる。

日本で大量の人々が集まるイベントのひとつに、毎年、夏・冬2回開催される、オタクたちの祭典「コミック・マーケット・イベント（以下、コミケ）」がある。昨今はその混雑ぶりが注目されてニュースでも取り上げられるので、行ったことのない人でも、会場に連なる長蛇の列や、周辺駅の混雑ぶりを見たことがある方も多いだろう。

まずは、２０１６年8月14日に、東京ビッグサイトで開催されたコミケについて検証を行った。

図表２－１－２を見ていただきたい。このグラフは、コミケ当日の8月14日を指定した乗換案内検索数を時間帯別にプロットしたものである。

図表2-1-2 異常予知検知波形の図

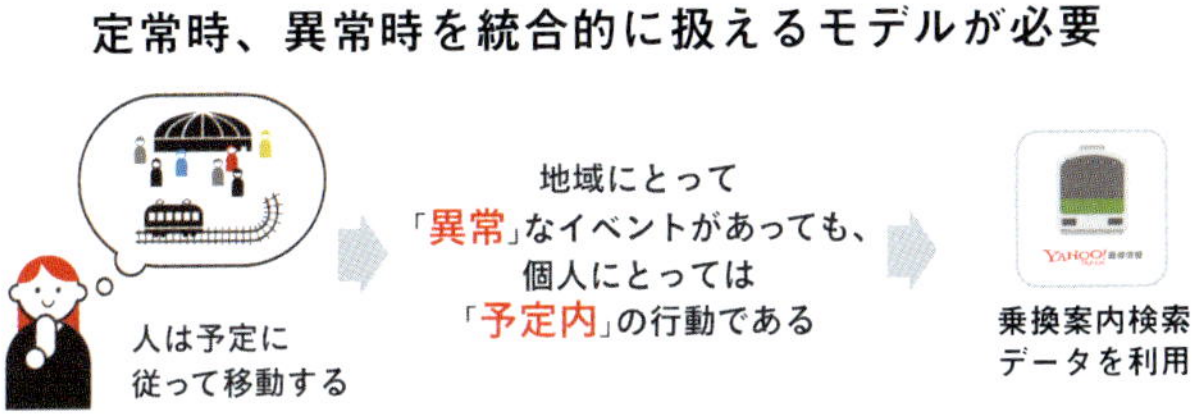
定常時、異常時を統合的に扱えるモデルが必要
人は予定に
従って移動する
地域にとって
「異常」なイベントがあっても、
個人にとっては
「予定内」の行動である
乗換案内検索
データを利用

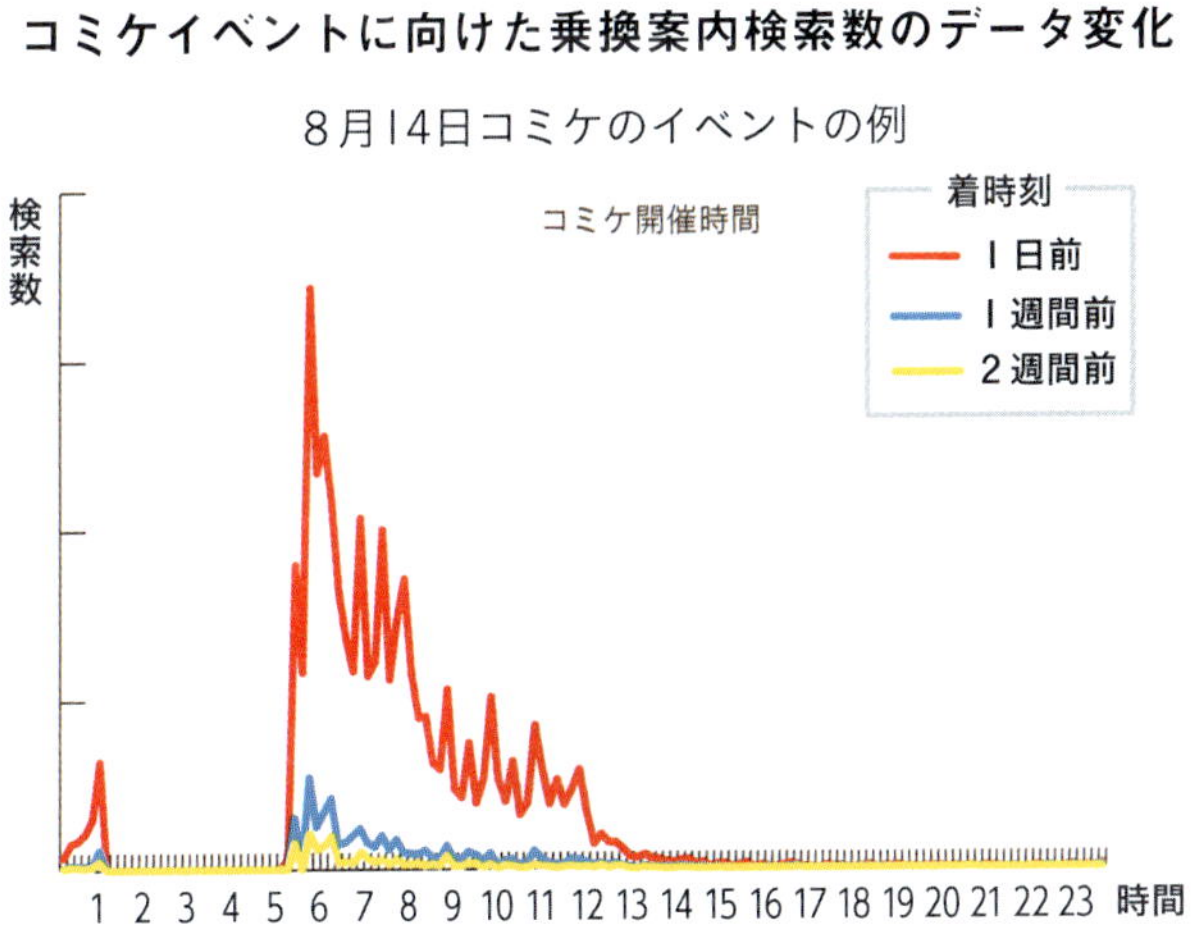
コミケイベントに向けた乗換案内検索数のデータ変化
8月14日コミケのイベントの例
検索数
コミケ開催時間
着時刻
1日前
1週間前
2週間前
1 2 3 4 5 6 7 8 9 10 11 12 13 14 15 16 17 18 19 20 21 22 23 時間

資料：Yahoo!乗換案内データ

検索された時期によってグラフを色分けしており、青色は1週間前、黄色は2週間前、赤は前日までの検索数となっている。これを見ると、多くのコミケ参加者が、当日始発の電車に乗って会場に到着しようとしていることがわかる。朝に会場の行列に並ぶという、コミケにかけるオタクたちの情熱は、尋常ならざるものであるようだ。

赤色で示されている前日までの検索数に比べるとだいぶ少ないものの、1週間前の青グラフと2週間前の黄色グラフでも、始発の検索数がかなり多い傾向にあることが見て取れる。2週間後に迫るコミケに向けて、電車の経路をばっちりチェックする、相当に気合の入った人たちだ。

この事前の予測が正しかったかどうかを検証するため、コミケ開催日の2016年8月14日の乗換案内の検索数を計測してみた。図表2−1−3は、東京ビッグサイトの近隣駅について、事前の乗換案内の検索データから予測した人口波形（赤）と、当日に計測された実際の波形（黒）である。

グラフを見ると、予測値と実際の検索数の波形が非常に近いものとなり、1週間前時点のデータから、ほぼ正確に会場周辺の混雑を予測できたことがわかる。早朝が頂点になるという、他の事例ではあまり見られないかなり特徴的な波形であり、始発で会場に到着して長蛇の列に並ばなくてはならない、イベントの特殊性を示している。

図表2-1-3　2016年8月14日コミック・マーケットの混雑予測事例

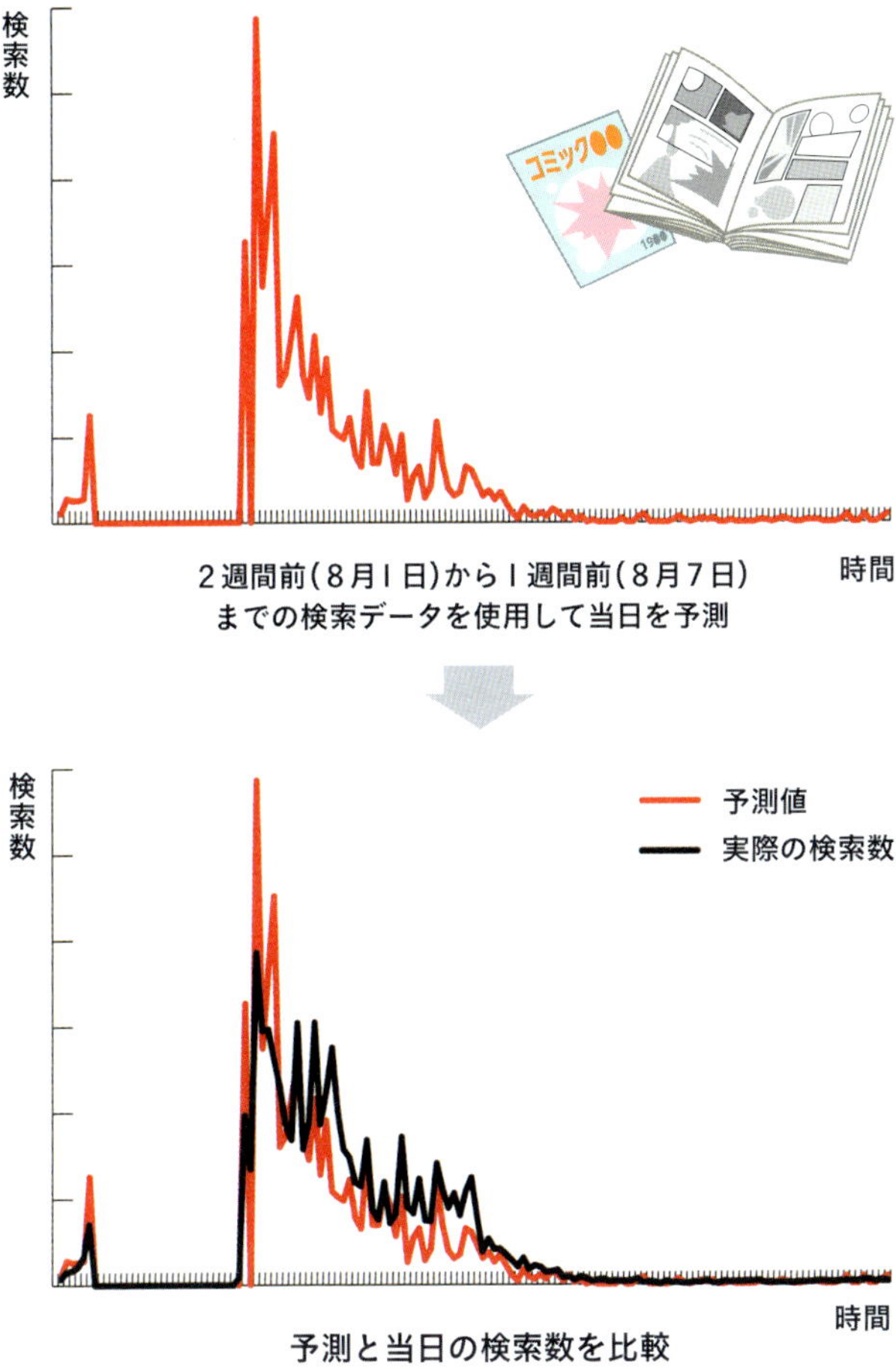

資料：Yahoo!乗換案内データ

花火大会の混雑も予測できるか？

コミケの例は、ビッグサイトというある特定のスポットに関する混雑予測であった。次に、もう少し面積を広く取って、エリアとしての予測でも見てみよう。

たとえば、２０１７年8月20日に開催された、神宮外苑花火大会だ。花火大会の打ち上げ会場周辺の駅について、１週間前のデータによる推定検索数と実際の検索数を円の大きさで表現し、図表2－1－4に並べて比較してみた。

コミケと同様、花火大会の場合も、花火を見る場所の確保のためか、早い段階から会場周辺のいくつかの駅に到着する人々が目立った。１週間前のデータの予測では、打ち上げ開始の数時間前の段階での混雑があらわれており、実際の検索数でも同様で、大きな乖離はなかった。

以上、コミケと花火大会という2つの例で検証し、事前の仮説が正しかったことが示された。この結果から、推定人口データと乗換案内の検索データを組み合わせることで、混雑の予知が可能になることがわかったのである。

なお、イベントを訪れるユーザーの視点から話を進めてきたが、イベントの開催者の側から見ても、どの程度の人々が訪れるのかを事前に推定することができれば、会場運営や

図表2-1-4 神宮外苑花火大会の混雑予測事例（2017年8月20日）

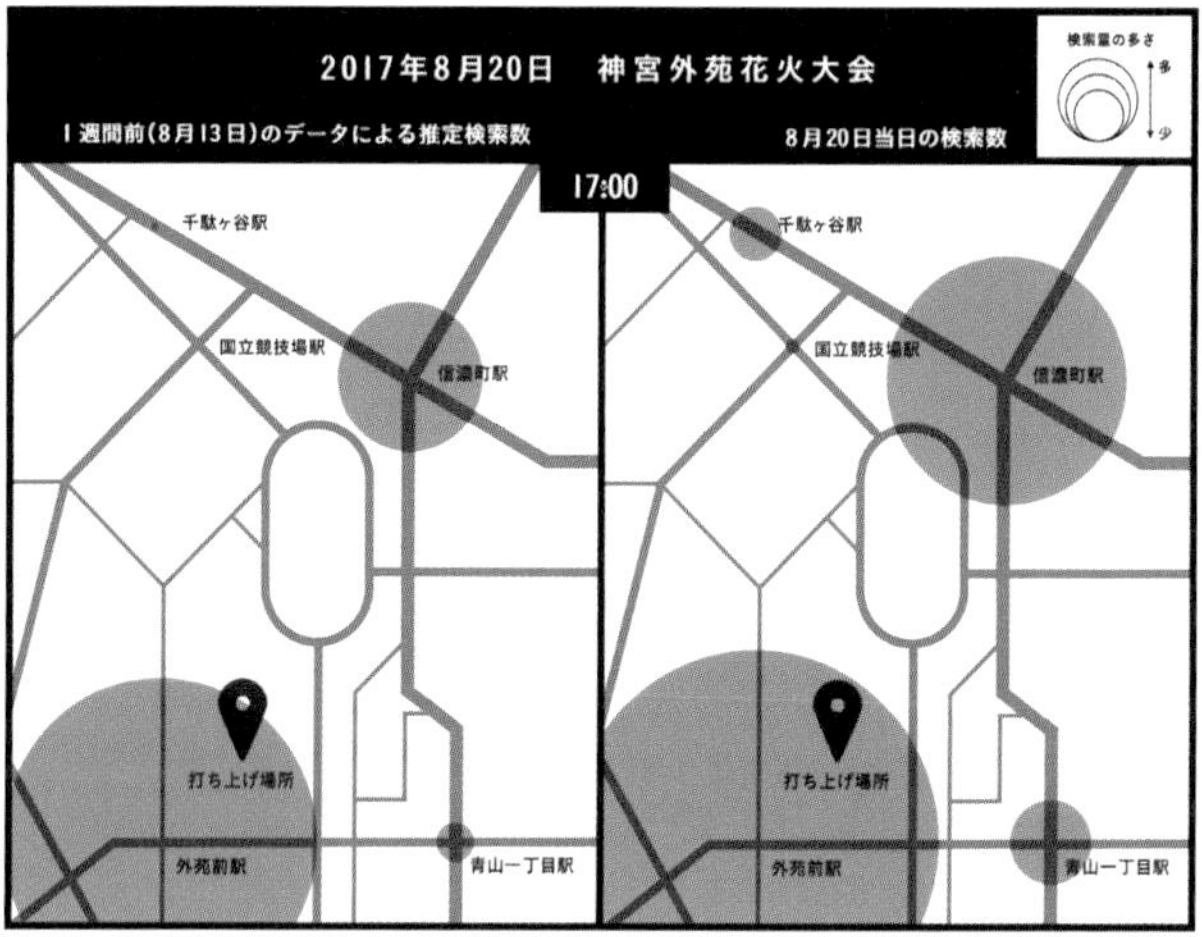

資料：Yahoo!乗換案内データ

交通整理に有効に役立てることもできるだろう。

すでに混雑予測は実装されている

実は、この混雑予測、すでに「乗換案内」のサービスに搭載されて、みなさんにも利用していただけるようになっている。日頃、「乗換案内」を利用している方は、目にしたことがあるかもしれない。

経路の検索結果画面に、その路線がどれくらい混雑するかの予測をアイコンで示したものである。さらに、ツイッターのつぶやきの収集機能を使うことで、その混雑の原因が何であるか、という推測結果も表示されるようになっている。ある目的地までの乗換検索の結果、複数の経路が得られたときは、異常混雑が生じそうなルートを回避して別のルートを選んでみるのもよいだろう。

今回ご紹介した混雑予測は、平時との乖離を基準に「異常混雑」を検知するという方法をとるものだった。そのため、事故による電車の遅延や運休によって発生した突発的な混雑、十分な検索数を得られない小規模なイベント、平時の混雑などについては、予知することが難しい。今後、これらの課題にも積極的に挑戦していき、より精度の高い混雑情報を導きたいと考えている。

2-2

救援活動をスムーズに進める、「隠れ避難所」を探せ！

２０１６年４月に発生した熊本地震。この地震の発生後、いま、誰が、どこに避難しているのかが分からず、救援物資を届けられないという混乱が生じた。その課題に対してヤフーの「位置情報」のデータをフル活用し、この問題の解決に取り組んだ。

熊本地震での問題

２０１６年４月、九州地方としては観測史上初となる震度７の熊本地震が発生した。その後も震度６～７の大きな地震が立て続けに起こり、熊本県を中心に広範囲に甚大な被害をもたらした。重要文化財の熊本城も被災し、崩れた石垣や倒壊した姿に、私も含めて、日本中の人々が大きなショックを受けた。

この熊本地震の際、被災地の救助の現場で深刻化していた問題のひとつが、**「隠れ避難所」問題**である。「隠れ避難所」とは、自治体による指定避難所ではないにもかかわらず、人々が自主的に避難し、事実上の避難所となっていた場所のことだ。

しかしそれはまったく想定外の事態であったために、行政や救援者たちが「隠れ避難所」を把握できずに混乱した状況が、発災後、数日間も続いたという。いま、どのくらいの数の人々が避難しているのか――この情報を正確に把握できなければ、どこに救助に行くべきなのかということも、救援物資をどの程度送るべきなのかということも、判断できない。

震災発生時、この「隠れ避難所」問題に目を留め、データの力を使って解決ができないものかと研究を行ったのが、前章でも登場した坪内孝太だ。繰り返すが坪内は、データ解析で東京大学の博士号を取得し、世界のトップカンファレンスにも登壇する、極めて優秀な情報科学者である。

「位置情報《ロケーション》ドクター」として、まずは坪内に、この研究を着想した経緯を語ってもらうことにしよう。

坪内　熊本地震の発生後、被災地の状況をテレビで見ながら、何か自分にできることがないかと考えていたのですが、ニュースで流れていた「隠れ避難所」問題が目に入ってきたとき、ピンときたんです。

私は普段から、位置情報や活動情報に関するデータを解析しています。ヤフーの保有す

図表2-2-1　地震が発生したエリア
4月14日〜4月20日までの震源地プロット

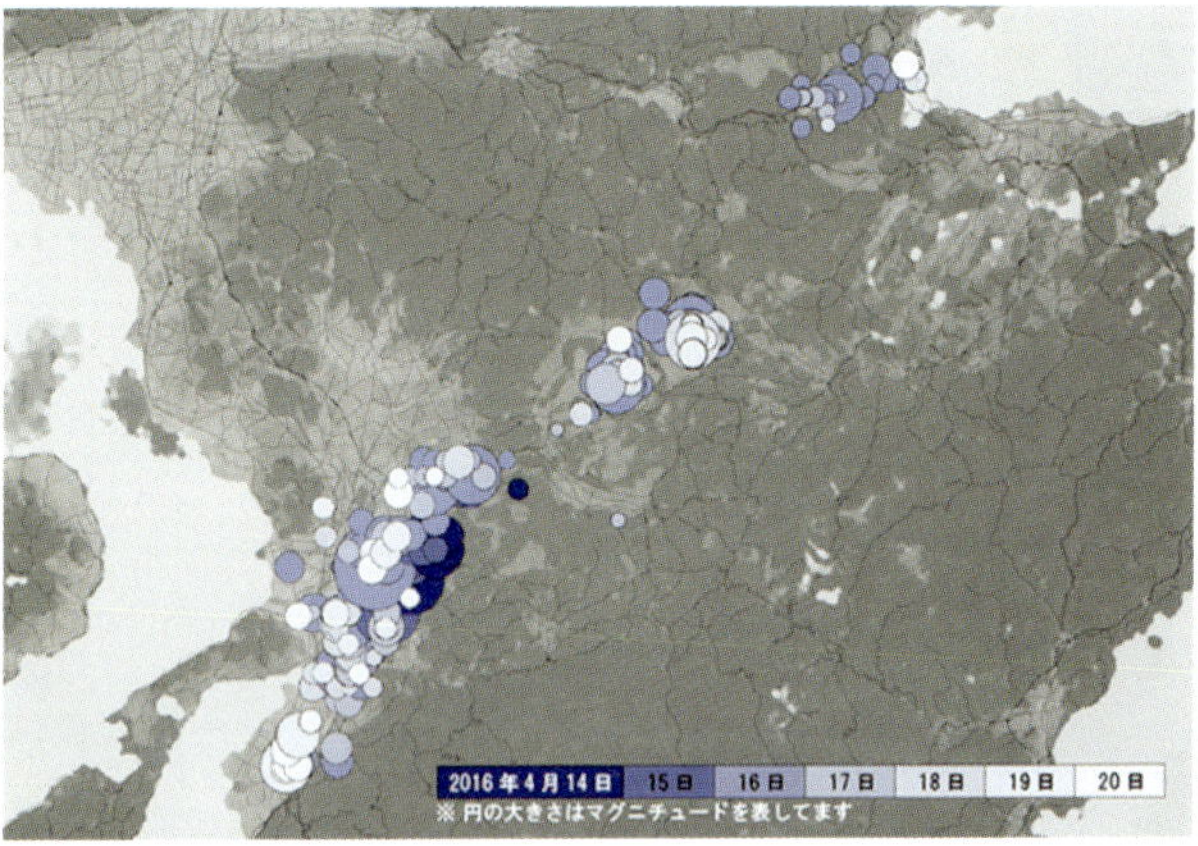

る位置情報データを活用すれば、そのような「隠れ避難所」の位置を、瞬時に、明確に把握することができるのではないか……

そう思いついて、東京大学の関本研究室と連携して実際に着手したところ、かなり精度の高い結果を得ることができました。

まずは学会に発表したのですが、今後の震災発生時にも十分に応用できるものですし、ぜひ多くの方に知ってもらいたいと考え、ビッグデータレポートとして、一般のみなさんに向けて発信しました。

一体どこに避難しているのか

では、その研究内容を紹介していこう。

坪内の言う「位置情報」データは、ヤフーのサービスを通じて大量に集積され活用されている。たとえば、「Yahoo!地図」でも閲覧することのできる「人口密度マップ」がその代表例だろう。

これは、どこに、どれほどの人が集まっているか、人口密度の差を地図上にヒートマップとして表示したものであり、指定したエリアの混雑状況が一目でわかる。

それでは、地震後にあらわれた「隠れ避難所」の位置を把握するにはどうすればいいのか？

この答えを導くためには、先ほど紹介した「人口密度」の観点から見て、**「避難所」となっているエリアが一体どのような状態になるのか**を考えればよい。

あるエリアが「避難所」になるとき、そのエリアには、避難のために大量の人々が集まり、非常に高い人口密度を記録していると想定できる。つまり「避難所」になっていると考えられるのは、平常時の人口密度に比べ、発災後の人口密度が増大している地点である。

そのようにして得られた多数の「避難所」候補のなかには、自治体に指定されている避難所も含まれている。それらを除外したあとで残ったエリアが、「隠れ避難所」であると考えられるのである。

実際に「Yahoo!防災速報」の位置情報データを利用して計算し、マップ上で可視化してみた。

図表2－2－2は、発災後、平時に比べて人口密度が急激に上昇したエリアを、段階ご

図表2-2-2　地震発生後、グランメッセ熊本が異常な混雑を示している

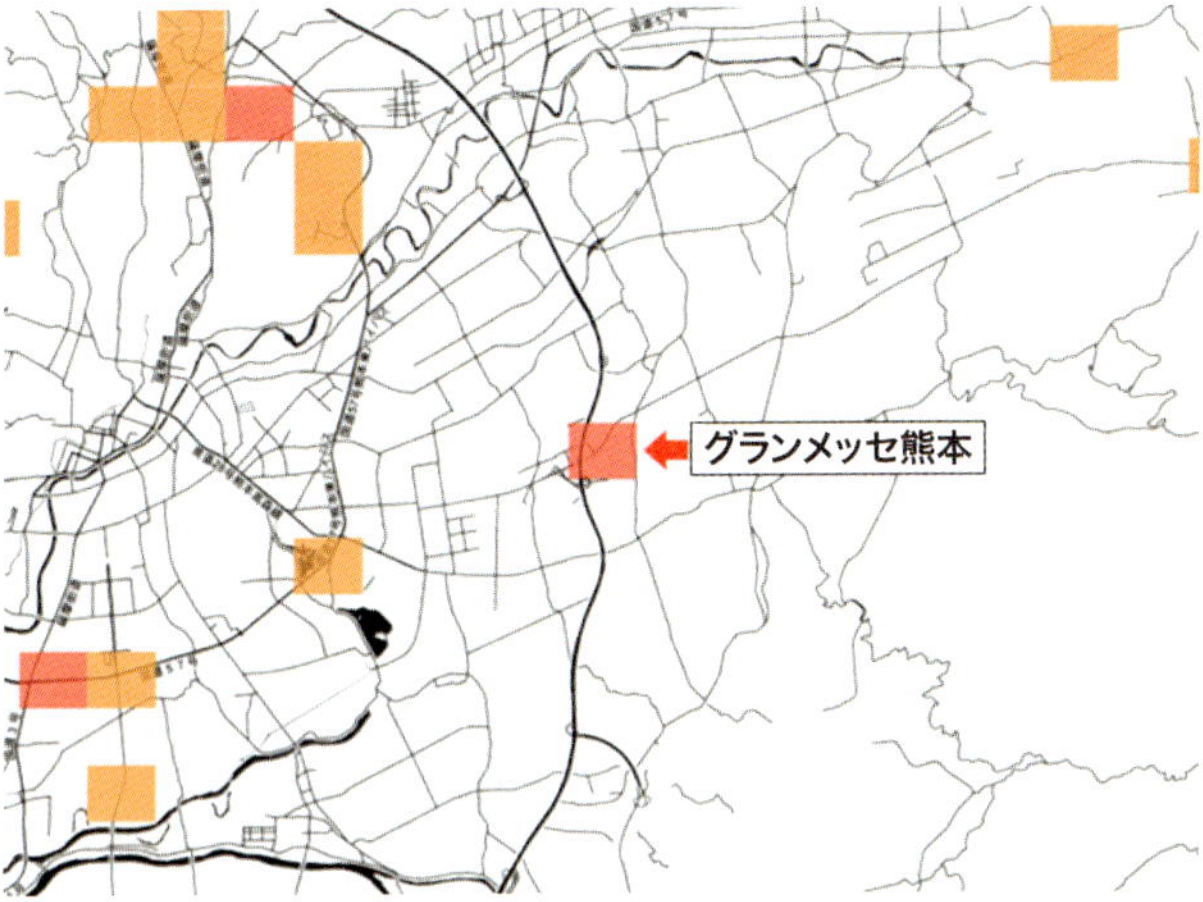

資料：Yahoo!防災速報データ、OpenStreetMap

図表2-2-3　グランメッセ熊本周辺の混雑度の推移

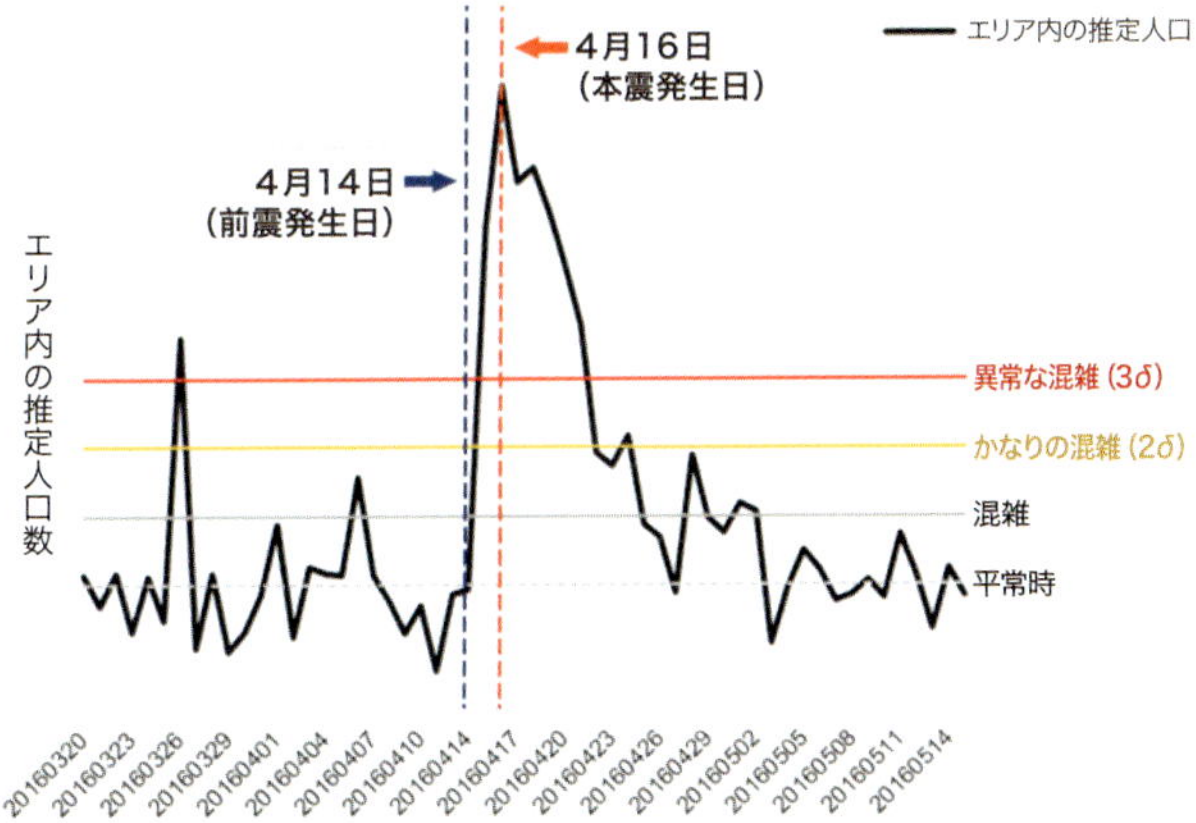

資料：Yahoo!防災速報データ

とにオレンジ（普段とくらべてかなり混雑）、赤（普段からは考えられないほど混雑）と色別に表示したものだ。震災時、リアルタイムの報道で見た方も多いかもしれないが、指定避難所ではないにもかかわらず、多くの人の避難先となったショッピングモール「グランメッセ熊本」のエリアが赤い色で塗られており、非常な混雑が発生していたことが確認できる。

では、この「グランメッセ熊本」にフォーカスしてみよう。この地点の混雑の度合いを時間ごとにグラフで図示すると、前ページの図表2－2－3のようになる。

横に引かれた赤いラインが「異常な混雑」レベル、黄色いラインが「かなりの混雑」レベルの基準であり、図表2－2－2の地図の色分けに対応している。前震から本震が発生した4月15日～4月21日の計7日間、エリア内推定人口が赤い線を上回っており、異常な混雑が発生していたことが読み取れる。

いつもと違う混雑

これを熊本県広域に広げて解析してみよう。まずは、平時の熊本県の人口密度分布を確認する（図表2－2－4）。

次に、地震が発生した4月14日にも同様の人口密度分布を集計し、平時の人口密度との差分をとって混雑度を表したのが、図表2－2－5である。

図表2-2-4　平時の熊本県の人口密度分布

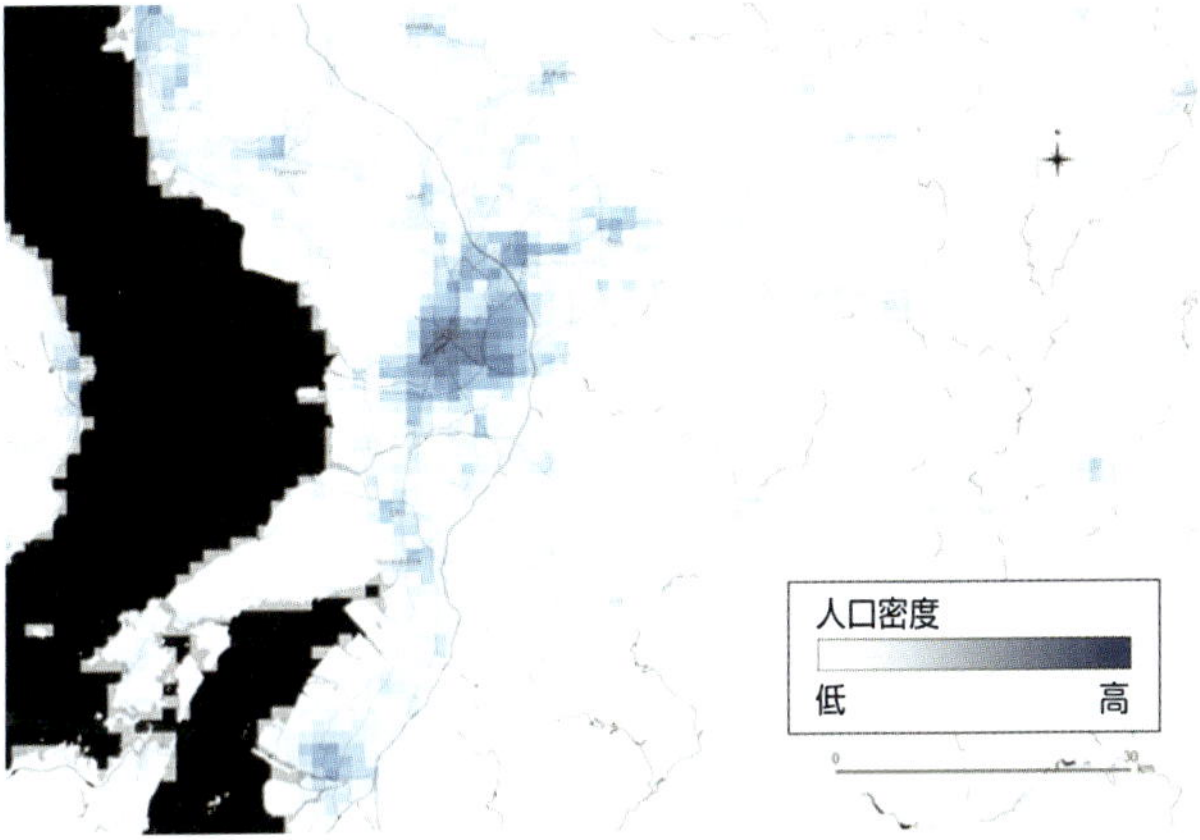

資料：Yahoo!防災速報データ、OpenStreetMap

図表2-2-5　4月14日（前震発生日）の混雑度マップ

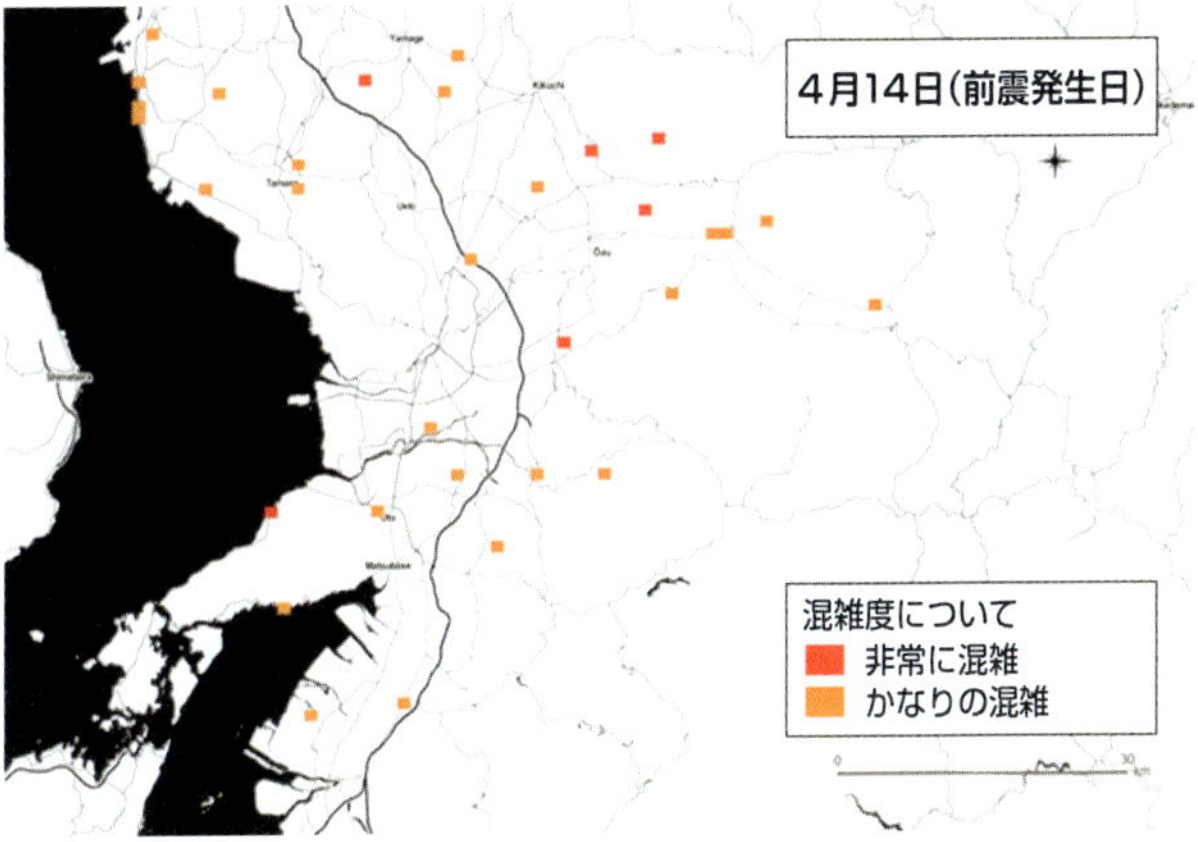

資料：Yahoo!防災速報データ、OpenStreetMap

図表2-2-6　前震後（4月15日～4月21日）の混雑度マップ

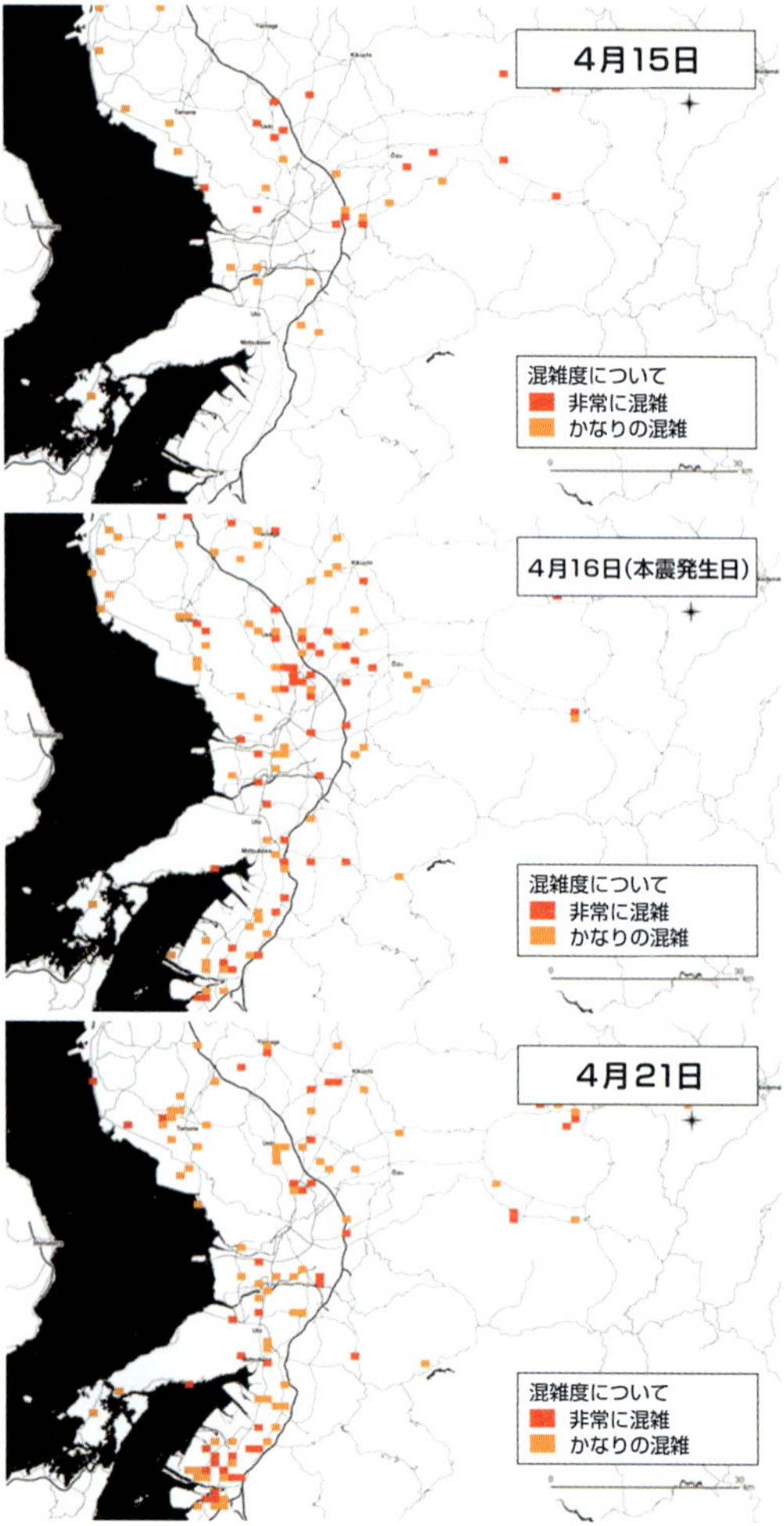

資料：Yahoo!防災速報データ、OpenStreetMap

オレンジ色が「普段とくらべてかなり混雑」、赤色が「普段からは考えられないほど混雑」したエリアであるが、前震が発生した14日の段階で、平時に比べて混雑しているエリアが点在していることがわかる。

翌15日以降の混雑度も確認してみよう。

日を追うごとに、徐々に混雑のエリアが増えてきていることがお分かりいただけるだろうか。本震（4月16日）翌日の4月17日には、オレンジ色や赤色のエリアの数が最多となった。本震や余震が続き、避難する人も増加していったことが推測される。

このデータと「指定避難所」の場所を照らし合わせて検証すると、指定避難所のほかに異常混雑が発生したエリアは熊本県内のいたるところに点在しており、「隠れ避難所」が数多く存在していたという事実が確認できる。

そして、実際に、航空写真でその部分を見たところ、これらはいずれも駐車場や体育館、グラウンド、庭付きの家など、実際に避難所として機能するような広いスペースがあるエリアであった。

さらに先の日時も見てみると、5月15日頃になってから、ようやくオレンジ色や赤色エリアが減少し始めていく。

混雑を示すオレンジ色や赤色のエリアの割合が、日時の経過とともにどのように推移す

図表2-2-7　5月15日の混雑度

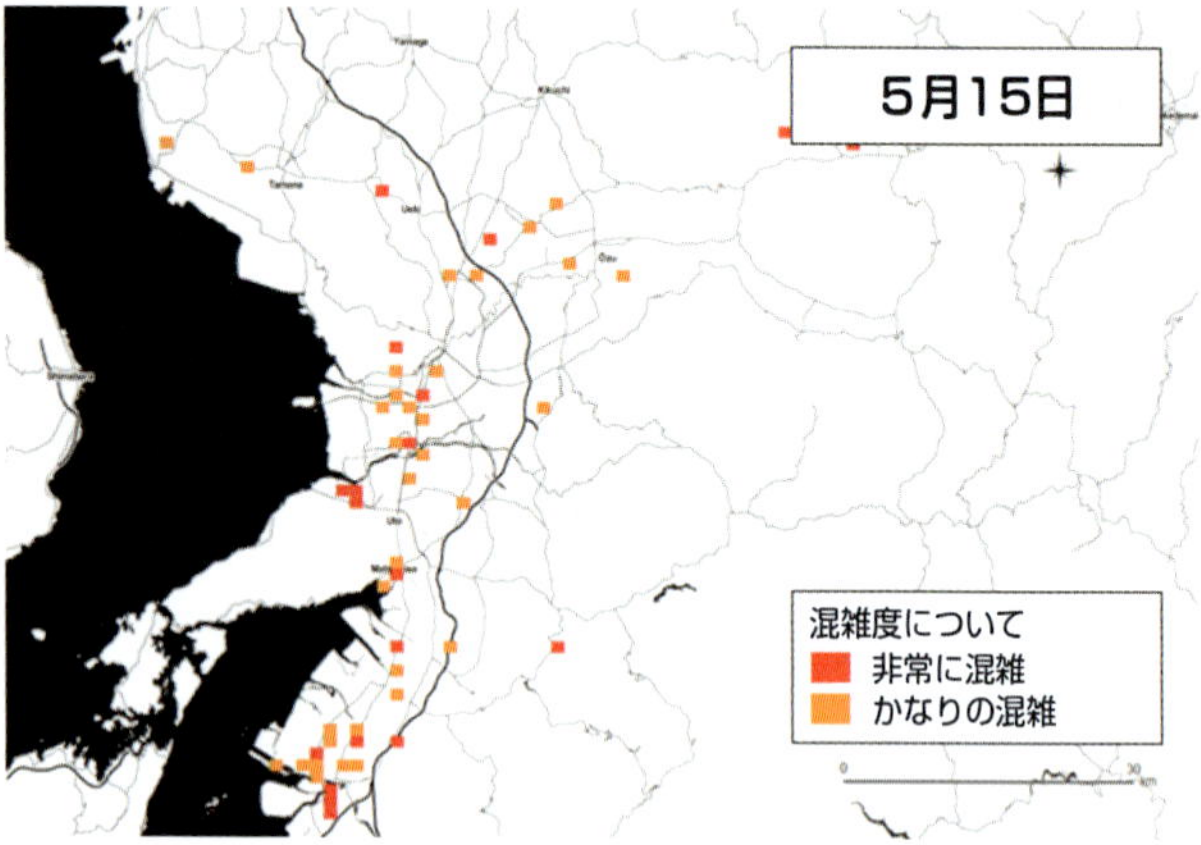

資料：Yahoo!防災速報データ、OpenStreetMap

混雑判定エリアの占める領域割合の推移

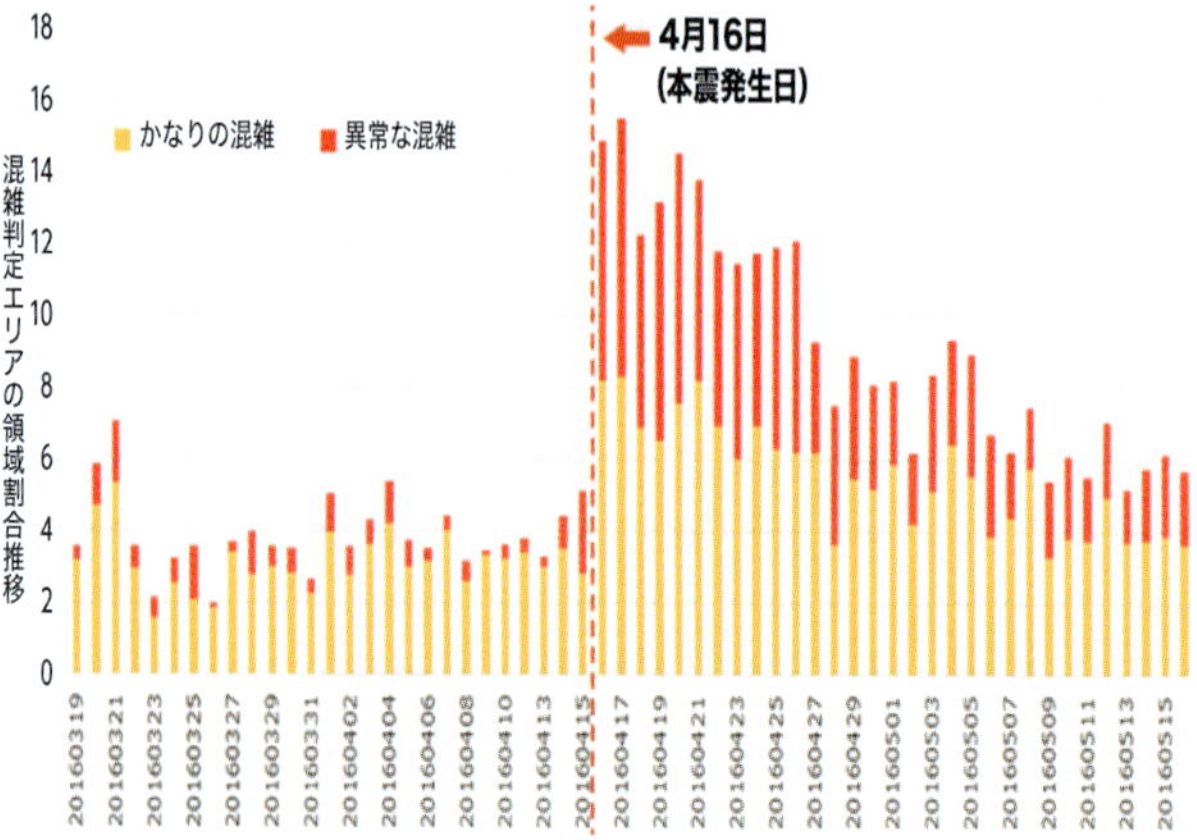

資料：Yahoo!防災速報データ

るかをグラフによって表してみた（図表2－2－7）。4月16日の本震を契機に、オレンジ色や赤色エリア、つまり「いつもと違う混雑」エリアの割合が急増したことが一目瞭然だろう。

4月17日に、それらの合計数がピークを迎えたあと、しばらく大きな割合を占める日が続き、4月27日以降にようやく、減少局面に入る。しかし、発災前の数と比較すると、本震から1ヵ月が過ぎた5月16日においても、発災前よりもかなり多い数の赤色エリアが観測されている。地震の影響が長期にわたって続いており、避難所生活を余儀なくされていた人がたくさんいたことを示すものであるだろう。

ビッグデータは災害支援に貢献する

この熊本地震の際、ヤフーの一部の社員たちが被災地支援チームを結成し、本震直後から1週間ほど支援活動に携わった。

実際、彼らにヒアリングを行ったところ、「隠れ避難所」の位置を把握するために、自衛隊員や支援者たちが個別に歩き回り、地道に情報を集めていたという。

本レポートで行ったように、「人々の動きをいち早く正確に把握し、その情報をリアルタイムに現場へと伝えることができれば、救援の効率も上がり、適切な対処ができて非常に効果的だろう」とのことだった。

今回の研究は、熊本地震の発災後しばらく時間が経過してから取り組んだものであり、リアルタイムで直接、支援に利用したわけではない。この検証の結果がほとんど正しかったことを踏まえれば、実際の災害発生時にも、十分に活用できるだろう。今後の大規模な自然災害の際には、発災直後に分析を行い、自治体や自衛隊に情報を提供していきたいと考えている。

ヤフーでは、これまで災害時の支援活動や防災サービスの提供に積極的に取り組んできた。ビッグデータレポートチームも、ヤフーが所有するビッグデータを活用することで、災害時に役立つスキームを構築できるよう、研究を重ねていきたい。

2-3 リニアで日本はどれだけ狭くなるのかを、実際に見てみよう

開業が2027年と発表されているリニア中央新幹線は、時速500㎞で東京―名古屋間を結ぶ。このリニアが実際に開通すると、日本の交通は、いったいどれだけ便利になるのか？「Yahoo!地図」のサービスを応用し、日本の未来の交通事情を予測してみよう。

東京―名古屋間がたったの40分

2027年に品川―名古屋間の開業を予定している、リニア中央新幹線。新幹線史上、世界最速と言われる時速500㎞の速さで、東京―名古屋間を運行するのにかかる時間は約40分と言われている。現在、新幹線を利用すると最速でも90分ほどかかるので、大幅な時間短縮だ。

このリニア中央新幹線が開通したとき、日本全国の交通はどれほど便利になることが期待できるのだろうか？

この問いに対する答えは、最終的に、とても面白く素晴らしい表現で示されることにな

った。その結果を、今すぐにお見せすることもできるのだが……せっかくなので、そこに至るまでのプロセスも、ぜひみなさんに体験してみていただきたい。

どのようなデータに着目し、そのデータの蓄積をどのような視点で見て、解析していったのか？　順を追って、説明していこう。

本レポートを担当したのが、「マップビジュアライザー」こと冨川修広と、何度か登場した池宮である。


冨川　私はもともと、「Yahoo!地図」や、「Yahoo!カーナビ」といったサービスの作成に携わっていました。その頃、地図を使って何か表現できないかと考えていたんです。

出発地から目的地までの道のりを検索できる「ルート探索」という機能がありますが、その探索機能を使った形でデータ化し、そのデータをビジュアライズできたら面白いんじゃないか――そう考えて視覚化してみました。

そして視覚化してみると、やはり都市部はとても便利にできているけれど、地方に行けば行くほど、不便だということが一目でわかりました。

東京から2時間でどこまで行けるか？

今回のレポートで活躍してもらうのが、Yahoo!地図の「ルート探索」サービスである。「出発地点」と「目的地点」、「出発時刻」などの条件を設定すると、その2地点間の最適なルートと所要時間や運賃などが案内される機能だ。

この「ルート探索」、いとも簡単にルートを導き出しているかのように見えるが、利用する手段は「徒歩」や「車」のみならず、「鉄道」「バス」「フェリー」「飛行機」など様々な交通機関が考えられるため、最も早く、安く、乗り換えの少ない最適ルートを提示するべく、非常に複雑な処理が行われている。

「ルート探索」機能の通常の使い方は、もちろんそのまま、「出発地点」から「目的地点」までの交通経路を調べるというものだ。だが、少し視点を変えて応用すれば、色々な使い方ができる。次のようなシチュエーションを想像してほしい。

東京在住の会社員のAさんは、来週の水曜日に有給休暇を取り、家族で日帰り旅行をする予定だ。交通手段は特に決めていないが、自宅から2時間くらいで到着できる地点が良い。どこか良いエリアはあるだろうか？

「ルート探索」機能を使ってこの問いの答えを導くためには、どのような使い方をすれば良いのだろうか？

考え方自体は、とても単純だ。まず、Aさんの自宅を「出発地」として設定する。その出発地から、日本全国のありとあらゆるエリアを「目的地」として設定し、Aさん宅からそれらの目的地に到達するまでの所要時間をひとつひとつ計算していく。

その結果、所要時間が2時間以内と計算されたエリアを、すべて抽出すればよいのだ。端的に言うならば、逆算の発想である。

はじめに、日本全国の住所を可能な限り細かいエリアに分割する。なるべく精度を上げるため、市町村よりもさらに小さい単位の「○○町○丁目」まで分割したところ、抽出されたエリアは、全部で約19万に及んだ。

続いて、そのすべての到達エリアのほぼ中心に、特定の目的地点を定める。これも自動的に設定する処理を行うが、注意しなくてはならないのは、その目的地点には、川の上など、人が到達できない地点が設定されてしまう可能性があることだ。それらのエリアが目的地に設定された場合、計算処理ができない事態が発生してしまうため、微調整が必要になる。

さて、約19万の到達エリアが設定されたら、それらを目的地とし、出発地であるAさんの自宅から到達までの所要時間を一挙に計算する。19万回という気が遠くなりそうな膨大な計算量であるが、こうした単純計算は、すべてコンピュータに任せればある程度の時間でできてしまう。

この処理を行えば、Aさんの自宅から日本全国のあらゆるエリアに到達するまでの所要時間を計算できるのだ。そして、所要時間2時間以内と計算されたエリアをすべて抽出することでAさんの家族旅行の目的地候補を割り出せる。

ただし、この状態では、エリアの住所に関する膨大な情報が得られたに過ぎない。本レポートの本番はここからだ。重要になってくるのが、データの「**可視化**」である。このデータの場合、どのような方法で結果を表現するのが最適であるか、みなさんもぜひ、考えを巡らせながら読み進めてほしい。

東京から一番遠い町

少し抽象的な話が続いたので、ここからは、具体的な地点や条件を設定し、それを可視化するところまで、一気に取り組んでみよう。

分かりやすくするために、出発地となるAさんの自宅を「東京駅」と設定する。その他の条件として、出発日時は「平日」の「午前7時」。利用可能な交通手段は特に制限を設けず、「徒歩」「車」「電車」「新幹線」「バス」「フェリー」「飛行機」とする。

また、今回は日本国外にまで到達するようなエリアまで行くことは想定していないので、到達にかかるまでの時間の最大値は、出発から12時間後までと設定した。

こうして、東京駅から日本全国約19万エリアへの所要時間をすべて計算し、得られたデータをビジュアル化したのが、次の図表2－3－1である。

先ほど、みなさんに、「計算結果をどのように可視化すべきか」と質問を投げかけたが、ここでの答えは、ずばり、**地図の利用**であった。この地図では、東京駅を出発点とし、あるエリアに到達するまでの所要時間を計測して、その所要時間に応じて色分けしている。赤色に近づくほど短時間で到達することができ、オレンジ、黄、緑、青の順で、到達までにより多くの時間を要することを示している。

Aさん一家の日帰り旅行の候補地点となるのは、142～143ページの地図では赤色とオレンジ色のエリアであり、144～145ページの地図では赤からグレーに塗られたエリアだ。関東近郊を中心に、赤いエリアが広がっているが、同じ関東内でも色の違いははっきり表れており、同じ東京都内でも、西の方を中心に、東京駅から2時間では到達できないエリアがある。

その一方で、関東を離れて東北や中部に目を向けると、赤やオレンジ色に塗られている部分がある。この赤いラインは、ずばり、おおよそ新幹線の線路に沿っている。2時間あれば、東は岩手県、西は三重県まで到達することができるのだ。新幹線の威力がいかに大きいものか、よくわかるだろう。

反対に、所要時間の長いエリアを見てみると、北海道をはじめとして、九州の島々に真っ青のエリアが見受けられる。青は12時間以上かかる地点だ。高速の飛行機や新幹線に乗り慣れた現代人にとって、国内なのに半日かけないと到着しない、というのは、ちょっと想像し難いことかもしれない。

以上のように、マップを色別に塗り分けることで、東京駅から日本全国への到達時間を一目で把握できるようになった。だが、この可視化の方法は、われわれに言わせれば、当たり前の発想だといってもいい。位置情報のデータである以上、当然ながら、「地図」という表現との相性は抜群に良い。私たちはこの地図に、さらなる工夫を加えてアップグレードさせることを試みた。

それが、**静止画の地図を動画にしてしまう**、という方法である。

当時のチームメンバーの一人であった超が付く優秀なCGクリエイターに頼み込んで作成してもらった渾身の力作ムービーを、ぜひご覧いただきたい。本書にはムービーを掲載できないので、147ページの二次元コードを読み込んでみてほしい。

図表2-3-1　東京駅から日本全国への「到達所要時間マップ」

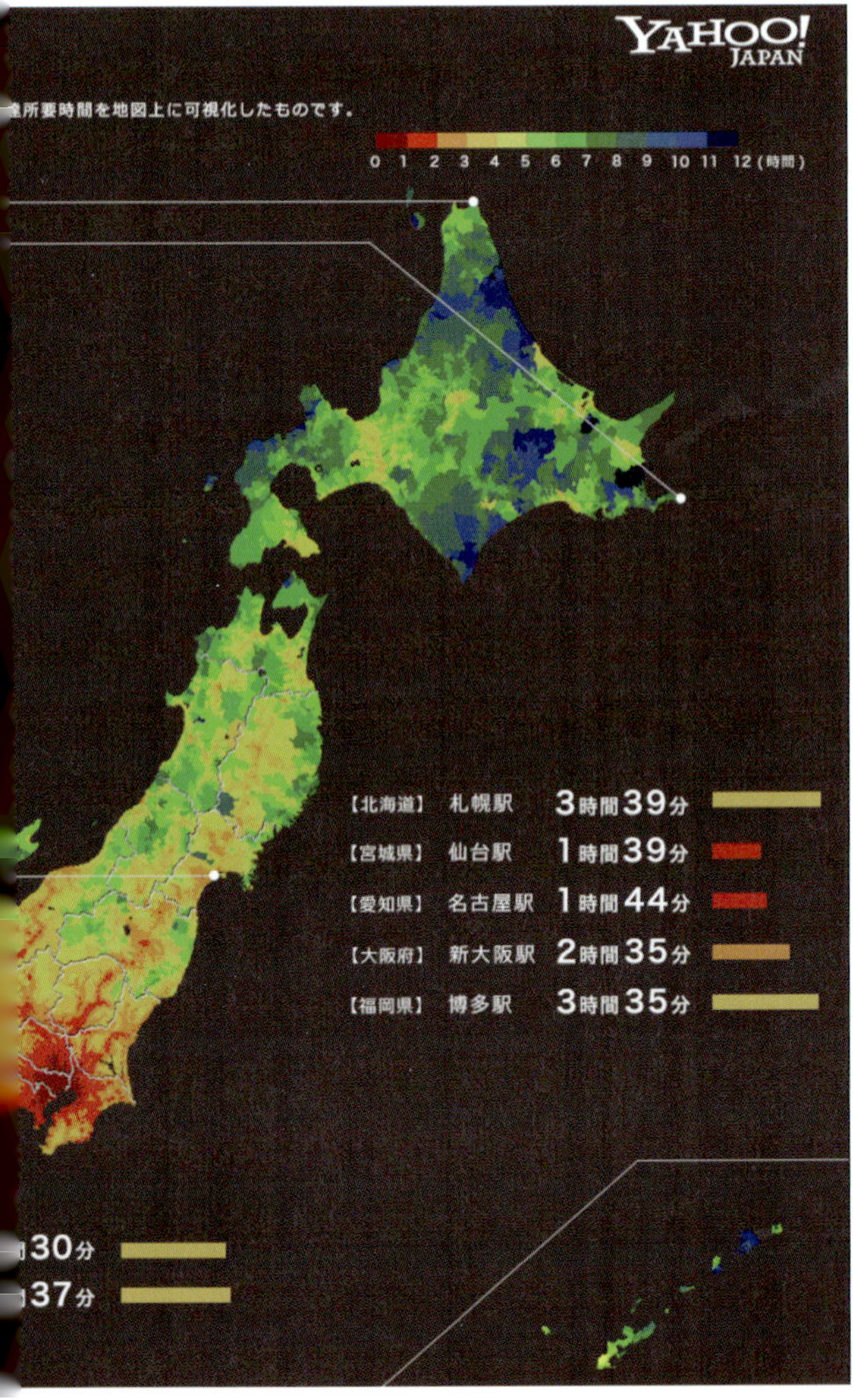

©Yahoo Japan, ©ZENRIN

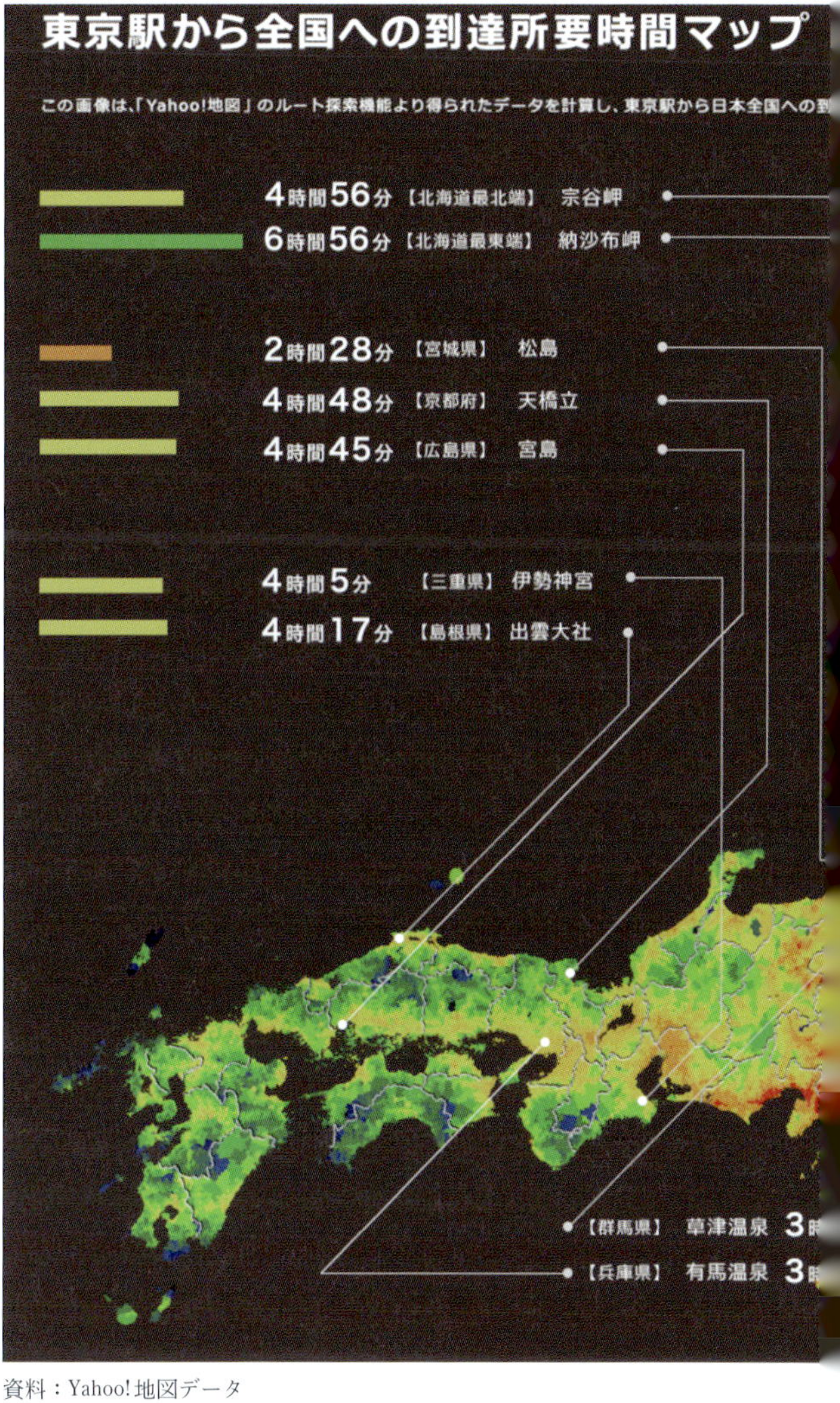

資料：Yahoo!地図データ

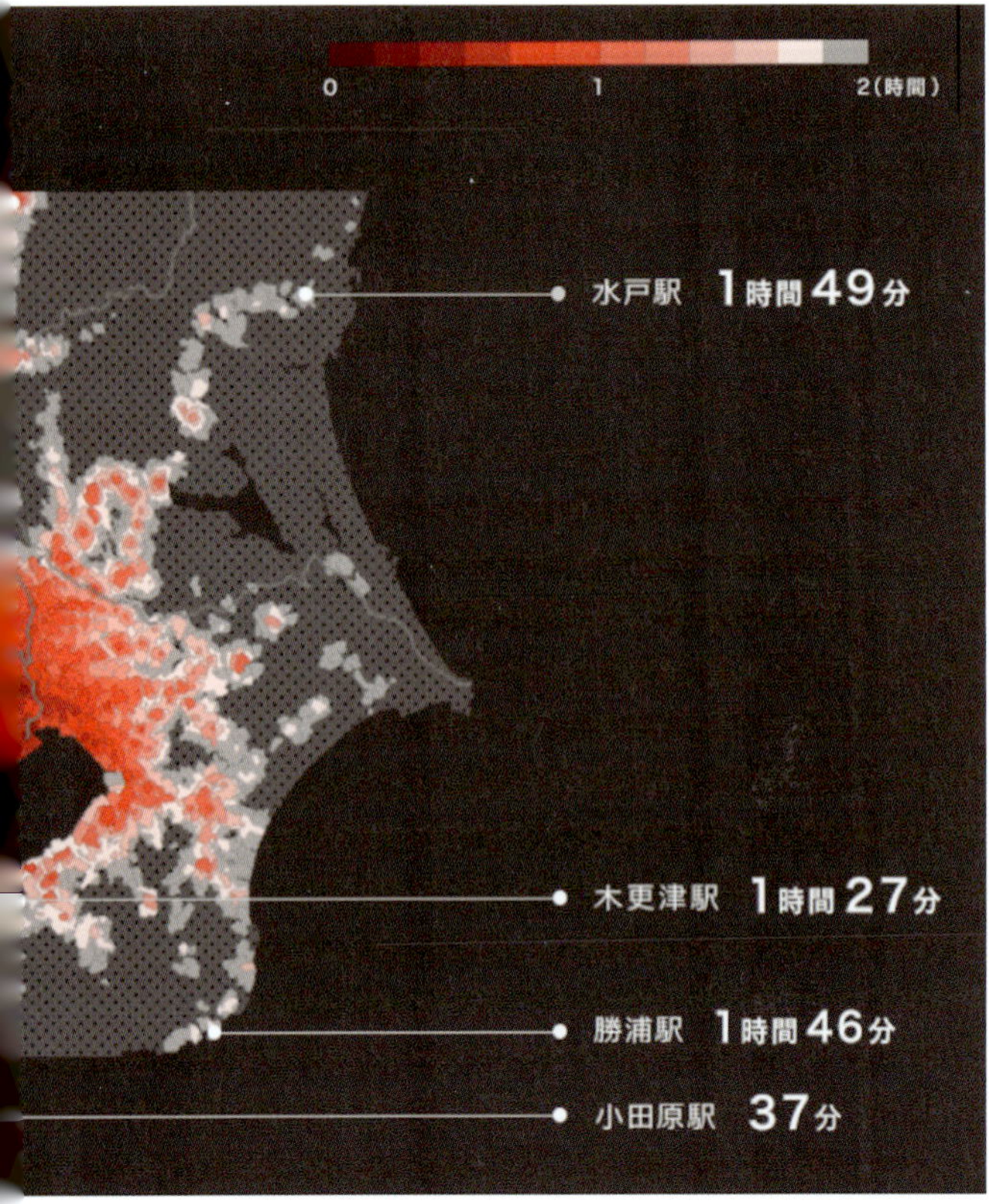

©Yahoo Japan, ©ZENRIN

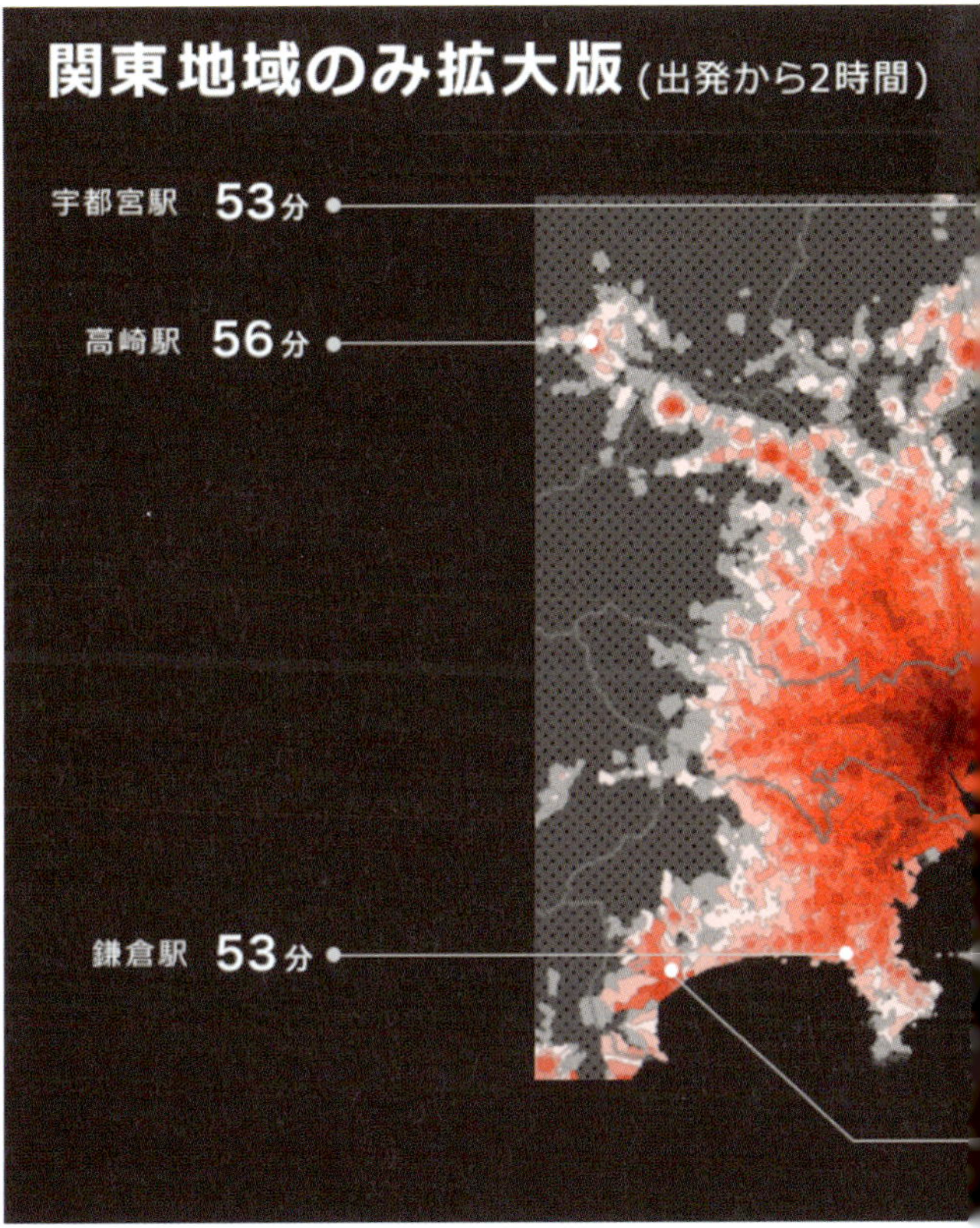

【条件】

1：東京駅を出発地とする

2：出発時間を「平日午前7時」として計算する

3：利用する交通手段は「徒歩」「車」「電車」「新幹線」「バス」「フェリー」「飛行機」とする

4：到達地点は、日本全国の町丁目エリア約19万件の代表点を設定する（例：○○町○○丁目）

5：到着時間の最大値は出発から12時間後までとする

図表2-3-2　東京駅から日本全国への「到達所要時間マップ」（動画）

©Yahoo Japan, ©ZENRIN

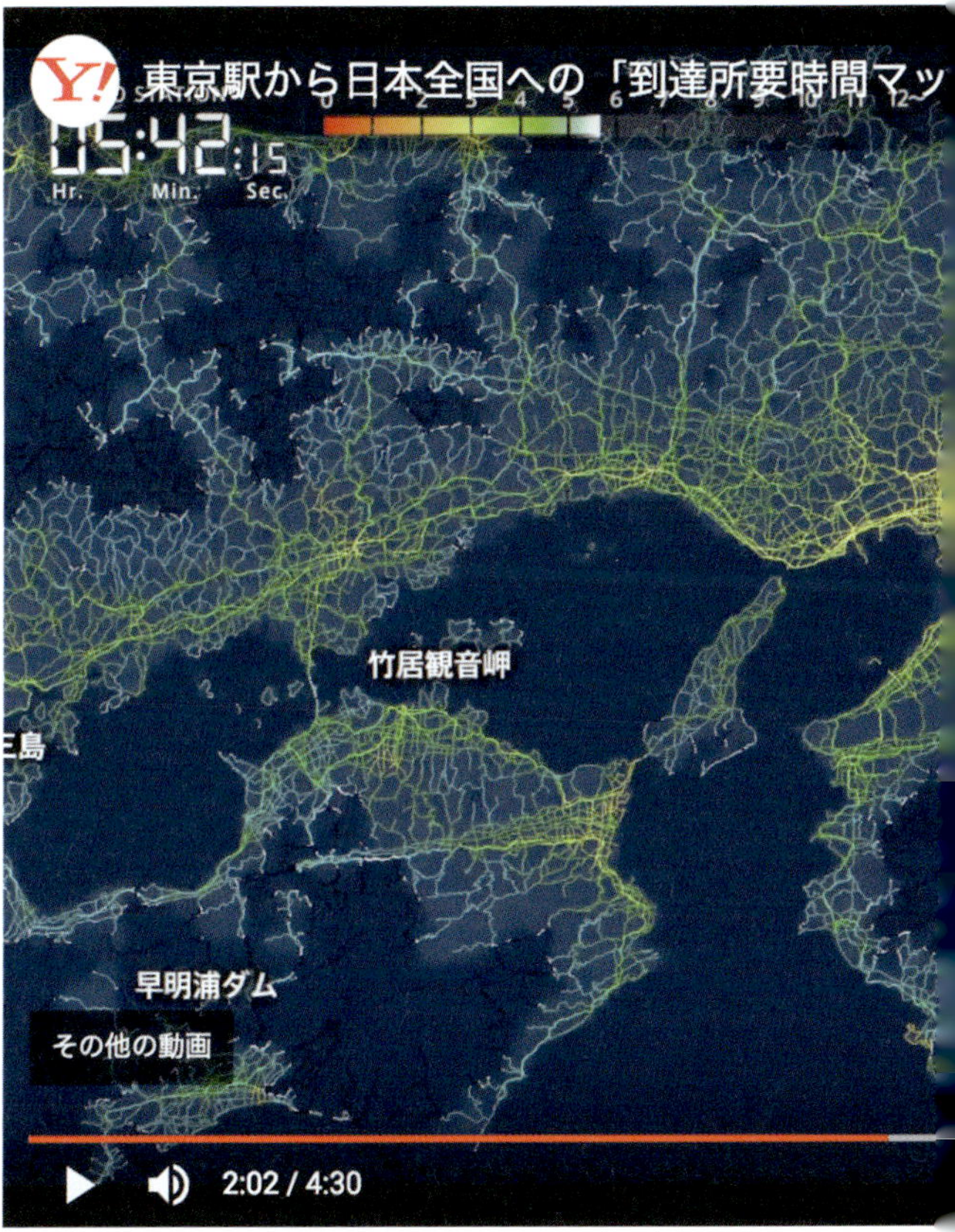
東京駅から日本全国への「到達所要時間マッ
05:42:15
Hr. Min. Sec.
竹居観音岬
早明浦ダム
その他の動画
2:02 / 4:30

いかがだったろうか？　何度見ても、美しいビジュアルに圧倒されてしまう。ムービーにすることで、静止画では気づかなかった様々なことがわかるようにもなる。

たとえば和歌山県にある、空海が開創した高野山の金剛峯寺《こんごうぶじ》には、いつまでたってもなかなか到達しない。さすが弘法大師、真言密教の聖地というべきか。

また、先ほど見たように、北海道には12時間かけても到達できないエリアもあったにもかかわらず、観光名所「網走監獄」には、4時間ほどで到着してしまう。

かたや鹿児島県の一番最南端に位置する南大隅町《みなみおおすみちょう》からは、ウェブでこのレポートを公開した後、国内で「東京から一番遠い」場所としてアピールしたいから紹介させてほしい、というご要望をいただいたこともある。


北陸新幹線で、どのくらい便利になった？

ちなみに、「東京駅から2時間以内で到達できるエリア」という条件に、さらに細かい条件を設定することもできる。経路検索では到達までの「運賃」や「乗り換え経路」「終電時間」といった情報も抽出することができるため、これらを組み合わせることで、次のような計算も可能になるのだ。

・運賃3000円で、なるべく遠くまで行ってみたい。どこまで行けるか？
・乗り換えを一切せずに、どこまで行けるか？

これを踏まえると、特定の交通機関が開通したことによる変化についても、それぞれ条件を設定することによって、マップとして表示し、比較できることがわかるだろう。

実際に、2015年3月14日に開通した北陸新幹線について見ると、開通前と開通後では、東京駅から富山駅、東京駅から金沢駅まで、それぞれ1時間以上短縮されていることがわかった（全国版の条件から「飛行機」の利用を除いて計算した）。

新幹線による恩恵が相当に大きいものであることがハッキリとわかるだろう。

リニア中央新幹線が開通したら……

さて、いよいよ冒頭に投げかけた問いの答えに迫ってみよう。この「到達所要時間マップ」の真価が発揮されるのは、ここからだ。

上記で紹介したシミュレーションは、あくまで現実の交通網、インフラに基づいたものであった。しかし、Yahoo!地図は、あくまでもデジタルデータに基づく地図であるから、このデジタル地図に対して「もしも○○だったら？」という仮の状況を設定してみることができてしまう。
つまり……

もしもここに新しい道路を作ったら？
もしもここに新しい橋を架けたら？
もしもここに新しい鉄道を敷いたら？
もしもここに新しい空港を作ったら？

以上のように、仮想上の交通機関や施設、インフラを「Yahoo!地図」のデータ上で設定し、実在すると想定した場合のシミュレーションができるということだ。実際に建設予定の交通機関の条件を設定すれば、その交通機関が完成した際に、どのような影響があるかを予測できる。
そこで、２０２７年にリニアが開通したと仮定し、実際に計算を行って、先ほどのような「到達所要時間マップ」を作成してみよう。新幹線が開通しただけでも相当に便利になるのだから、その倍近い速度を誇るリニアの影響力がどれほどのものとなるのか……ワクワクドキドキである。

図表2-3-3 リニア中央新幹線開通前後の「到達所要時間マップ」

[条件]

・品川駅を出発して名古屋駅に到達するまでの所要時間を40分とする
・途中駅は、駅建設予定地となっている地点の主要最寄り駅とする
・「ルート探索」の利用交通手段に飛行機を含めない
・リニア中央新幹線以外の交通網は、2015年3月時点のものを使用する
・到着時間の最大値は出発から3時間後までとする

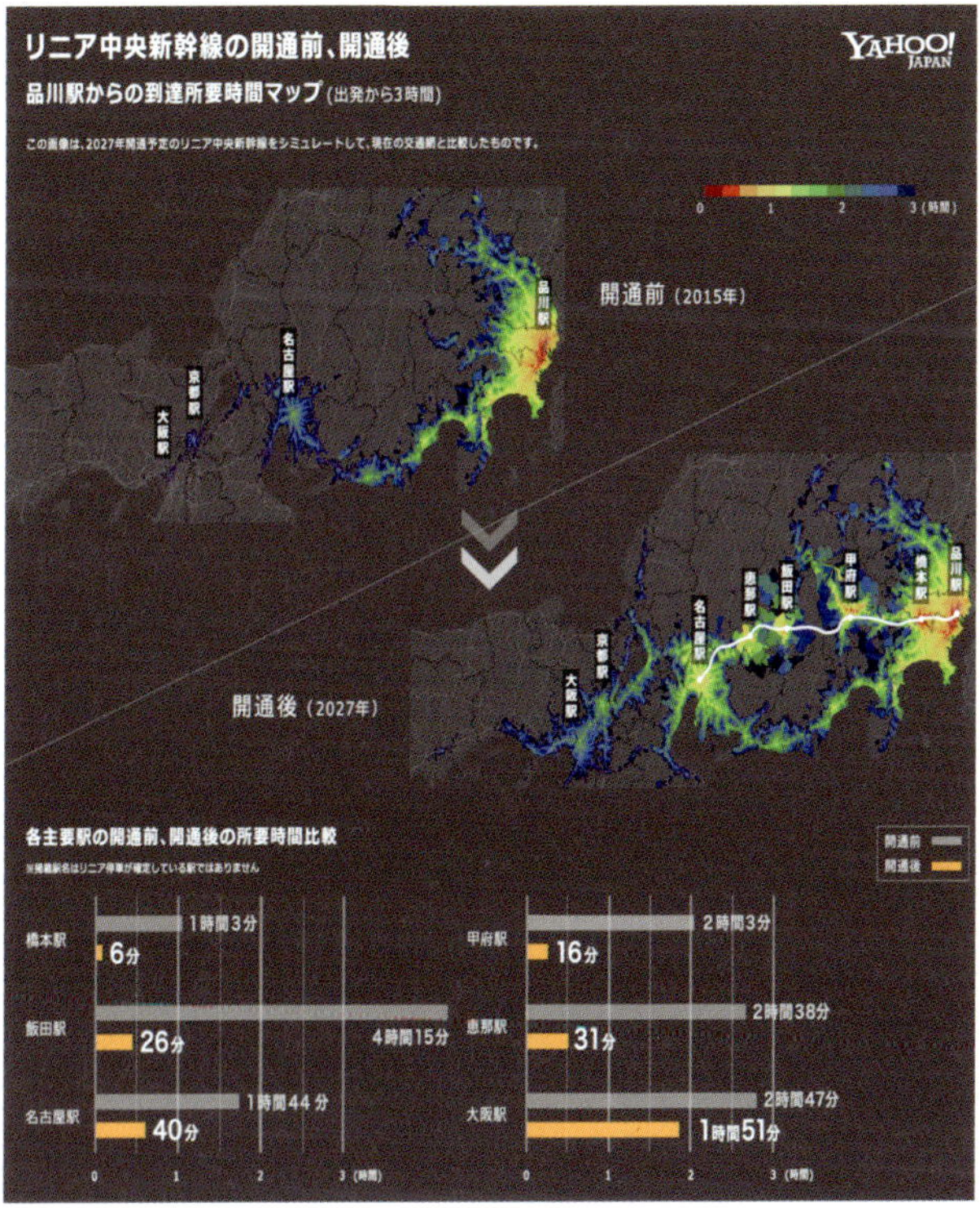

©Yahoo Japan, ©ZENRIN

リニア中央新幹線の条件に関しては、国土交通省やJRより発表されている情報（2015年当時）をもとに図表2－3－3のように条件設定をし、開通前と開通後のそれぞれの状況で、出発後3時間までに到達できるエリアのマップを作成した（なお、リニア中央新幹線に影響が出ない地域のデータは除いている）。

減速などの時間までは考慮していないが品川から山梨の甲府駅までわずか16分という数字を見ると、あらためてリニアの驚異的な速さを実感する。品川から山手線に乗って新宿に行くよりも、短い時間だ。

また、面白いのは、リニア駅のみならず、その駅周辺や沿線など、かなり広範なエリアに色が塗られていることだ。ある路線が開通することによってどのように利便性が向上するのか、その波及効果もしっかり把握することができる。

さて、この結果も先ほどと同様に、ムービーを作成してみた。こちらもぜひ、ご覧いただきたい（図表2－3－4）。

データビジュアライゼーションのこれから

私はとにかくこの動画が大好きで、これまでに一体何度、再生したかわからない。繰り返し再生していても飽きずに楽しめる動画というのも、なかなか珍しい。

大規模な抽出データを「可視化」することの大切さを感じ取っていただけただろうか？　どれほど膨大なデータがあっても、それを多くの人がパッと見てわかる表現で示さないことには、単なる無意味な数値の羅列にすぎない。

大量の到達時間情報を、時間推移や到達点情報などと組み合わせつつ、伝えたいことの意図を考えながらどのように表現するか——このような動画の作成には非常に高度な技術を要するものの、「データビジュアライゼーション」を行うことで、データに圧倒的な価値が生まれるのである。

ここまで紹介してきた使い方以外にも、この処理方法は様々な可能性を秘めている。処理方法を変更したり、各種オープンデータ、公共交通機関などのデータと組み合わせたりすることによって、次のようなことも可能になる。

・事故や工事による不通区間の影響調査
・地震や台風などの自然災害時における交通変化シミュレーション
・公共交通機関のダイヤ変更や車線量変更による影響シミュレーション
・観光ルートの最適化やアシスト

図表2-3-4　リニア中央新幹線開通前後の「到達所要時間マップ」（動画）

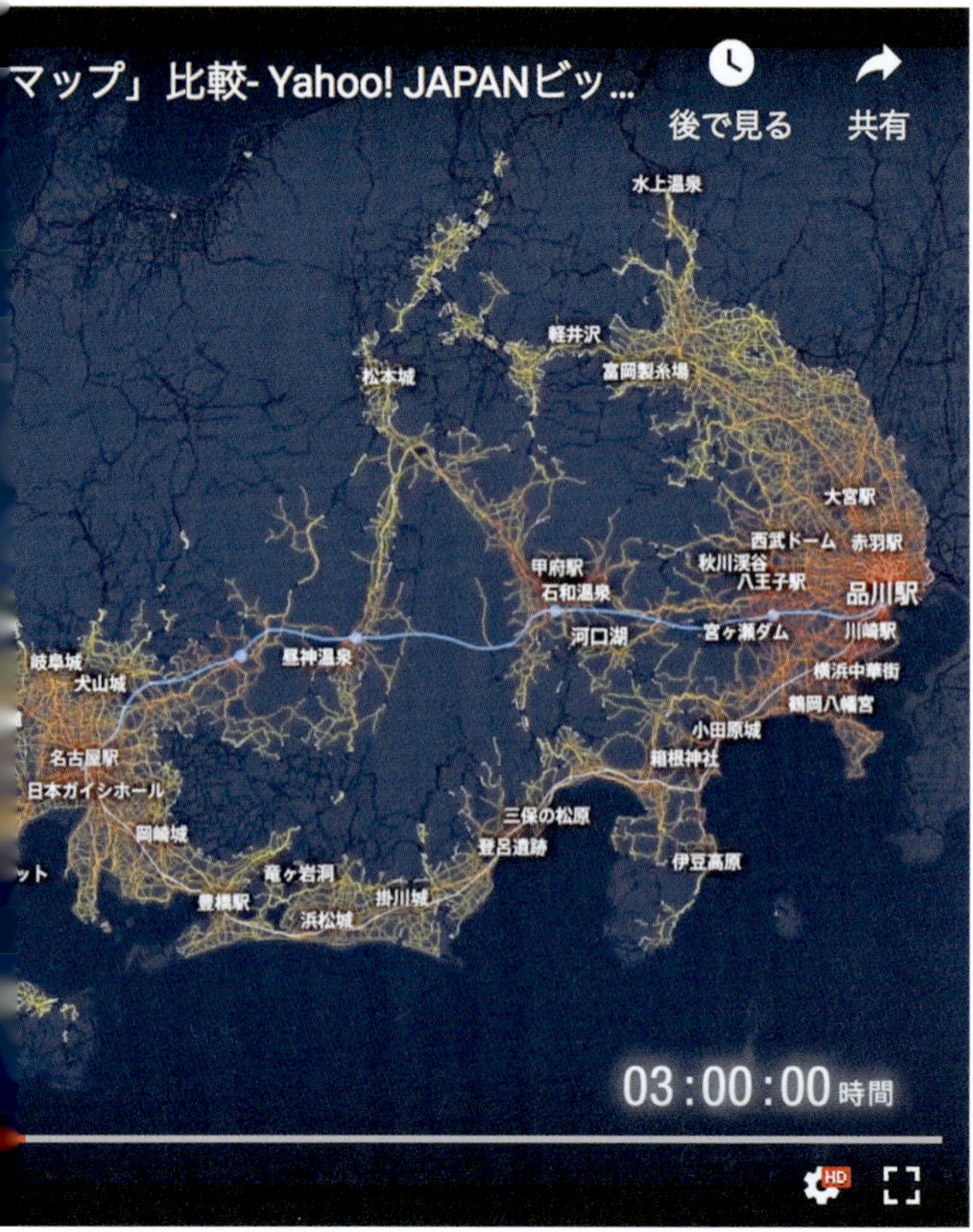

©Yahoo Japan, ©ZENRIN

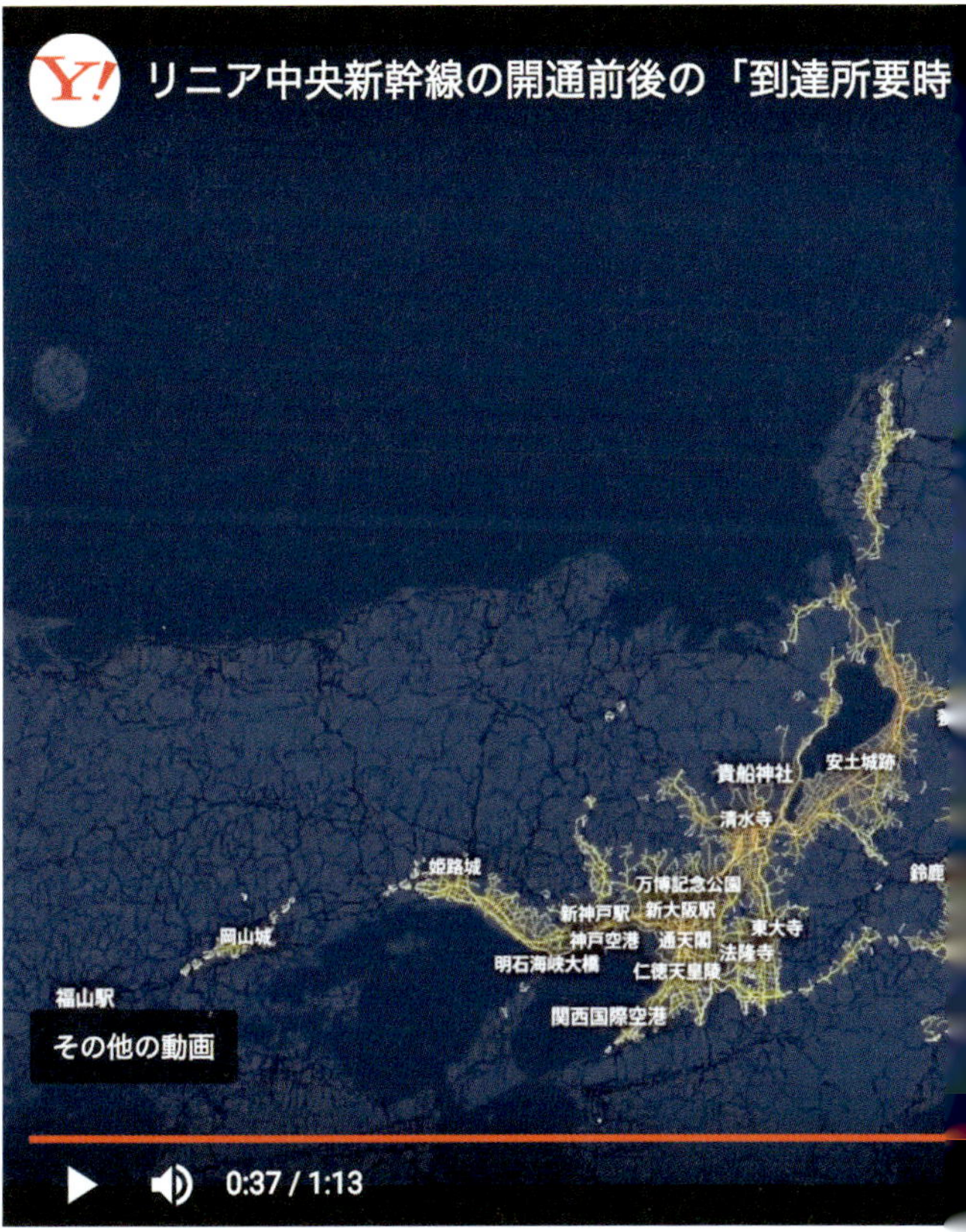

リニア中央新幹線が開通すると、品川駅から3時間で関西国際空港や岡山城、福山駅にも着ける。

・条件にあった不動産、商圏、新規商業施設の開拓や候補場所などの抽出

今後も様々なデータやシステムを駆使して、世の中の課題を解決するべく取り組みを続けていきたい。

2-4 政治への関心が薄い日本人の注目を一挙に集めた、「令和」発表の瞬間

インターネット検索による注目度は、人々の関心度合いを反映している。人が興味を持つのは、自分の身の回りのことだけなのだろうか？　人々の政治的話題に対する関心度合いをYahoo!検索データから調査した。

投票率の恐るべき低さ

しばしば、「自分の身の回りのことにしか興味がない」と言われる現代人。平成を通じ、国政選挙の投票率は低迷し続け、２０１７（平成29）年に行われた衆院選の投票率は全年代で53・６８％と、有権者全体の約半分ほどにとどまった。若者に至っては20代が約33・８５％という恐るべき低さであった。

さらに令和初の国政選挙となった２０１９（令和元）年の参院選では、ついに48・８０％と、半数を割ってしまった。

だが、私たちの生活は政治と無縁ではあり得ない。人々は本当に政治に関心がないのだ

ろうか？　どのような事柄に対してであれば、興味を持てるのだろうか？　ビッグデータから、人々の政治や社会への関心に切り込んでみよう。

本レポートを担当した阪上恵理（1－5で「2つの国からデュオ」としても登場）は、もともとクレジットカード会社でCRM分析などを行っており、ヤフーに転職して以降は、主に巨大なログデータ（ビッグデータ）からインサイトを引き出すアクセスログ解析に携わっている。ビッグデータレポートチームでは、選挙予測（2－5）などの政治系テーマのほか、われわれが「水物系」と呼んでいる流行やエンタメ系のテーマを得意としている。

彼女をひとことで言い表すなら、人気占い師、トレンドキャッチャー、政治犯（班）……とにかく、人気を掘り下げる「水物女王」である。

阪上　いろいろなあだ名をありがとうございます（笑）。普段の業務では、いろいろなデータをもとに分析・調査していて、その結果を各サービスにフィードバックしています。

このレポートは、今の日本には本当に様々な課題があるけれど、世の中の人々は、それらにいったいどれほどの関心を寄せているのだろうか、という疑問が着想のきっかけでした。

特に私が気になっていたのが、個人によって、政治的関心は大きく異なるのではないか、という点です。たとえば、沖縄の基地問題は、ニュースでどれほど取り上げられていても、実際に関心があるのは沖縄の人たちばかりだとよく言われますし、実際にそう感じる人は多いと思います。

検索データを使えば、そんな関心の差異を可視化できてしまうのではないか、と思ったのです。

そこで、調査当時にホットだった主要な政治的問題を拾って、個人の属性やエリアなど、いくつかの条件を設定して、各々の属性における注目度を比較してみました。

興味があるのは政治より、断然スポーツ

今回対象としたのは、２０１７年４月～２０１８年５月の期間の政治的トピックだ。この時期の政治に関する検索ワードを抽出し、「外交・安全」「社会福祉」「森友・加計問題」「働き方改革」「少子化・子育て」「ハラスメント」「金融経済」「原発」「基地」「改憲」という合計10のカテゴリを設定した。これらのカテゴリ名に、２０１７年当時の世相がすでによく表れている。

最初に、人々の政治に対する関心度合いがどの程度であるか、その全体的な傾向を見てみよう。図表２－４－１はYahoo!検索の総検索量における政治的話題の注目度の変化を相対値で表したものだが、ご覧の通り、政治的話題に対する関心度は時期によってかなり大

図表2-4-1　ほとんどの期間、スポーツが政治に勝ってしまう

資料：Yahoo!検索データ（2017年4月〜2018年5月）

きく上下していることがわかる。

この政治への関心度は、高いのか、低いのか。比較のためにスポーツ(注)に関する注目度の相対値を併記したが、ほとんどの時期を通じて政治よりもスポーツの注目度のほうが高い、という結果となった。やはり一般的に、興味を持ちにくい退屈な政治的事柄と比較して、エキサイティングで熱中しやすいスポーツの話題のほうが、より多くの国民の関心を集めているようである。

日本中が騒然とした、北朝鮮ミサイル問題

では、先ほど分類したカテゴリ別に注目度を比較してみよう。

最も注目度が高かったのが「外交・安全」カテゴリであり、そのほとんどを占めたのが北朝鮮情勢だ。

２０１７年の〝今年の漢字〟が「北」であったように、当時はちょうど北朝鮮の核弾道ミサイル発射や核実験が続き、日本中を騒然とさせた時期である。連日、あらゆるメディアがミサイル発射の話題で持ちきりとなり、Ｊアラート（全国瞬時警報システム）の不気味なサイレン音に不安を掻き立てられた人も多かっただろう。

日本列島を脅かした北朝鮮問題に代表される1位の「外交・安全」に続き、２０１７〜２０１８年に日本の人々が関心を持った話題は、注目度の高い順に、2位「社会福祉」、3位「森友・加計」、4位「働き方改革」、5位「少子化・子育て」であった。

この上位5カテゴリについて、それぞれのカテゴリを詳しく展開し、その話題の中身を確認してみたところ、話題によって関心の度合いも様々だった。図表2−4−2は、具体的なキーワードとそれぞれの注目度を棒グラフで表したものだ。

「働き方改革」カテゴリでは、改革案の主なキーワードとなった「同一賃金」や「裁量労働制」、時間外労働について定めた「36協定」などのワードを差し置いて、月末の金曜日に早めの退勤を推奨する「プレミアムフライデー」が堂々の1位だった。

図表2-4-2　政治的話題の上位カテゴリの詳細

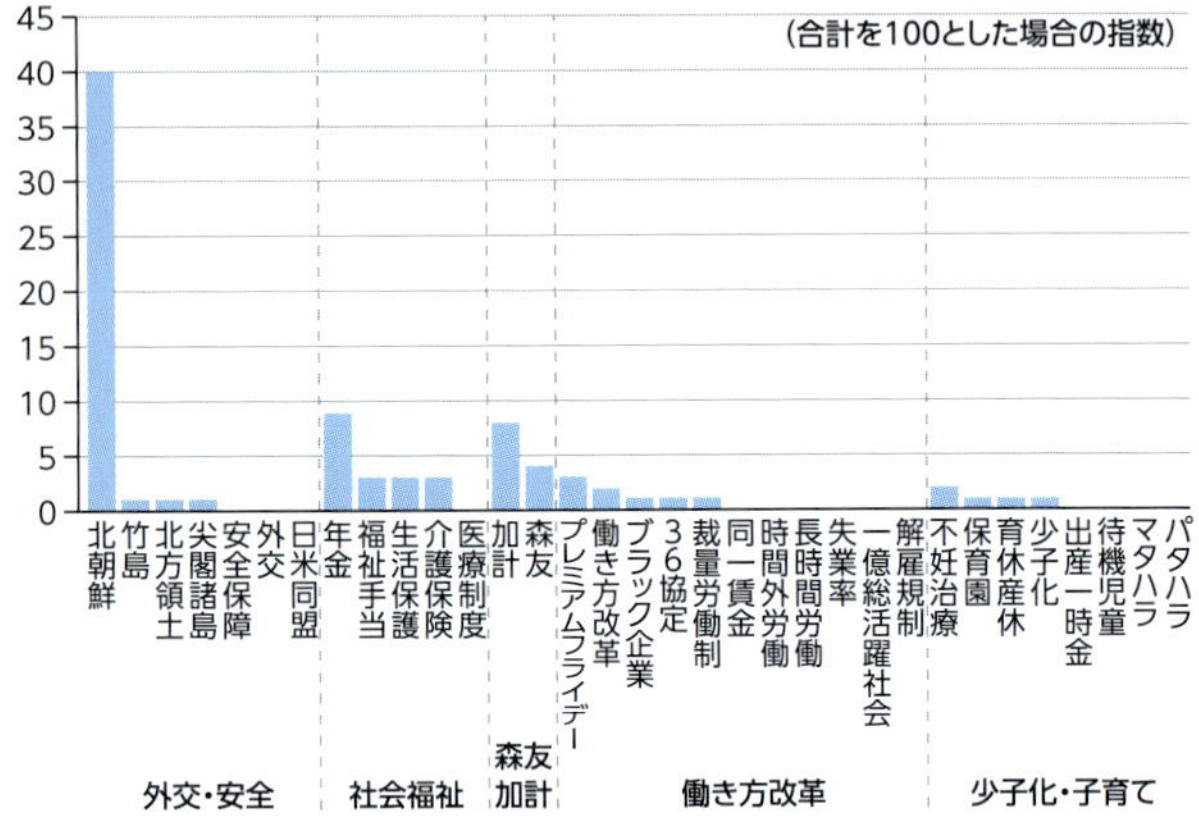

資料：Yahoo!検索データ（2017年4月～2018年5月）

ミサイル、モリカケ、セクハラ

では、各々の話題について、2017年の1年間をより短い期間に分け、人々の関心が時期によってどのように推移したかを見てみよう。図表2－4－3のグラフは、政治的話題の注目度合計を100としたときの、カテゴリごとの指数の変化を表している。

ちょうど8～9月、北朝鮮から北海道上空を通過する軌道でミサイルが発射された際に、北朝鮮問題への関心が非常に大きく盛り上がっていた。先ほどの図表2－4－1も参照すると、北朝鮮問題の勃発した時期には、政治への注目度がスポーツへの注目度を上回っていた。

当然と言えば当然だが、ミサイルによっ

図表2-4-3　カテゴリ別の注目度変化

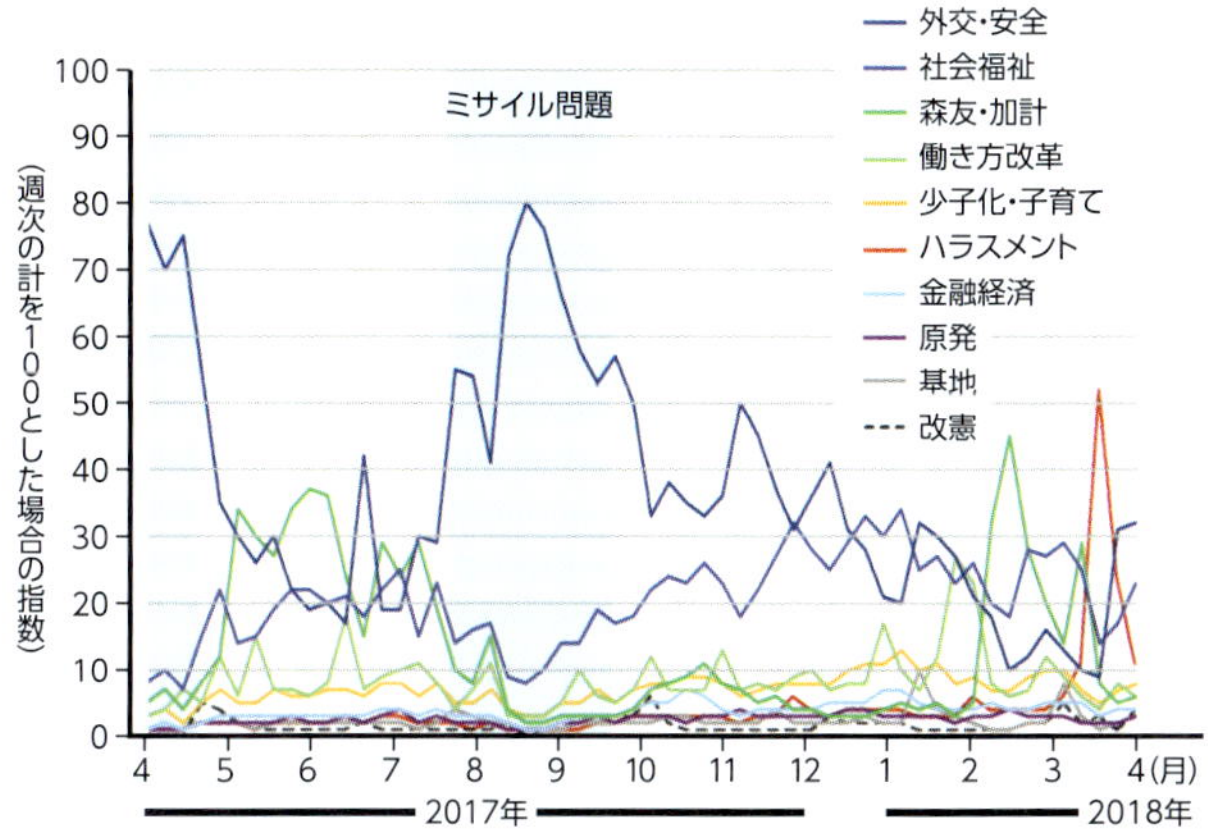

資料：Yahoo! 検索データ（2017年4月〜2018年5月）

て自分の身に直接的な危険が及ぶかもしれないという不安や恐れ、そして未曾有の事態に対する関心は、非常に多くの日本人が共有していたらしい。

その他、特徴的な盛り上がりに着目すると、「森友・加計」、いわゆる「モリカケ」問題が話題となっているのが２０１８年３月頃。森友学園の国有地売却疑惑が報じられた２０１７年２月から１年が経過した２０１８年３月頃、森友学園問題に関する公文書の改竄《かいざん》疑惑が浮上し、議論が再びヒートアップした時期だ。

その年の４月には、「ハラスメント」のカテゴリが急増していた。当時、財務省の福田事務次官が女性記者にセクハラ発言を連発、というスクープが週刊誌で報じられたことを思い出そう。実際の音源もネットで公開され、福田事務次官が辞任に追いやられた結末を迎え、セクハラに関心を抱いた人々が多かったと考えられる。

男性の興味はモリカケ、女性の興味は子育てに

次に、阪上が予想したように、個人の属性に応じて興味関心がどのように異なるのかを調べるため、こんどは性別に着目してみよう。

男性の関心度のトップ3カテゴリは1位「外交・安全」、2位「社会福祉」、3位「森友・加計」だった。特に、1位の「外交・安全」への関心が飛び抜けて高い。これに対して女性は、1位・2位は男性と同じく「外交・安全」「社会福祉」の順であるものの、3位は「少子化・子育て問題」となった。

また、男女間で関心度の差が大きく開いているカテゴリに着目すると、男性の関心が高く女性の関心が低いのが「外交・安全」「森友・加計」の話題、男性の関心が低く女性の関心が高いのは「少子化・子育て問題」と「社会福祉」の話題であった。

男性はモリカケ問題と外交問題。女性は少子化問題と社会福祉――この時点ですでに、性別間の特徴が見て取れるようだが、各々についてより詳細に見ていこう。

図表2－4－5は、政治カテゴリの注目度上位5のカテゴリの話題について、関心を持

図表2-4-4　性別の政治的話題の注目度

（性別の注目度計を100とした場合の指数）

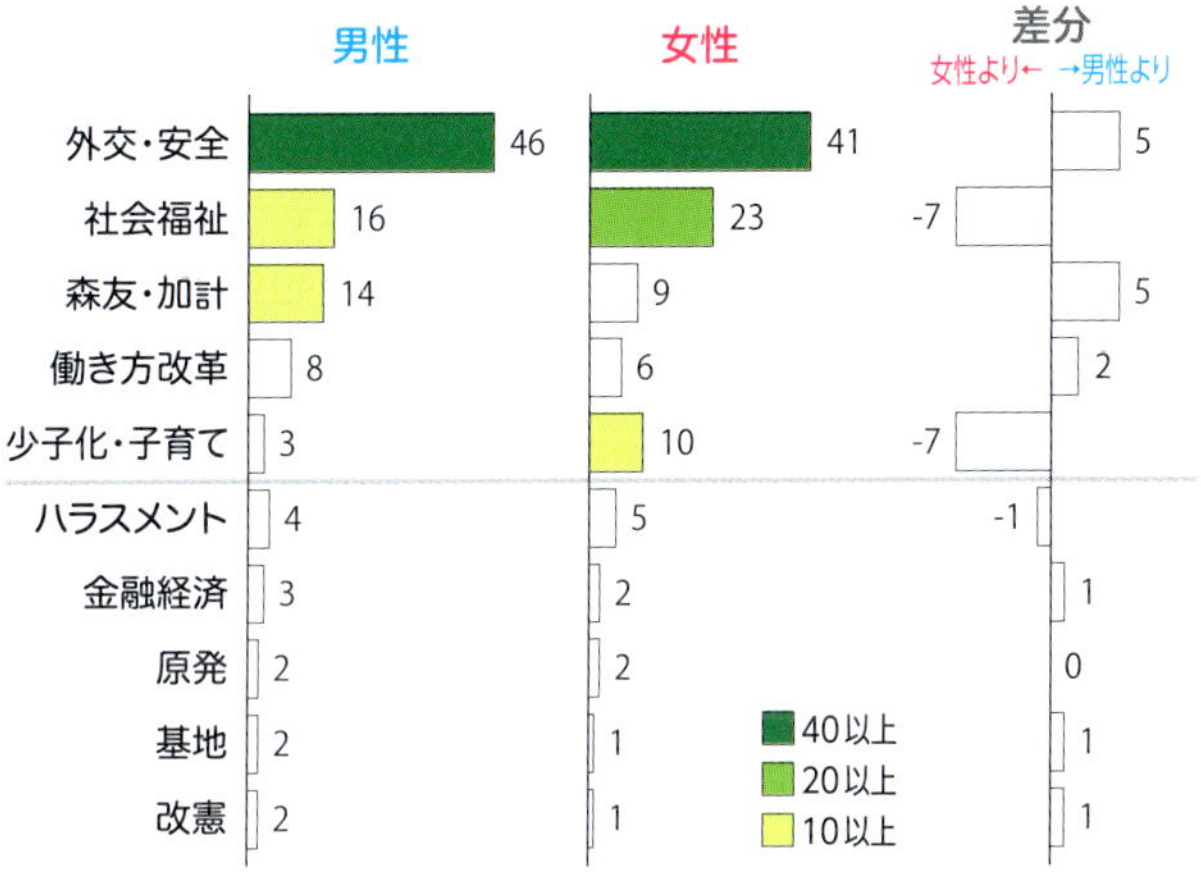

資料：Yahoo!検索データ（2017年4月～2018年5月）

つ層の性別構成を示したグラフである。グラフの左側ほど男性比が高く、右に行くほど女性比が高い話題だ。

左右両端を見てみると、左端の男性の比率が圧倒的に高いのが「働き方改革」カテゴリ、右端の女性の比率が高いのが「少子化・子育て」カテゴリの話題であった。

ただし同一カテゴリ内でも、話題の内容によって男女間のギャップが見られる。たとえば「少子化・子育て」カテゴリに注目してみると、「少子化」「パタハラ」といった、やや抽象度の高いテーマは比較的男性比が高いのに対し、「不妊治療」「育休産休」「保育園」など生活に密着した具体的なワー

図表2-4-5　政治的話題上位カテゴリの関心層（性別）

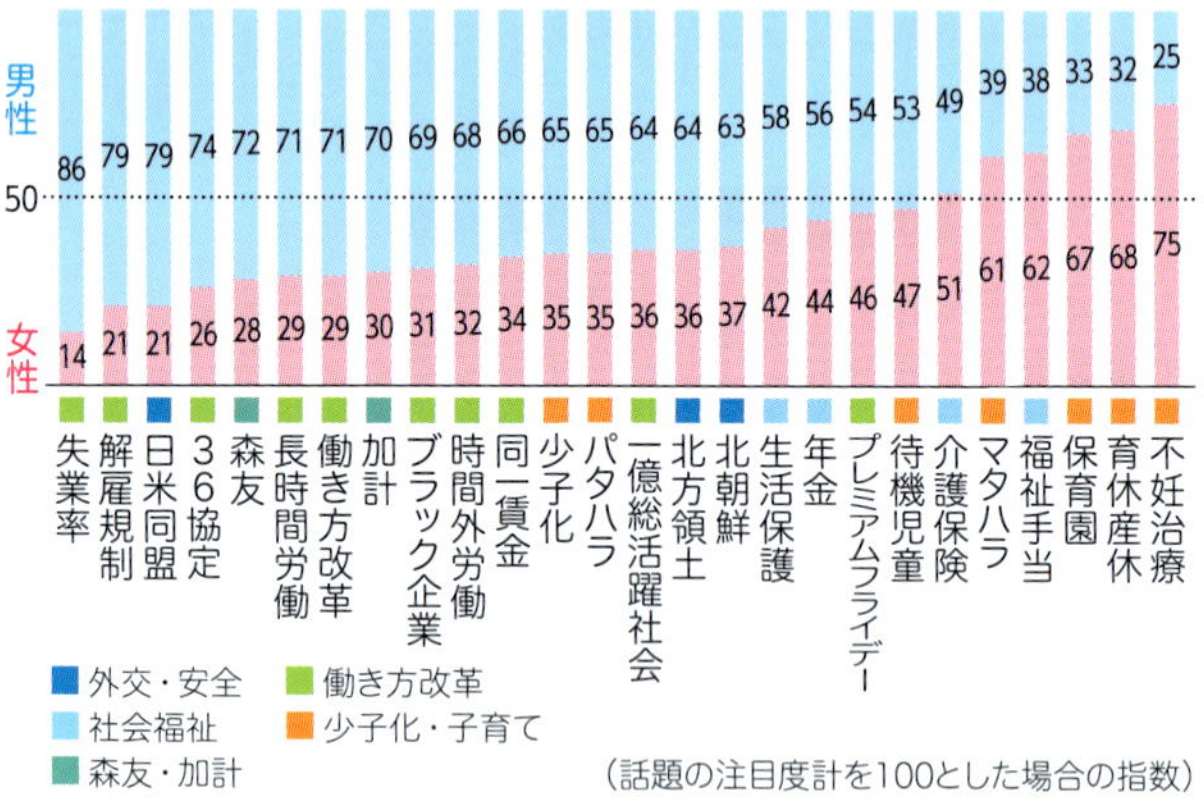

資料：Yahoo!検索データ（2017年4月～2018年5月）

ドは特に女性比が高い。

「働き方改革」も同様に、男性比が特に高いのは「失業率」「解雇規制」「36協定」など。それに対して女性比が比較的高いのは「プレミアムフライデー」「一億総活躍社会」「同一賃金」などであった。

　これらに見られる性別による特徴として、男性は仕事や国内政治、外交問題、女性は自分の生活や家庭など身の回りの生活への関心が高いという傾向があるようだ。

　出産や育児に関する女性の悩みや関心を男性が共有していないという考えは、日本社会の重要な課題のひとつかもしれない。

高齢者と若者の関心差

男女の傾向を確認したところで、世代ごと

図表2-4-6　世代別の政治的話題への注目度

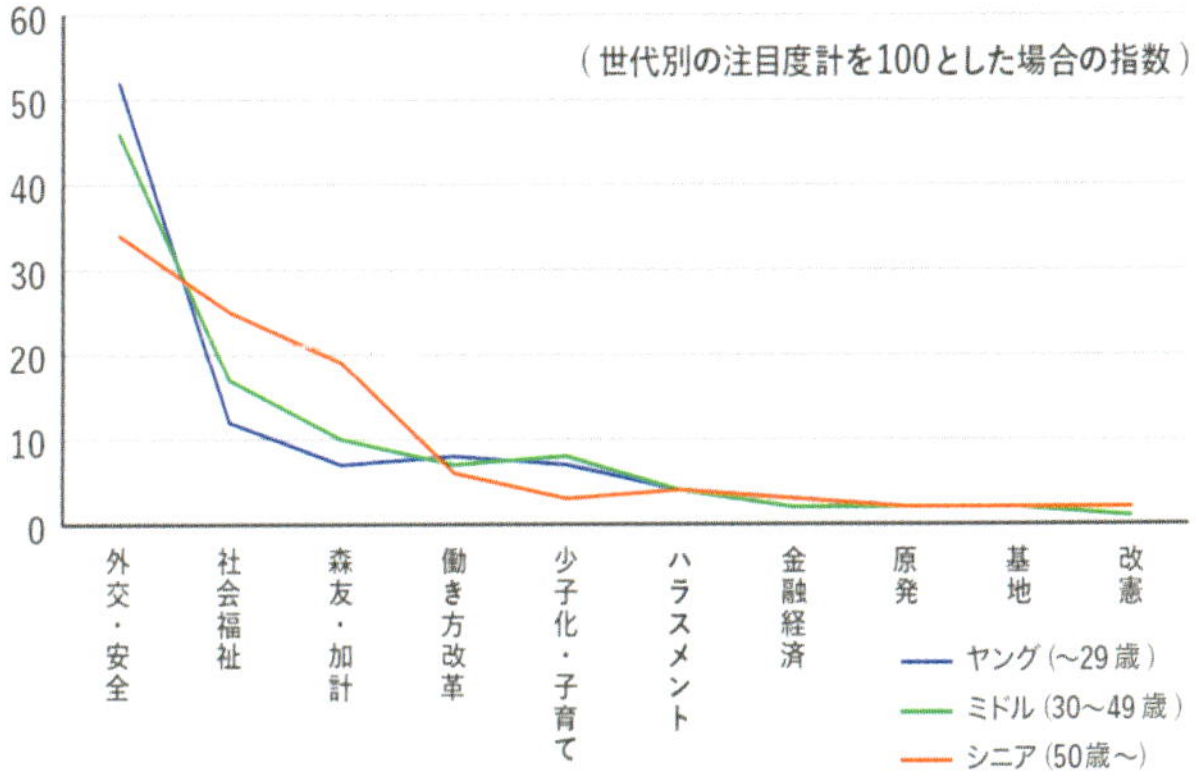

資料：Yahoo!検索データ（2017年4月〜2018年5月）

の傾向について見ていきたい。年齢によって、ヤング層（〜29歳）・ミドル層（30〜49歳）・シニア層（50歳〜）と分類した。

各カテゴリに対する注目度のランキングは全世代でおおよそ同じであった。だが、各々のカテゴリを見ていくと、世代間の注目度合いに、いくつかの特徴が見られる。

まず気付くのが、「社会福祉」問題に対するシニア層とヤング層の注目度に、大きな差があることだ。「年金」や「介護保険」などの問題は、老後生活に不安を抱えるシニア層にとっては切実な問題であるのに対し、まだまだ人生これからが本番、今は目の前のことで精一杯な若者たちには、どうしても縁遠いものと感じられるのだろう。

その反対に、「少子化」問題に対するヤン

グ層の関心が高いのは、将来の年金の問題など自分たちの将来に対する漠然とした不安に由来するものだろうか。

「森友・加計」問題も同様に、シニア層の関心が圧倒的で、ヤング層の関心は薄い。このモリカケ問題に対する世代間ギャップは、テレビの視聴者層の関心の差とも連動しているかもしれない。日中の情報番組やワイドショーでは、連日、モリカケ問題をめぐる泥沼化した政治争いの模様について、延々と報じられていた。

物理的に離れているほど、関心も低下する

さらに、日本各地のエリア別による傾向について調べてみた。全国的にあまり大きな差異はないものの、ここで注目してもらいたいのが「原発」と「基地」のカテゴリである。

「基地」「原発」の両カテゴリの内訳を展開してみると、辺野古の「基地」問題については、西日本が高いのに対して東日本の関心は低く、宮城県の女川原発や福島原発をはじめとする「原発」問題については、東日本の関心が高いが、西日本では低い。

米軍基地の移設が予定されたり、放射能の影響が懸念されたりと、その問題の「当事者」である近隣エリアの人々にとって、これらは当然ながら直接的な影響を避けられない切迫した問題だ。だが、問題発生地から距離が遠くなればなるほどに、関心が徐々に薄れ

図表2-4-7　基地、原発関連の主要な話題の関心層

（話題の注目度計を100とした場合の指数）　40以上　20以上　10以上

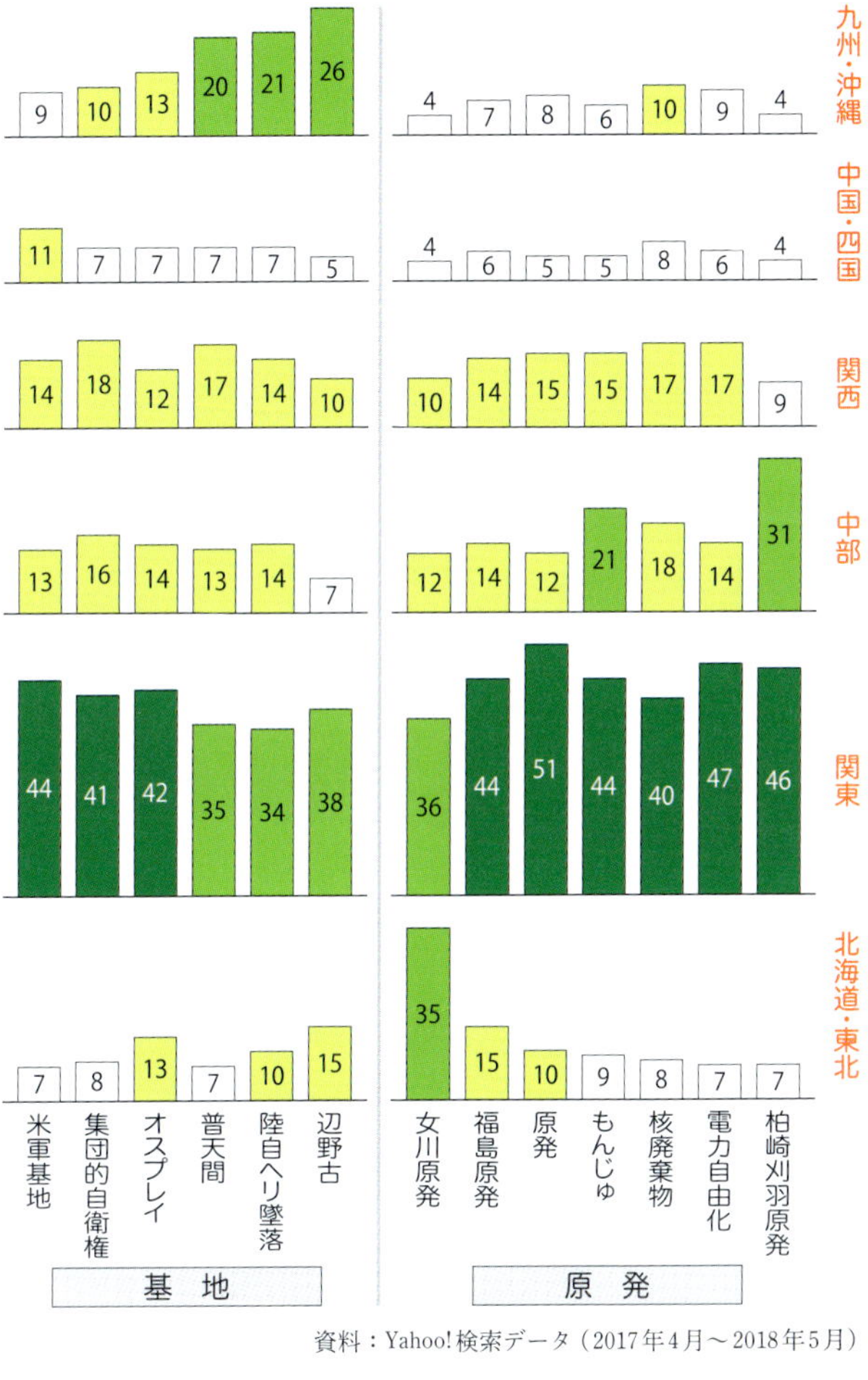

	米軍基地	集団的自衛権	オスプレイ	普天間	陸自ヘリ墜落	辺野古	女川原発	福島原発	原発	もんじゅ	核廃棄物	電力自由化	柏崎刈羽原発
九州・沖縄	9	10	13	20	21	26	4	7	8	6	10	9	4
中国・四国	11	7	7	7	7	5	4	6	5	5	8	6	4
関西	14	18	12	17	14	10	10	14	15	15	17	17	9
中部	13	16	14	13	14	7	12	14	12	21	18	14	31
関東	44	41	42	35	34	38	36	44	51	44	40	47	46
北海道・東北	7	8	13	7	10	15	35	15	10	9	8	7	7

資料：Yahoo!検索データ（2017年4月～2018年5月）

てしまうことが、データから明らかとなっている。

凄まじかった新元号「令和」への注目度

ここまでの調査から明らかになったのは、北朝鮮の核ミサイルなど、全国民の関心を一斉に集めるニュースがある一方で、子育てや年金、基地・原発問題の話題を中心に、各々の政治的問題には、特定の性別・年代・居住地域によって大きな関心の偏りがある、ということである。

当然かもしれないが、その問題が自分に直接的影響を及ぼすかどうかによって、関心の度合いが大きく左右される傾向にある。「自分に関係のある問題にしか関心がないのでは？」という阪上の手厳しい予測は、悲しいかな、的中してしまったようだ。

しかし、２０１９年に入り、そんな目先の問題にしか興味がないかのように思われる全国民の注目を一挙に集めた、とある歴史的瞬間があった。

4月1日、「平成」に代わる新元号の発表である。

日本国民が固唾《かたず》をのんで見守るなか、菅義偉官房長官が午前11時40分頃に発表した新しい元号名は、「**令和**」。

新元号発表直後、「令和」という言葉が実際にどのくらいの注目を集め、それに対して

図表2-4-8　日別の「令和」注目度（指数）

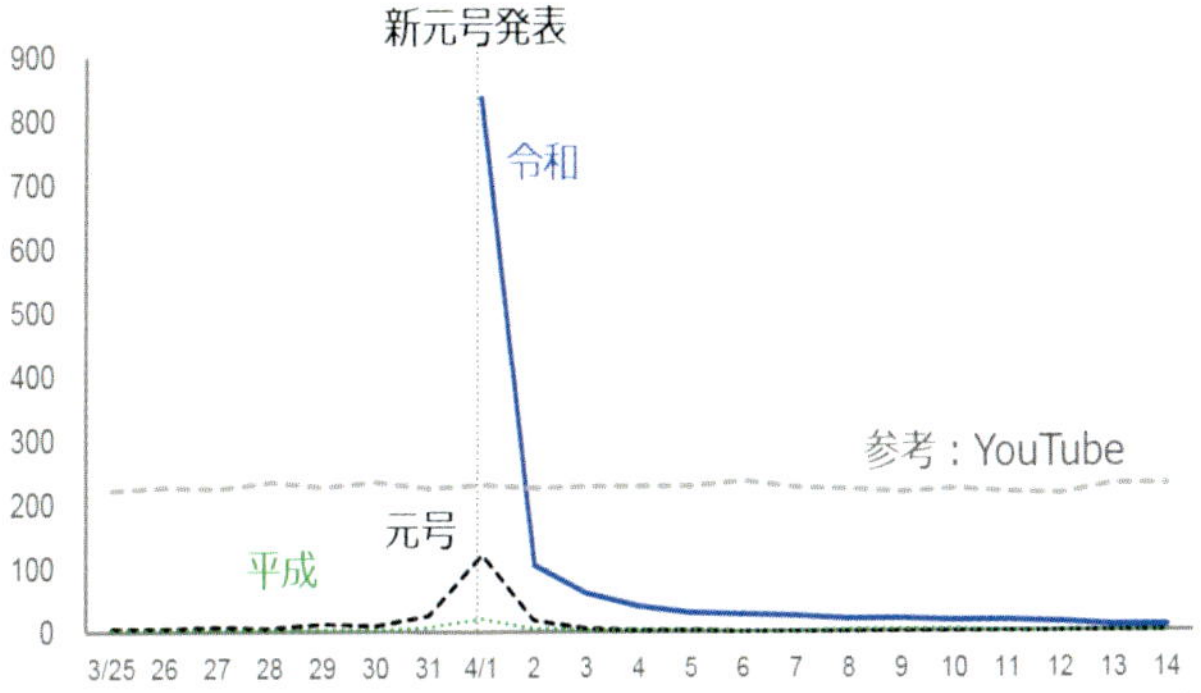

資料：Yahoo!検索データ（2019年3月25日～4月14日）

人々がどのような反応を起こしたのか——Yahoo!検索のデータで振り返ってみよう。

図表2－4－8をご覧いただきたい。3月後半から4月半ば頃までの期間の検索数を表したものだが、ちょうど新元号発表の4月1日に、「令和」の検索数が爆発的に増大し、翌日以降は落ち着いていることがわかる。

参考までに、普段からトップクラスの検索数である「YouTube」という単語と比較すると、その盛り上がりの凄まじさがうかがえる。瞬間風速的に見ると、2018年の平昌五輪のフィギュアスケートで羽生結弦選手が金メダルを獲得した時の「羽生結弦」の検索数や、2011年の東日本大震災発生時の「地震」というワードの検索数と比較しても、段違いに大きい（図表2－4－9）。

さらに、発表日の11時前後の時間帯を細かく見

図表2-4-9　時間帯別の「令和」注目度（指数）

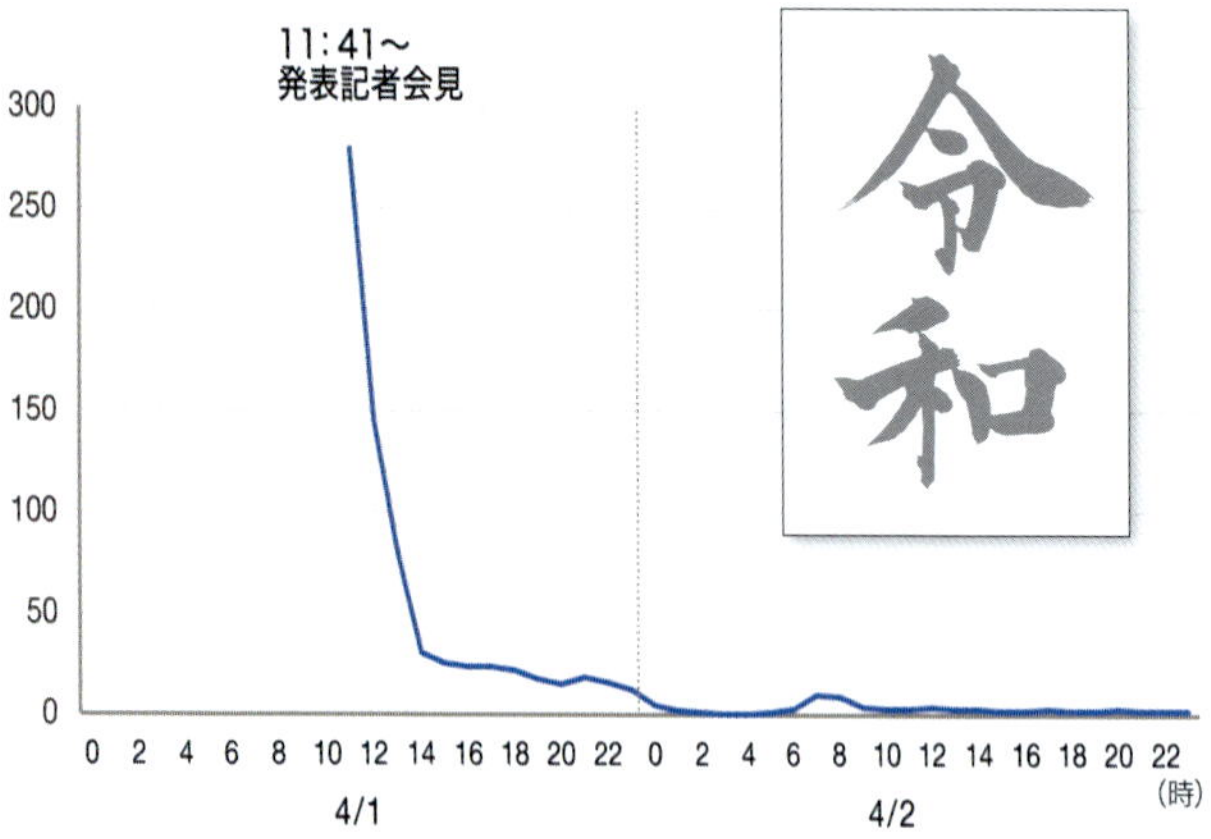

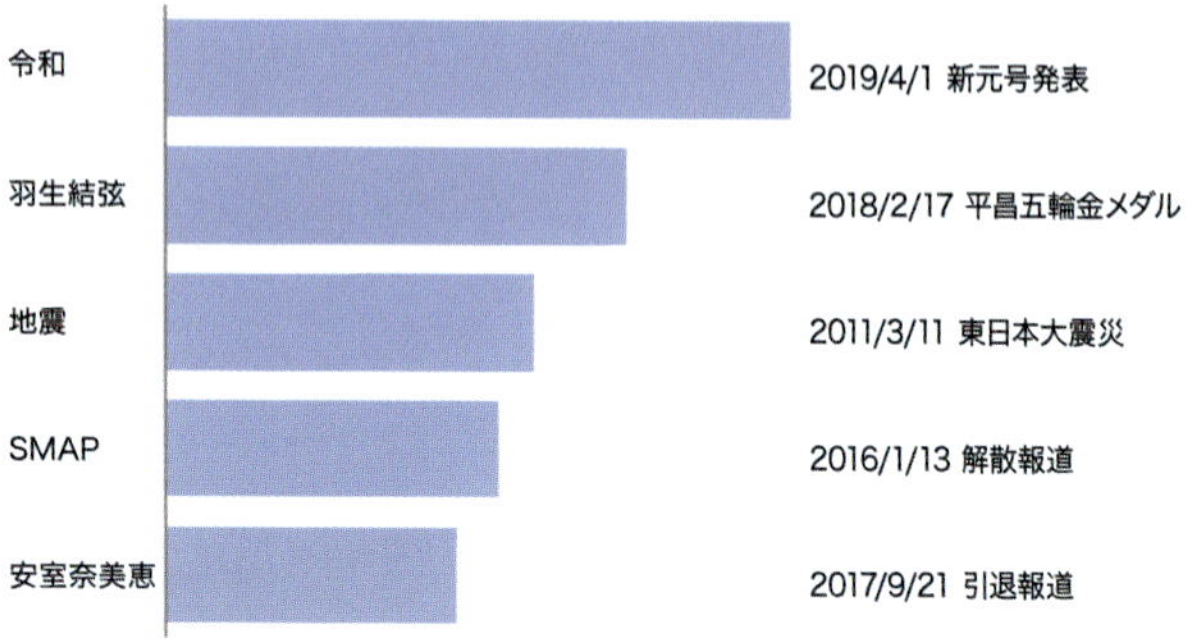

資料：Yahoo!検索データ

ていくと、「令和」の検索は、発表記者会見の開始直後に急激に盛り上がるが、数時間内には終息した様子である。

「令和グッズ」に「令和ちゃん」、知りたいことは？

続いて、「令和」と関連して検索されていたワードを調べてみたところ、「令和」の「意味」や「由来」について、特に多くの人が興味・関心を寄せたことがわかる。

具体的には、出典元となった『万葉集』に関するものが多数あった。この機会に実際に読んでみようと思った人も多いのか、「現代語訳」についての検索も見られる。

それから、「令和」の英語表記や略称に関する検索、Excelでの日付変換方法、「印鑑」というワードで検索している人々や、「れいわ」なのか「れいわ」なのか、イントネーションがどこに置かれるのかと気になっている人も多い。日常生活への影響や、仕事上での変更点を真っ先に考えたのだろう。

また、「令和Tシャツ」「令和コーラ」などの「令和」記念グッズをサーチしている様子の人もいれば、改元を記念する割引キャンペーンやバーゲンなど、新元号セールへの期待も、早々に高まっているようだ。

その他、「令和ちゃん」「令和さん」など、元号と同じ名前の人がいるかどうかや元号の

図表2-4-10
「由縁系」「実用系」「ネタ系」の分類別の上位検索ワード

		1	2	3	4	5	6	7	8	9	10
由縁系	意味・由来	令和 意味	令和 万葉集	令和とは	令和 由来	令和 万葉集 現代語訳	令和 出典	令和 梅	令和の令	令和 万葉集 梅の花	令和 語源
	地名・人物	令和 名前	令和 地名	令和町	川岸令和	令和株式会社	令和さん	令和駅	令和 会社	令和ちゃん	株式会社令和
実用系	読み書き	令和 アルファベット	令和 書き方	令和 読み方	令和 英語	エクセル 令和	令和r	令和re	令和 ローマ字	令和 イントネーション	令和 発音
	時期	令和 いつから	令和元年	令和元年度	令和元年はいつから	令和1年	令和2年	令和元年 令和1年	平成31年度 令和元年	令和 年度	令和 カレンダー
	買い物	令和 グッズ	令和 訂正印	令和 キャンペーン	令和 商品	令和 コーラ	令和 割引	令和 ゴム印	令和 お菓子	令和 tシャツ	令和 セール
ネタ系	ネタ	ゴールデンボンバー 令和	令和18年	令和イレブン	令和おじさん	カズレーザー 令和	令和 エスペラント語	令和大学	令和 未来人	令和ライダー	令和 コラ
	予想	令和 予想	令和 予言	令和 的中	令和 候補	令和 当てた人	令和 予想ツイッター	令和 予想した人	令和 予測	令和 当たった	令和 他の候補

資料：Yahoo!検索データ（2019年4月）

擬人化について調べている人、元号を発表した菅官房長官の呼称「令和おじさん」を検索している人、令和を予想した人物が誰かいないのかと気になっている人も、ちらほら見受けられる。ちなみに、これらの「ネタ系」の話題の検索者は、若年層が大半であった。

平成の時代に、一般の人々に一気に普及し、もはやわれわれの社会になくてはならない存在となったインターネット。その検索データから、新しい元号「令和」に対する人々の関心の度合いと、それぞれ新元号の何について興味があるのか、関連検索ワードについて調査した。

インターネットの普及により、メディアのあり方や人々の情報の取得方法、流行やヒットの生まれ方は大きな変革の途上にある。政治や社会に対する人々の興味・関心がどのように変化していくのかについては、追い続けていきたい。

(注)

野球、サッカー、競馬、ゴルフ、フィギュアスケート、F1、バレーボール、テニス、バスケ、格闘技、ラグビー、陸上、NFL、ボートレース、の関連ワードを含む。

2-5

検索量を分析すると、選挙の議席数予測は96%も的中する

検索されればされるほど、その政党の得票数が多い?——ネットの注目度とリアルの選挙結果に、相関関係はあるのか。Yahoo!検索やSNS投稿数を分析することで、選挙結果を大予測した。ビッグデータレポート誕生の原点となった調査。

一致率96%の衝撃

「ビッグデータ」という言葉が少しずつ広がり始めていた2012年末、私たちはデータの面白さとパワーを伝えるため、オンラインのデータから、リアルの世界の事象を解明することができないかと考えていた。

ちょうどその頃、米大統領選で「オバマの勝利」を完璧に予測した、ネイト・シルバーという天才的データアナリストの著書『シグナル&ノイズ』が米国で刊行され、大きな話題となっていた。

これは、不確実な未来を予測しうる可能性について多様な分野の成功例と失敗例をもと

に解説したものだ――なるほど、選挙予測ならば、ビッグデータを保有している私たちにも可能ではないか？　ヤフーに蓄積された膨大な検索データを使えば、様々な選挙の結果を事前に導き出すことができるのではないか？

私は当時のヤフーのデータアナリストの何人かに選挙前に声をかけ、数日後（２０１２年末）に行われた衆院選の選挙結果とウェブ上の行動の関係を確認してもらった。すると、早速彼らが持ってきた分析で、驚きの事実が発見された。**ある政党に関連するワードの検索量と、その政党の得票数の間に、非常に高い正の相関がある**ことが判明したのである。

「これは一大事だ！」と、年末の締日に分析結果をまとめたレポートを、ヤフーのとあるページの片隅にひっそりとアップしたところ、ＳＮＳやブログなどウェブ上で瞬く間に話題を呼んだ。

検索データと得票数の間にこれほどの高い相関があるなら、次回の選挙では、検索データから議席数を事前に予測できてしまうのではないか？

このアイデアを実行に移したのが、翌２０１３年の参院選である。

２０１２年衆院選での発見をもとに予測モデルを組み、検索データから、各政党の議席数を算出。参院選当日を迎え、実際の開票結果と照らし合わせてみると……なんと96％という驚愕の一致率であったのである。しかも、この予測値は、新聞などで幅をもたせて行われる一般的な選挙予測と異なり、ピンポイントの数値予測の結果であった。
この結果のレポートをウェブに公開したところ、選挙関連の出版社や新聞社をはじめ、「選挙予測業界」とされるメディアからの取材が殺到した。
この恐るべき衝撃予測のレポートを作成した中心メンバーの2人に登場してもらおう。「データ部隊の母」大瀧直子、そして「水物女王」阪上恵理だ。

大瀧　2012年12月16日に行われた第46回衆議院議員選挙の結果とヤフーのビッグデータの関連性を見てみようという話が出て、事前にいくつか仮説を立てて準備していました。選挙後にフタを開けてみると驚きの相関があり、急遽レポートとしてまとめることになりました。
年末最終出社日の夜まで作業をしてレポートを公開したところ、想像以上の反響をいただき、気持ち良くお正月を迎えられました（笑）。このときは選挙が終わってからの振返りでしたが、当てはまりがとても良かったため、その後の国政選挙では事前予測を、という流れになっていきました。

阪上　ビッグデータレポートでは主に政治系のレポートを担当してきましたが、実はもともと、政治はまったくの素人でした。政治的な読みに基づかないデータ解析からの予測としてここまで一致したことには驚いたのですが、素人だったからこそ、あまり幅を持たせることなく、検索データから予測してしまう、という、ちょっと無謀ともいえるような試みができたのではないかと思っています。

データのスペシャリストではあるが、政治についてはシロウト——ある分野のデータを分析する際、それについて知りすぎていないことは、実は大事なことだ。深く知っていればデータの予測をフラットに受け入れることは困難になるうえ、もし選挙業界の人たちに怒られてしまうことが事前にわかっていれば、こんな調査に挑戦することもなかったかもしれないからである。

それはともかく、まずは今から7年前、「検索データから得票数が予想できるのでは?」という素朴なアイデアを検証した、2012年衆院選の分析結果を紹介していこう。

Yahoo!検索は比例区、SNS投稿は小選挙区との相関が高い

2012年衆院選の分析において利用したのは、Yahoo!検索における各政党名の総検索数(①)、そして政党名への言及のあるSNS投稿数(②)である。それぞれ、選挙期間中

（２０１２年の衆院選公示日の12月４日から、投票前日である12月15日）に集計した数値を、小選挙区・比例区の得票数・獲得議席数と比較した。

順に、結果を見ていこう。まずはYahoo!検索の検索数（①）との関連について、興味深い関連性が見つかったのが、各政党の比例代表区の得票数である。

図表２－５－１は、各政党の比例区得票数を縦軸に、政党名の検索量を横軸にとり、当選した自民党の検索量を１とする指数にしてプロットした散布図である。

するとご覧の通り、多くの政党が一直線上に並んでいる。これは、検索量と得票数に非常に高い相関がある、すなわちネット上での注目度の高さは、実際の選挙での票の多さとかなり一致する、ということを示している。

ただし、その中でも一部の政党には特色がある。たとえば公明党は他の政党と比較すると検索量が少ない割に、しっかり得票数を獲得している。

逆に、「みんなの党」や「日本未来の党」（２０１２年11月結党、２０１４年12月解散）は、新興の政党として注目を集めたためか、検索数は多かったものの、それが必ずしも得票には結びつかなかったようだ。

続いて、ツイッターやFacebookなどのＳＮＳ投稿数（②）と得票数の相関を調べてみると、こちらは比例区ではなく、小選挙区の得票数結果との非常に強い関連性が見つかった。

図表2-5-1　政党名の検索数と比例区結果との相関

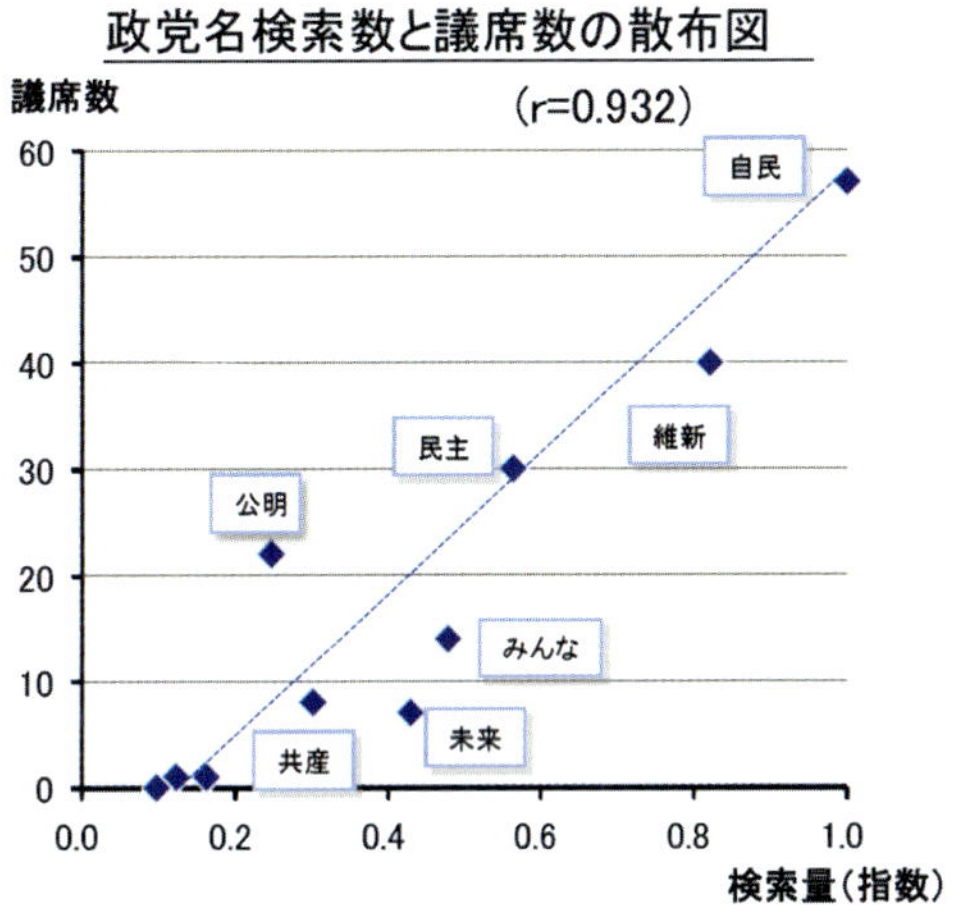

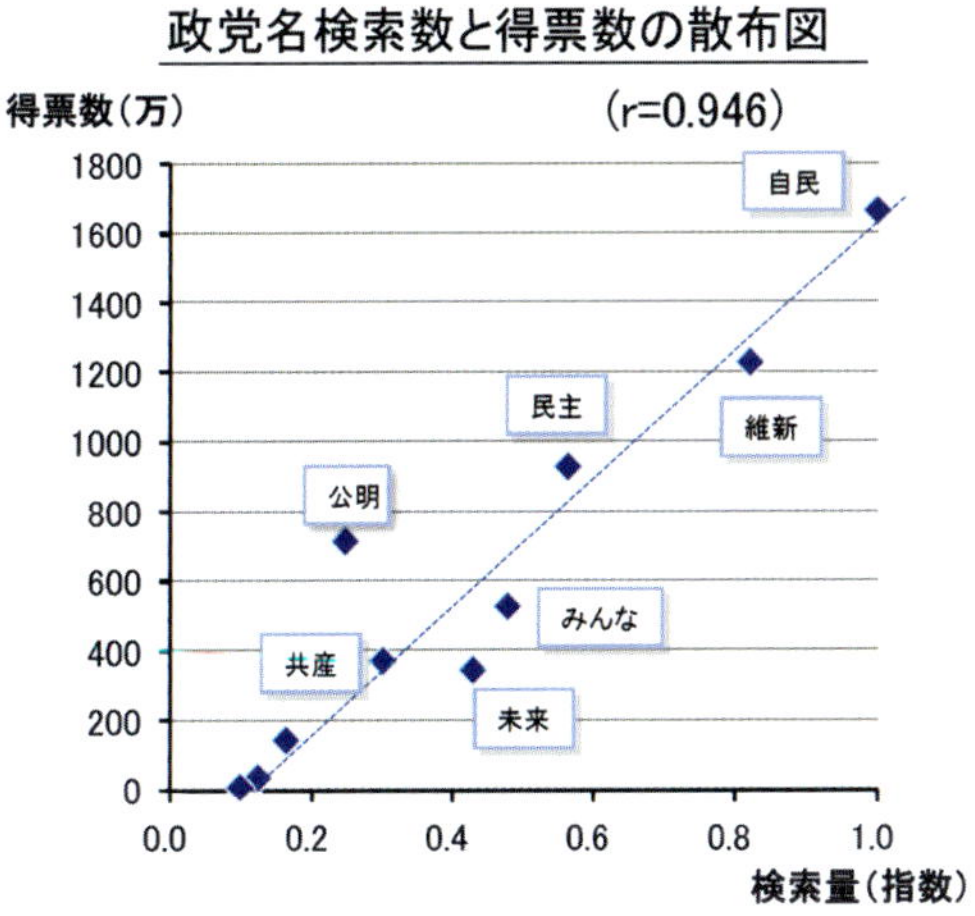

資料：Yahoo!検索データ（2012年12月4日～15日）

図表2―5―2に明らかなように、SNS投稿数は自民党が圧倒的、民主党が次点だが、両者が大きく抜きん出ており、他の多くの政党が左下に集中している。とはいえ、SNS投稿で言及されることの多い政党は、小選挙区での得票数も多いことがわかる。おそらく、SNSによるタイムリーな情報の受発信が、地元候補への関心度合いと直結しやすいためだろう。

いずれにしても、ネット上の注目度と得票数の関係には、予想を遥かに上回る、高い相関が見つかった。この関係性の強さに確信を得たわれわれは、翌2013年の参院選において、実際の予測に挑戦することにした。

「相関モデル」と「投影モデル」

データを使って何かを予測するときには、**現象と変数をつなぐモデルを作成する**ことが必要になる。2012年衆院選の分析結果をもとに、ビッグデータレポートチームでは、2つの選挙予測モデルを作成した。1つ目が「**相関モデル**」、2つ目が「**投影モデル**」だ(図表2―5―3)。

ごく簡単に説明すると、「相関モデル」とは、選挙の特定期間において各政党に関するインターネット上の注目度(検索量)と得票へのつながりやすさから得票数を推定するも

図表2-5-2　政党名のSNS投稿数と小選挙区結果との相関

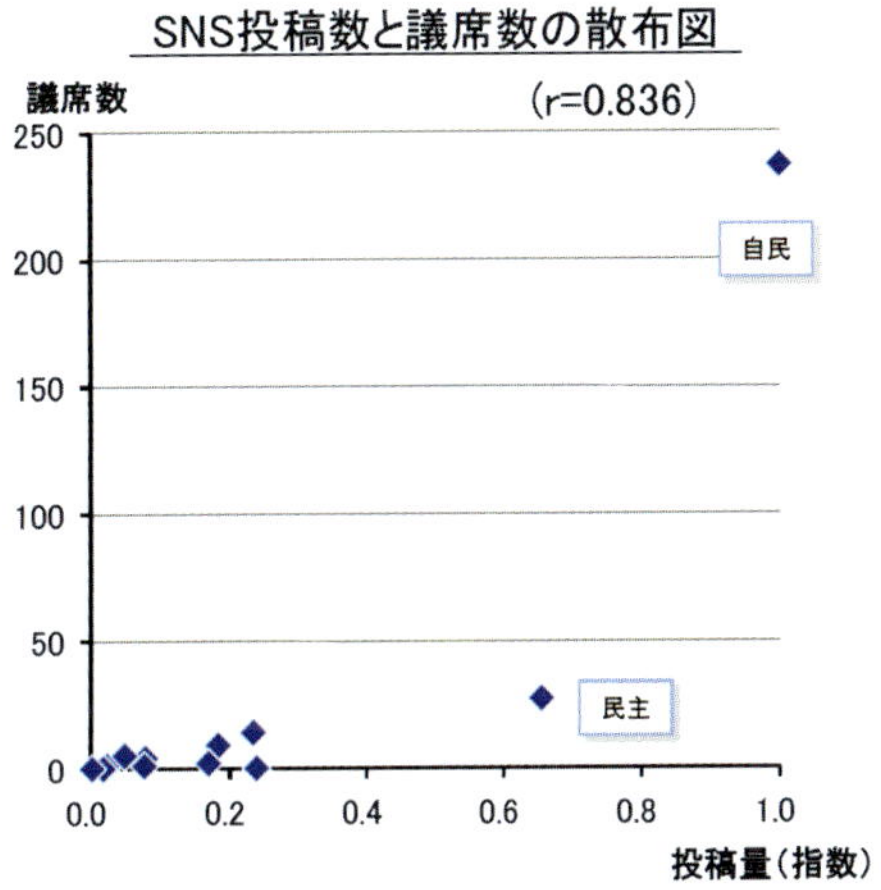

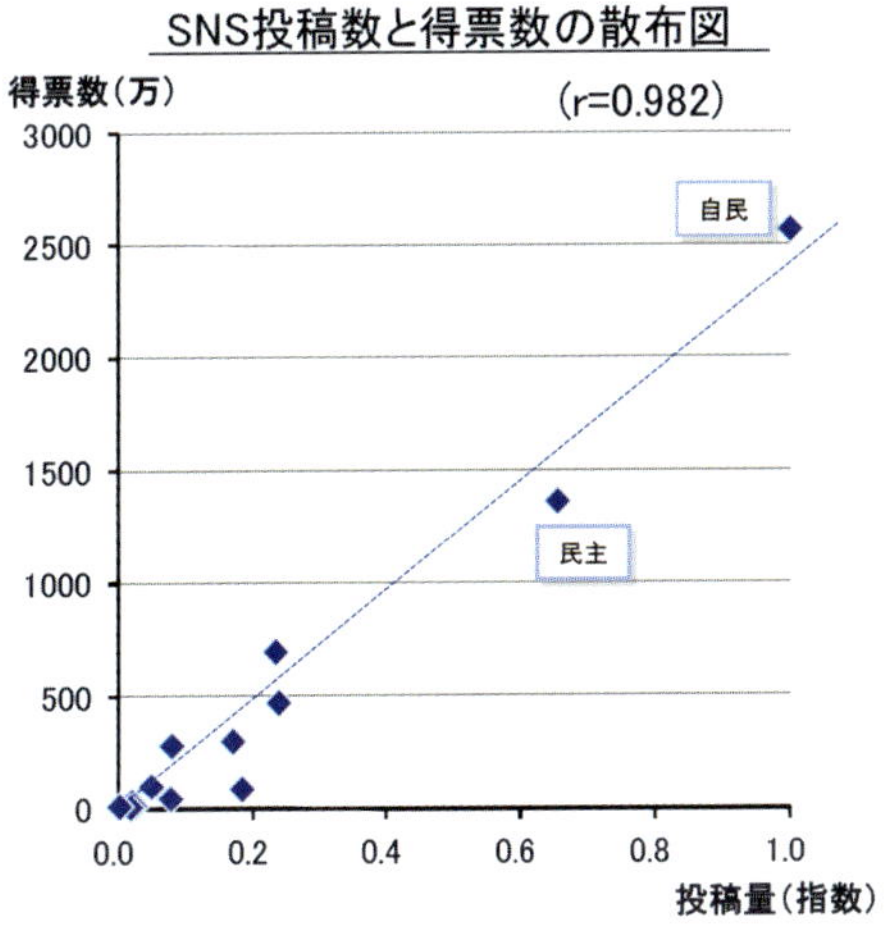

資料：Yahoo!リアルタイム検索データ（2012年12月4日～15日）

図表2-5-3　予測モデルの2つの重要要素

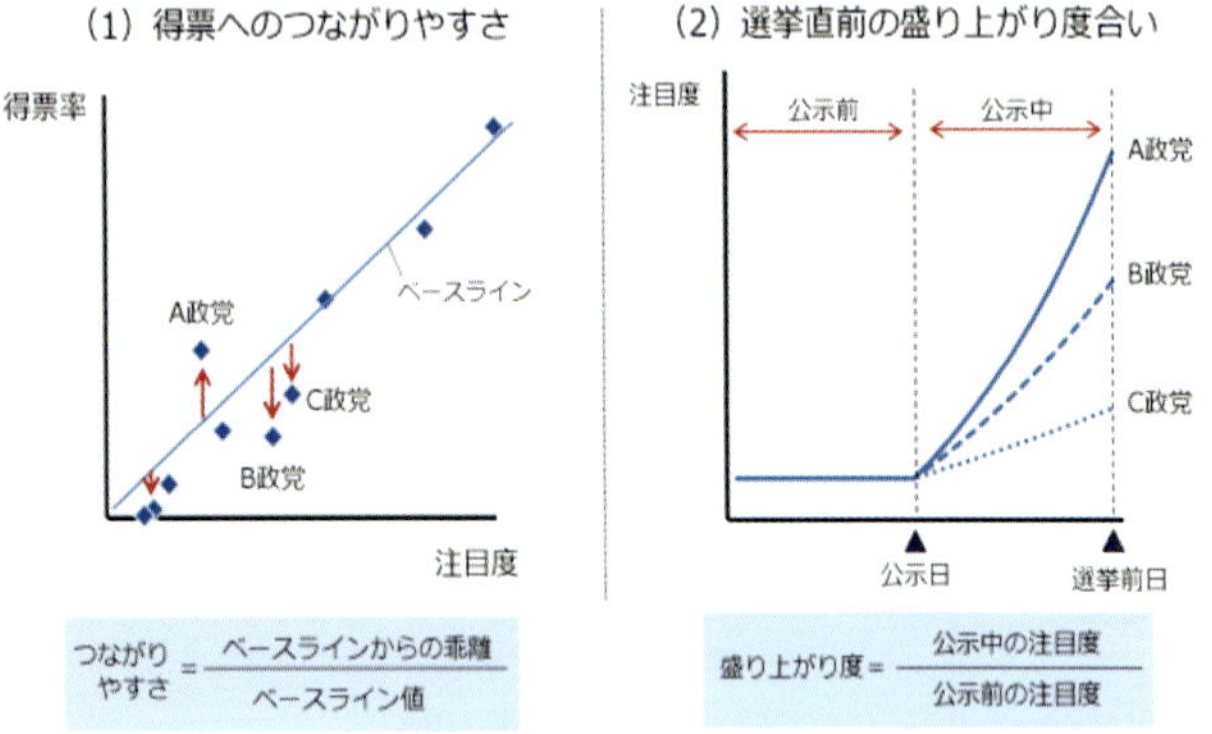

図表2-5-4　2013年参院選全体の予測と結果比較

（議席数、計121議席、予測は7/19最終版のもの）

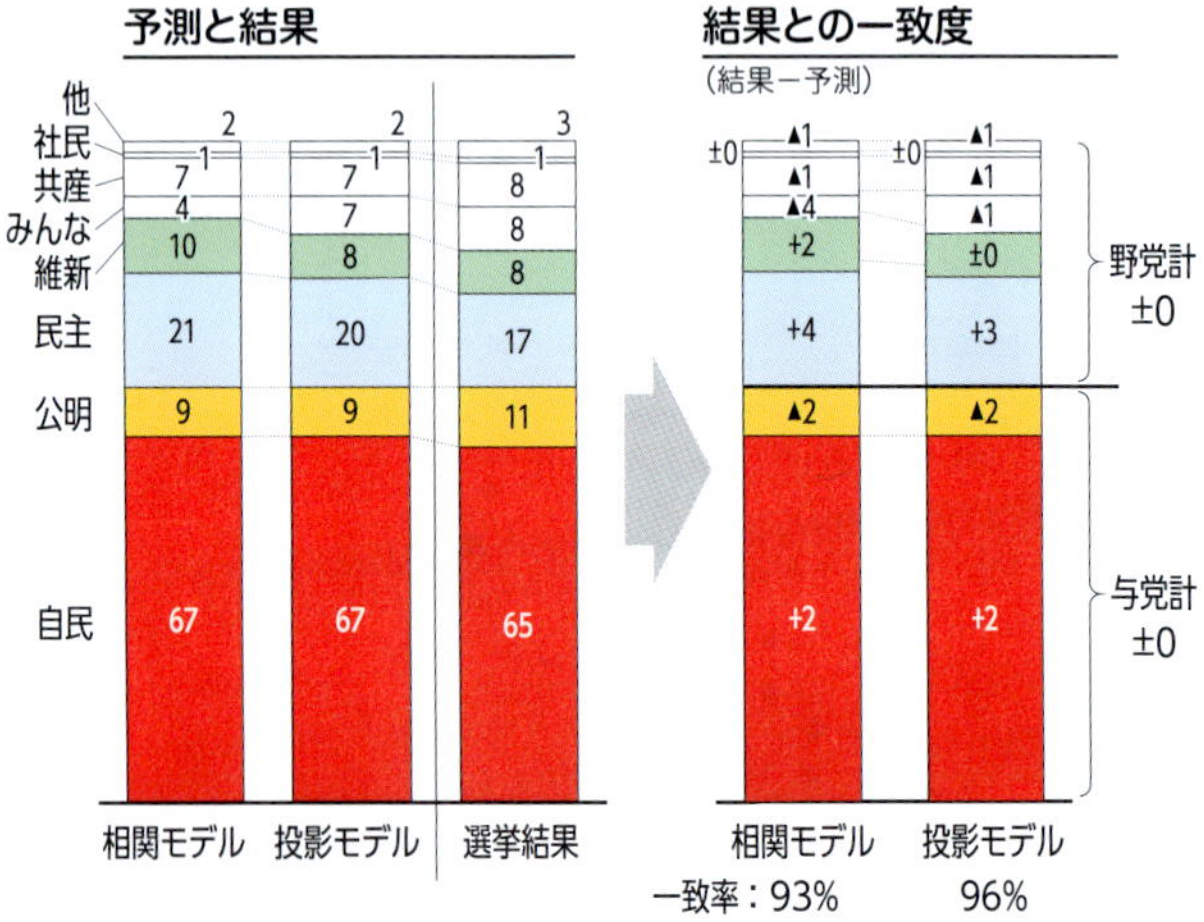

資料：Yahoo!検索データ、参院選結果データ

の。「投影モデル」とは、検索量と得票数へのつながりやすさに加えて、政党ごとに公示日の前後で検索量がどれほど変化するかを予測し、かけ合わせたものである。

２０１３年の参院選では、「相関モデル」と「投影モデル」、それぞれのモデルで予測を行った（２０１３年６月17日〜７月16日のデータを使用）。その結果が、図表２－５－４だ。比例区と選挙区の数字を足し合わせた、参院選全体の獲得議席数を示している。左のグラフにあるように、事前の予測値は、相関モデルと投影モデルで、ほとんど同じ値であった。そして実際の選挙結果と照らし合わせてみると、相関モデルは93％、投影モデルは96％と、どちらも9割を超える一致率で的中していた。

予測と実際の結果を詳細に比較するため、各都道府県ごとに見てみよう。選挙区の結果について、「相関モデル」と「投影モデル」の各都道府県別の予測値を実際の結果と比較し、日本地図を「当選政党がすべて一致」「当選政党が一部一致」「不一致」の３段階に色分けしたのが、図表２－５－５、図表２－５－６である。

ほとんどの都道府県で完全一致となったことがわかる。特に、両モデルともに西日本での一致率が高く、「投影モデル」では、沖縄県を除くと、東北と関東以外で完全に予測と一致した。

完全に不一致となったのは、「相関モデル」「投影モデル」ともに、沖縄県と岩手県の２

図表2-5-5　参院選選挙区の予測と結果比較
：相関モデル

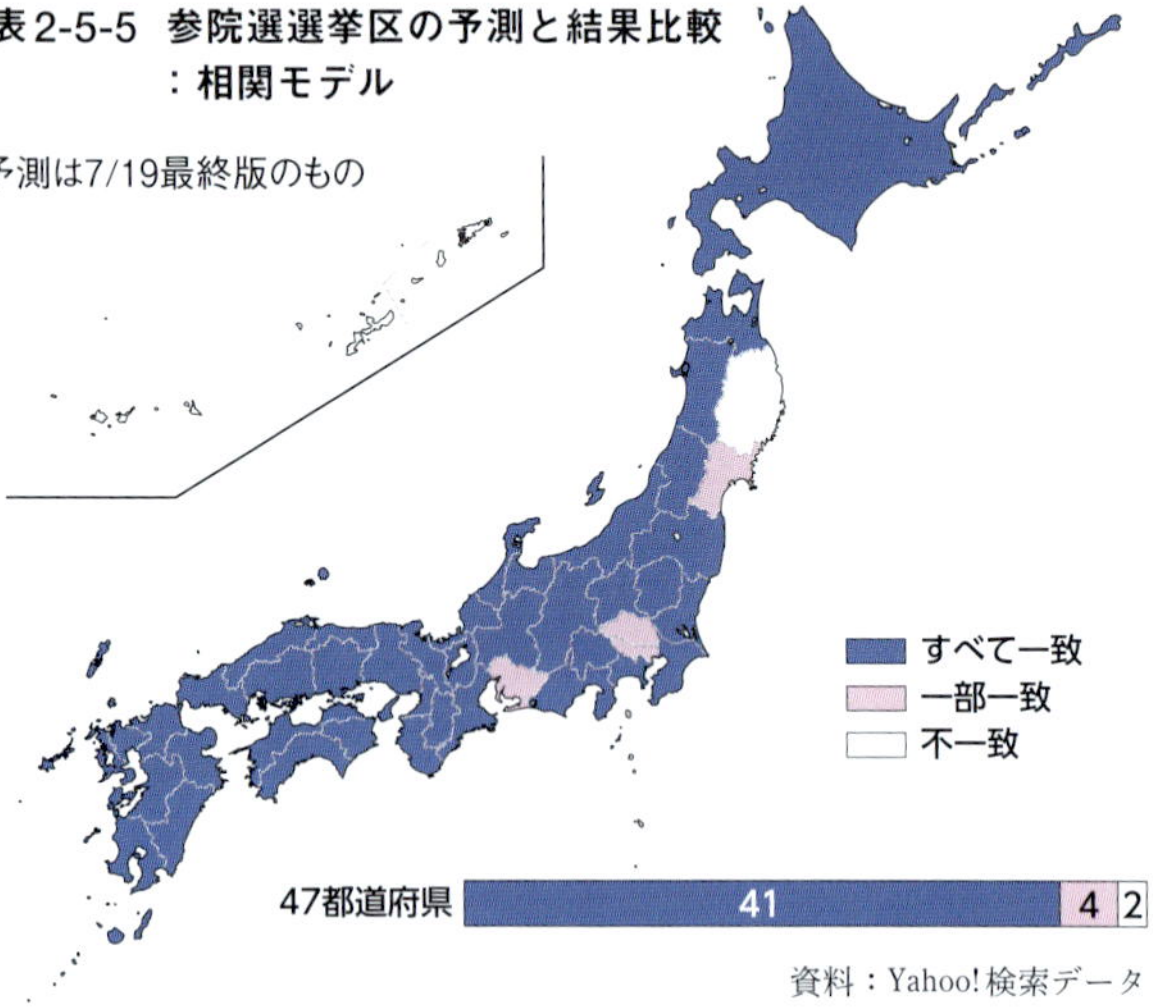

資料：Yahoo! 検索データ

図表2-5-6　参院選選挙区の予測と結果比較
：投影モデル

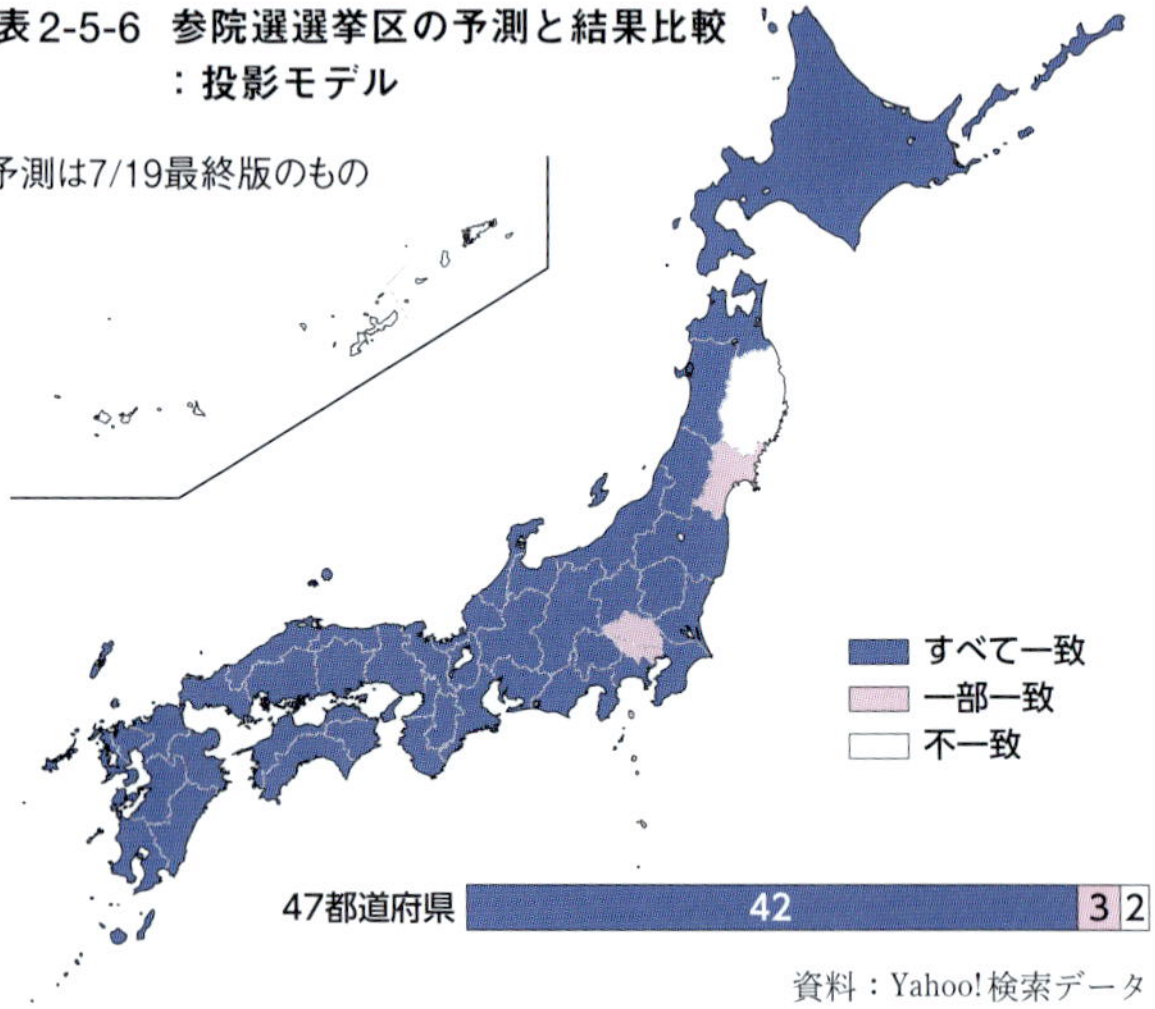

資料：Yahoo! 検索データ

県。両者に共通するのは、「自民党と予測していたが、諸派もしくは無所属候補が勝った」ということだ。今回の獲得議席予測は両モデルともに〝政党名〟をベースに予測しており、一部諸派や無所属については、予測の対象としていなかった。

また、東京都に関しては、両モデルともに的中したのは全5議席中3議席のみとなったが、これも同様の要因によるものと考えられる。この結果から、諸派や無所属の候補に対しては、異なるアプローチを検討する必要があるという反省を得た。

2013年参院選、初めての選挙予測レポート公開から本書刊行時の直近2019年の参院選に至るまで、私たちが行った国政選挙や各市長選挙の予測回数は計7回にのぼる。予測のたびに、前回の結果を踏まえ、モデルをアップデートしていった。

分析にあたって細かな調整を繰り返した試行錯誤の軌跡は、ウェブ上に記されている。データ分析の方法やその過程に関心のある方は、左下の二次元コードからぜひアクセスしてみてほしい。

公明党得票率の謎の周期

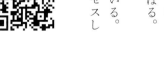

2013年参院選、初の選挙予測において、リアルの政治とはまったく関係のないネットの検索数というデータから96％という極めて高い的中率が得

られたことは、予測した私たち自身にとっても大きな驚きであった。以降の国政選挙や市長選の予測の的中率もすべて8〜9割に達し、ネット上の注目度による得票数の予測はかなりの程度有効である、ということが証明されたといってよいだろう。

ただ、それでも100％というわけではない。毎回必ず、数％ほど予測が外れるのであるが、実は、この誤差ともいえるようなハズレの部分が、非常に興味深い事実を示していたりもするのである。

たとえば、過去のほとんどの選挙において、注目度と得票率にほとんど相関がなく独自の動きをする政党がある。

その典型的な例が先ほども言及した公明党だ。一般的に自民党や民主党をはじめほとんどの政党では注目度が高いほど得票率も上がるという高い相関があるのに対し、公明党の得票率は注目度の高低と一切相関していないのだ。

無関係であるばかりではない。1998〜2016年の国政選挙の結果を調べてみたところ、公明党の得票率には、謎の周期的変動が見られた。一定の範囲内で波打つサインカーブが見られるのである（図表2-5-7）。

一体、何の周期なのか？　この謎を、手持ちのデータから読み解くことは不可能である。しかし、この結果を受けてわれわれも、これまでの選挙予測に際して公明党に限っては「相関モデル」や「投影モデル」を使わずに予測を行ってきた。ある意味で、この周期自体が公明党得票率のモデルだとも言える。

盛り上がりという「追い風」

ここまで見てきたように、選挙が近づき世間で選挙関連の話題が目立ち始める頃、人々の政党に対する検索数は大いに増加する。だが、それほど関心が高いのはあくまでも選挙期間に限られており、普段の検索データを見てみると、政党に関連する検索数は決して多いとはいえない。政党関連の検索は選挙期間外の平時の状態から選挙期間にかけて一気に増加する。いわば検索量の「盛り上がり」現象が生じるのだ。

図表２－５－８は、２００７年から２０１３年までの５回の国政選挙における主要政党の「盛り上がり度」の変化を表したものである。

これらのグラフからわかるように、いずれの政党も盛り上がり度は選挙ごとに大きく異なる。勝ち負けの観点から見ると、ある選挙において大勝した政党はその選挙での盛り上がり度が高い傾向にあることがわかった。

たとえば自民党が圧倒的勝利を記録した２０１３年参院選は、他の政党を大きく引き離し、自民党のみが大きく盛り上がっている。また、民主党政権が誕生した２００９年の衆

図表2-5-7　公明党の得票率の予測と結果：比例区

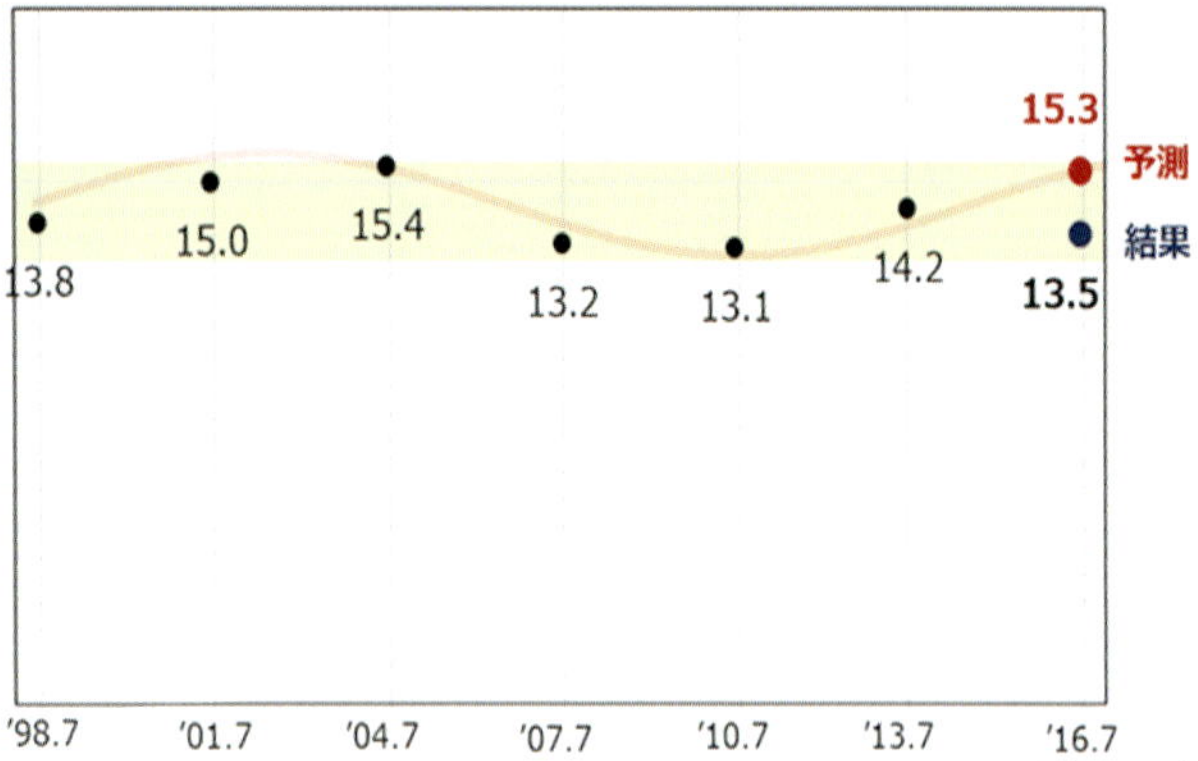

（単位：%）

予測値15.3%に対して結果は13.5%となり、周期性からのズレが発生したが、ゆらぎの範囲内に収まった。

公明党の得票率の予測と結果：選挙区

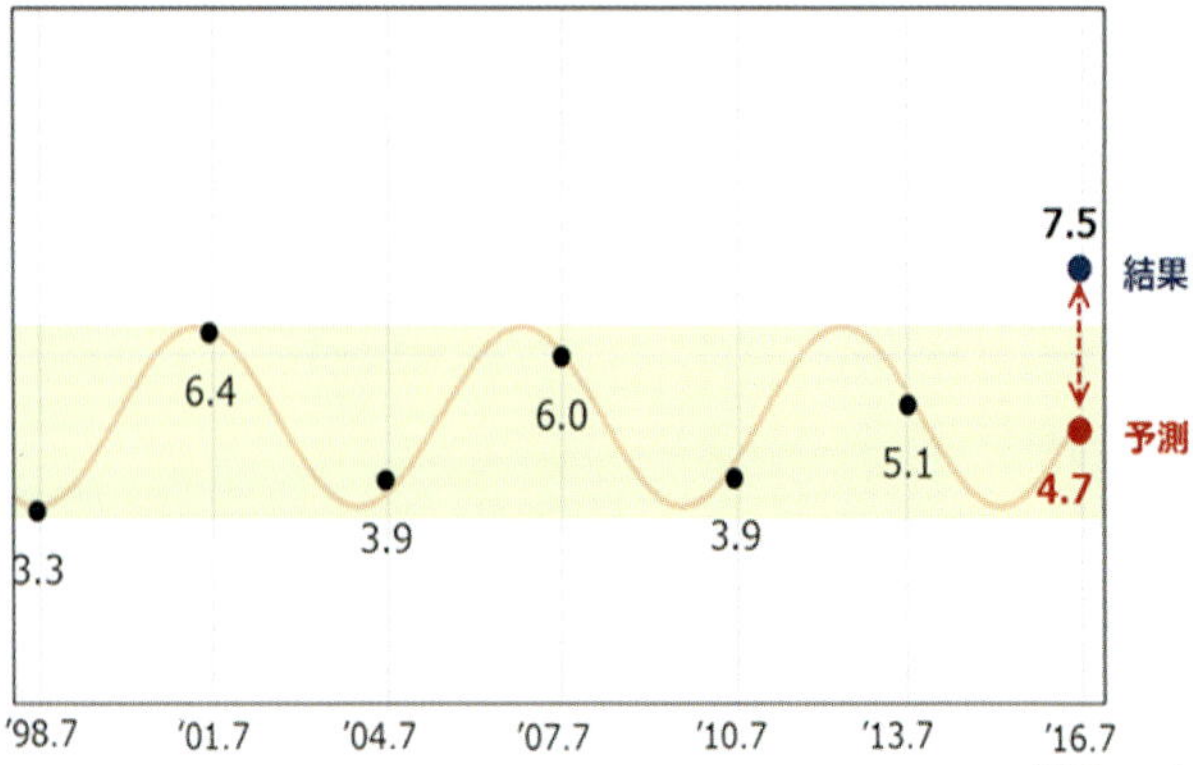

（単位：%）

資料：選挙結果データ

図表2-5-8　主要政党の「盛り上がり度」の変化

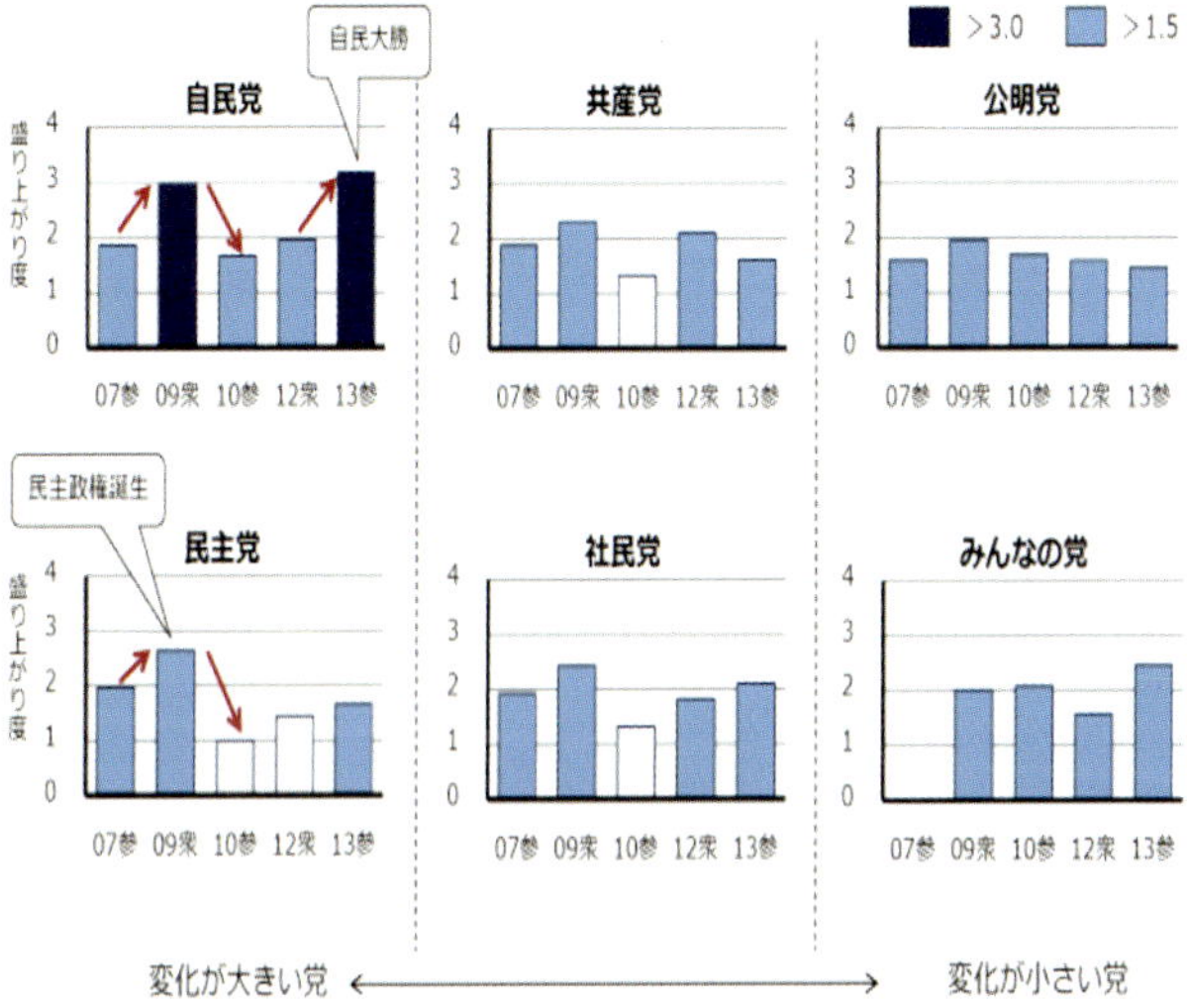

資料：Yahoo! 検索データ
2007年参院選、2009年衆院選、2010年参院選、2012年衆院選、2013年参院選

院選では自民党・民主党ともに大きく盛り上がりを見せ、両党が激しくぶつかり合う選挙であったことが読み取れる。

この「盛り上がり」は、その選挙において政党に吹く「追い風」と捉えることができるだろう。各政党の「盛り上がり度」はその「風」の強弱をあらわす指標といえる。紙幅の都合上、本書では詳しく解説することができないが、第二の予測モデルとして紹介した「投影モデル」とは、この盛り上がり度を加味して作成したものである。

「最近、○○党はキテる気がす

る」「△△党、なんだか急に注目され始めたんじゃない？」――感覚ではわかるが直接目には見えない「勢い」という要素も、データを分析することで量的に可視化できてしまうのだ。

なお、これに関して選挙予測のレポート作成の過程でわれわれが発見したのが、選挙前から選挙時期にかけての「盛り上がり」方には、政党ごとに特色があるという事実であった。たとえば、自民党や共産党は、選挙時期に入るとあたかもお祭りのように一気に盛り上がるのに対し、民主党はクールに平常心のままだ。これらは政党のカラーなのか、目には見えない政治力によるものなのか、詳細は不明である。だが、いずれにしても、盛り上がり方にはある程度定まったパターンがあるという点は、非常に面白い。

圧倒的に検索されたあの落選候補者

さて、これまでは政党名という組織に関する検索について分析してきたが、次に立候補者に関する検索に着目してみよう。２０１２年衆院選の検証においては、小選挙区の候補者のネット上の注目度と当落の関係性についても分析を行った。候補者名の検索数、ＳＮＳ投稿数をそれぞれ指数化して足し合わせたものを「注目度」として設定し、その指数と、得票数や当落結果について比較した。

図表2―5―9は、全候補者の注目度の分布のグラフ、図表2―5―10は注目度の数字を全体で3等分し、上位からそれぞれ「Heavy（注目度：高）層」「Middle（注目度：中）層」「Light（注目度：低）層」（HML層）に分けたグラフだ。

2012年12月の衆院選において、小選挙区で立候補者数は全1294名であったが、注目度で集計すると、検索されたりSNSで頻繁に投稿されたりと、ネット上で注目されていた候補者名はほんの一握りだったことがわかる。

特に、立候補者名の全検索数＋SNS投稿数の3分の1が、上位のたった24名に偏っていたことは注目すべき結果だ。

次に、H・M・L層と小選挙区の当落状況を、クロス集計（複数の分析軸をかけ合わせて集計する手法）した（図表2―5―11）。

注目度が非常に高いH層の候補者たちは概ね得票数も多い。圧倒的に大勝して当選するか、もし落選するとしても僅差というところだ。良かれ悪しかれ、話題を集めれば集めるほど、注目する人が増え、結果的に得票につながりやすい、と捉えられるかもしれない。

M層の候補者たちについては、大敗を喫することはほとんどなかったものの、H層に比べて当落の境界線上にいる候補者が激増している。さらに注目度の低いL層になると当選者数は激減し、注目度が低くなるほど得票率も減少する傾向が顕著であった。

図表2-5-9　候補者の注目度分布

(注目度=検索数+SNS投稿数。検索数、SNS投稿数ともに最多候補者を100として指数化、対象は小選挙区候補者1294名)

検索数とSNS投稿数を足し合わせた注目度指数は、一部の候補者に集中していた

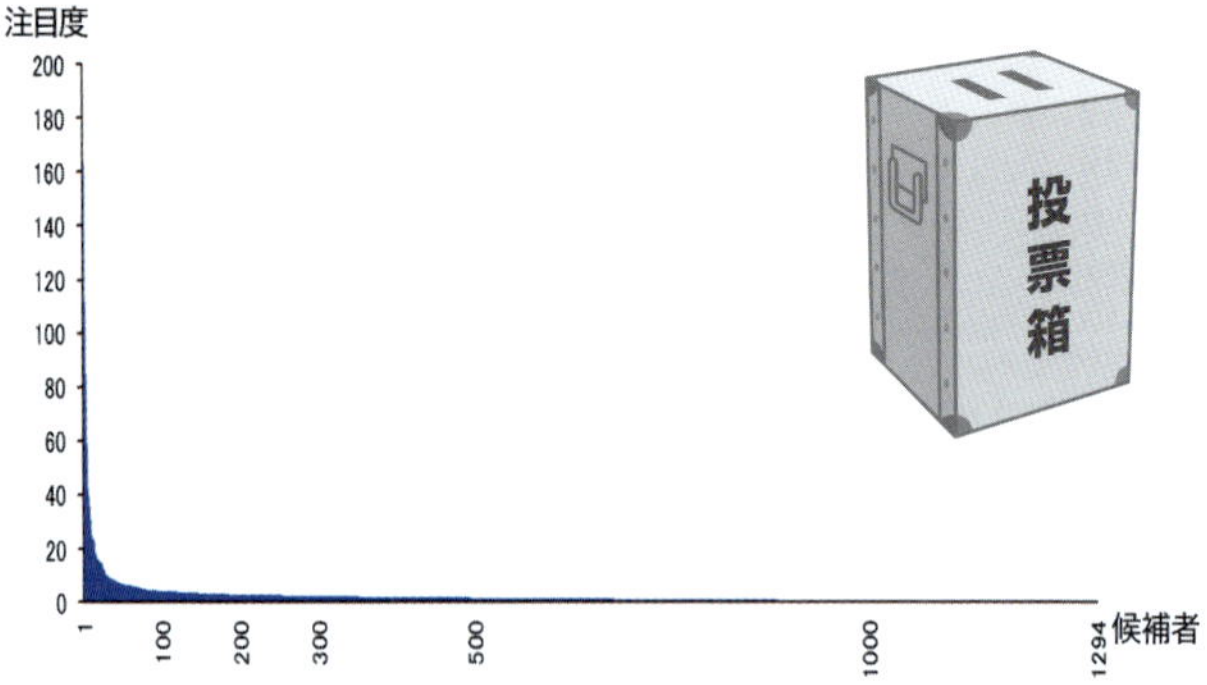

資料：Yahoo!検索データ、Yahoo!リアルタイム検索データ（2012年12月4日～15日）

図表2-5-10　候補者の注目度HML区分

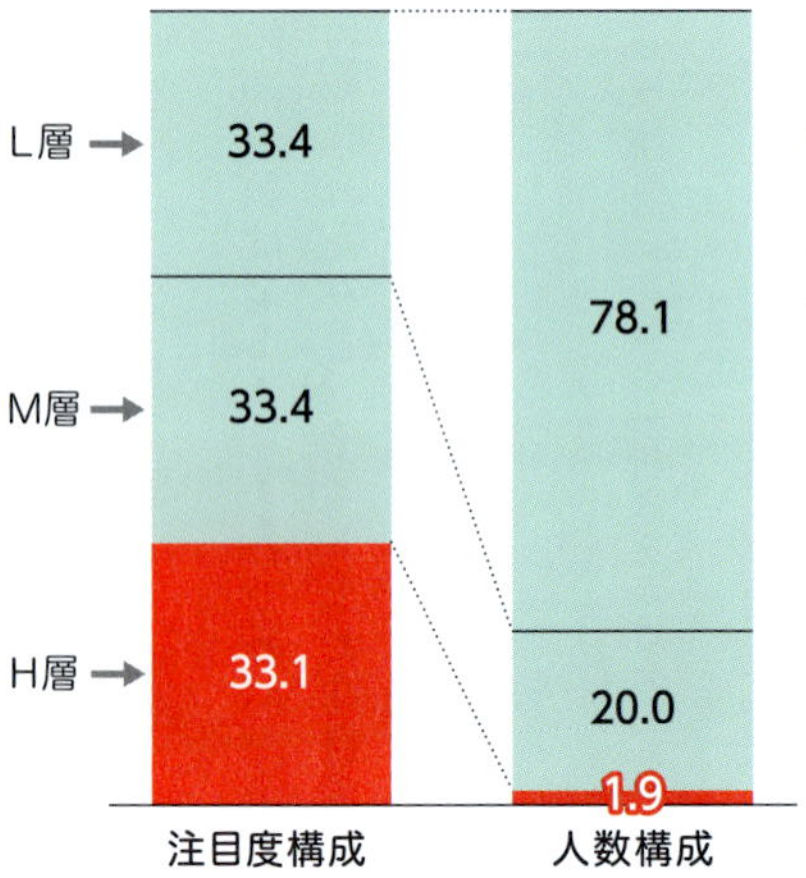

100%＝1294人

（%、対象は小選挙区候補1294名）

注目度順に1/3ずつに分けHMLとしたところ、注目度上位はわずか1.9%の候補者で全体注目度の1/3を集めていた

資料：Yahoo!検索データ、Yahoo!リアルタイム検索データ（2012年12月4日～15日）

図表2-5-11　注目度HML別の当落状況構成

注目度H層は大勝する率が高かった一方、M層では僅差で勝ったり負けたりした接戦の候補者が多かった

（%、対象は小選挙区候補者1294名）

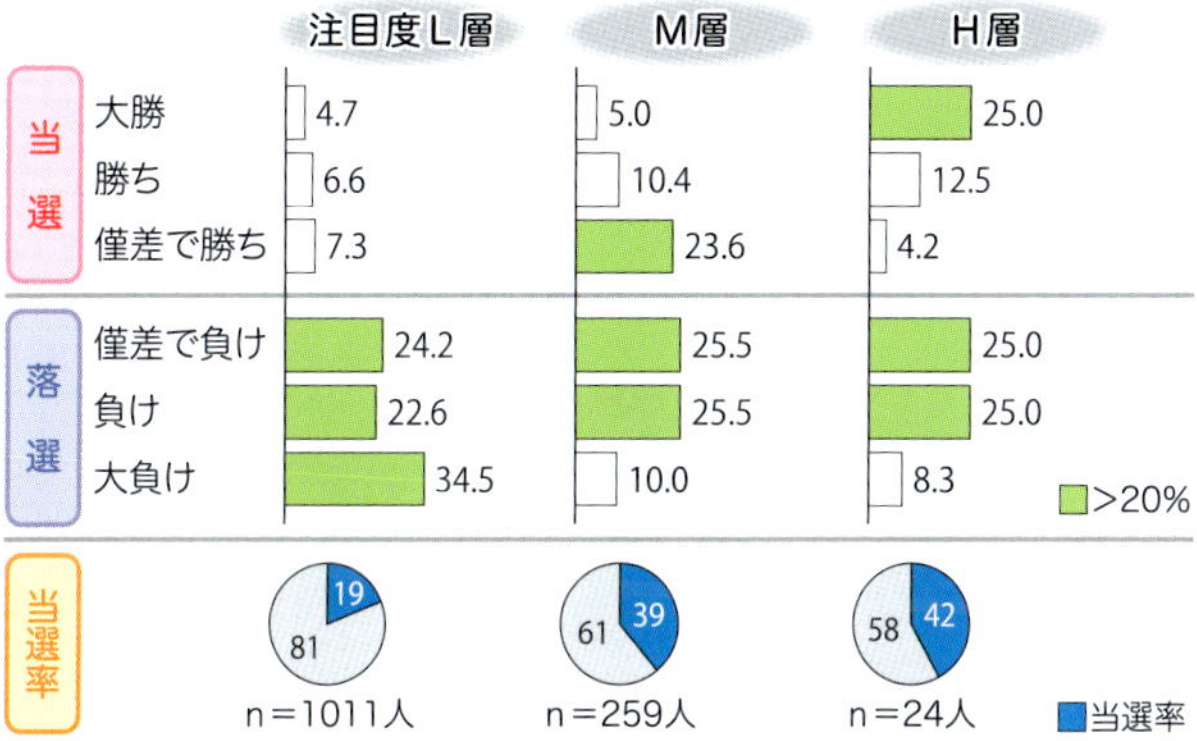

資料：Yahoo!検索データ、Yahoo!リアルタイム検索データ（2012年12月4日～15日）、Yahoo!みんなの政治

加えて、小選挙区の候補者各々の注目度トップ50の上位層について当落をまとめてみたのだが……ひとり、著しく突出している候補者がいることに気付く。安倍晋三氏を差し置いて注目度1位に躍り出たのが、無所属で立候補した山本太郎氏である。

彼のすさまじいタレント性というべきか、圧倒的なSNS投稿数は、彼がメディアやネット上であれこれと騒がれ、取り沙汰された形跡を思わせる。

この2012年衆院選において山本氏は惜しくも次点で落選したが、翌年の2013年参院選ではさらに勢いをつけ、初当選を果たした。ち

なみに、その参院選での「山本太郎」の検索量は、選挙当日の4日前から急激に増加し、個人でありながら全国の各政党名の検索数を大きく上回った（図表2－5－12、図表2－5－13）。

さらに7年後の2019年、令和初の国政選挙において「れいわ旋風」を巻き起こした山本氏の躍進ぶりを見ていると、これらの結果も、なかなか興味深いものに思えてくるだろう。

どんな顔か調べても、投票はしない

さらに、当選・落選議員それぞれの注目度上位30人を抜き出し、各々の候補者名と関連して検索されているワード上位20個を集計してみた。その結果が図表2－5－14のグラフだ。すると、当選する議員と落選する議員とで、それぞれ関連して検索されるワードに特徴があることがわかった。

たとえば、当選議員については、「街頭演説」や「選挙区」といったワード群と一緒に検索されている傾向がある。反面、落選議員は「画像」や「動画」、さらには「結婚」（！）とともに検索される傾向があった。どのような人物であるかを興味本位で調べてはみるものの、実際に投票するまでには至らない、という検索者の心理を窺うことができる。

他に特徴的なワードとして、「子供」が挙げられる。落選議員はゼロであるのに対し、

図表2-5-12　2013年参院選での「山本太郎」の検索量推移

（公示7月4日の自民党の検索量を100とした指数）

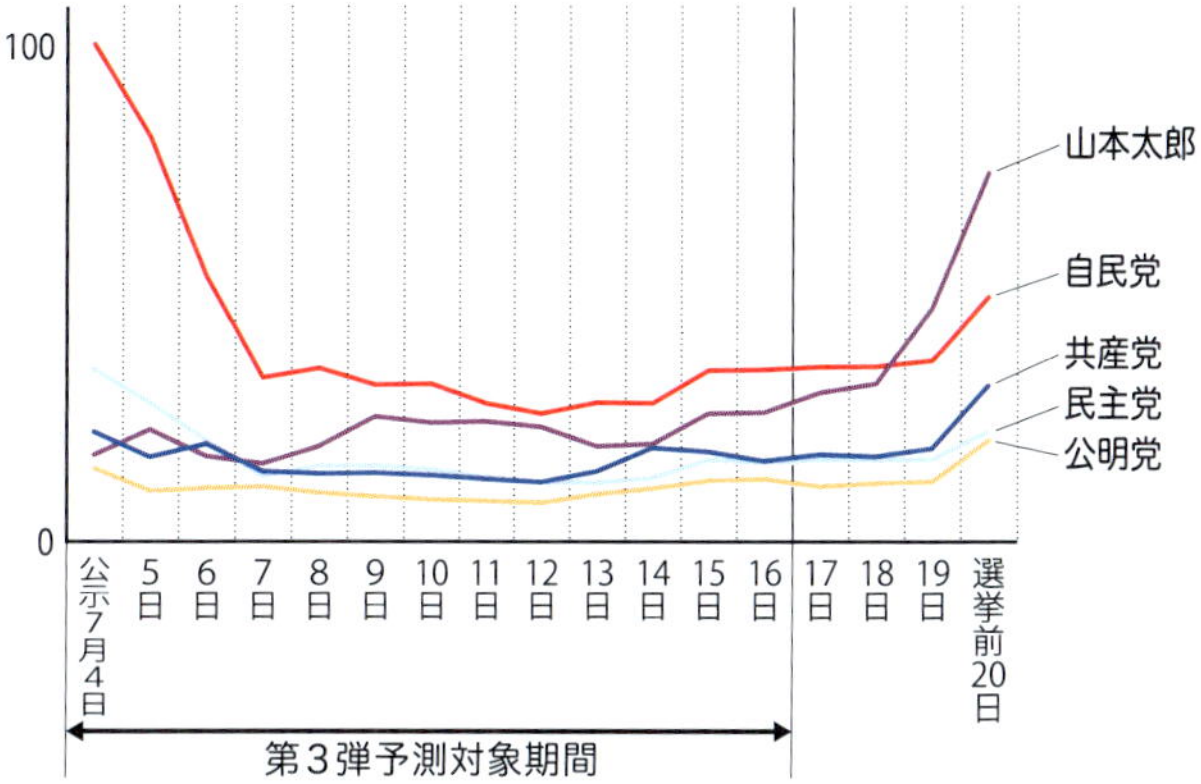

資料：Yahoo! 検索データ

図表2-5-13　2012年衆院選と2013年参院選の投票前日までの1週間の「山本太郎」検索量推移

（投票7日前の検索量を100とした指数）

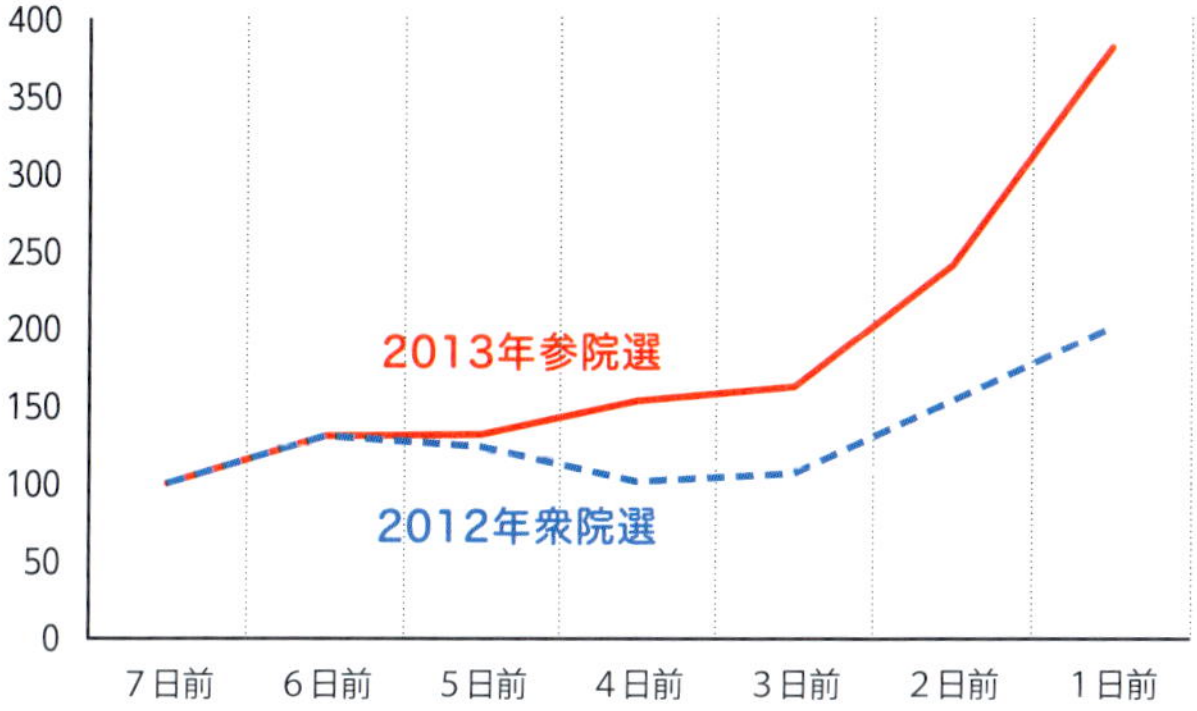

資料：Yahoo! 検索データ

図表2-5-14　当選・落選議員の検索頻出第2ワード

街頭演説が調べられている議員は、当選可能性が高そうだ

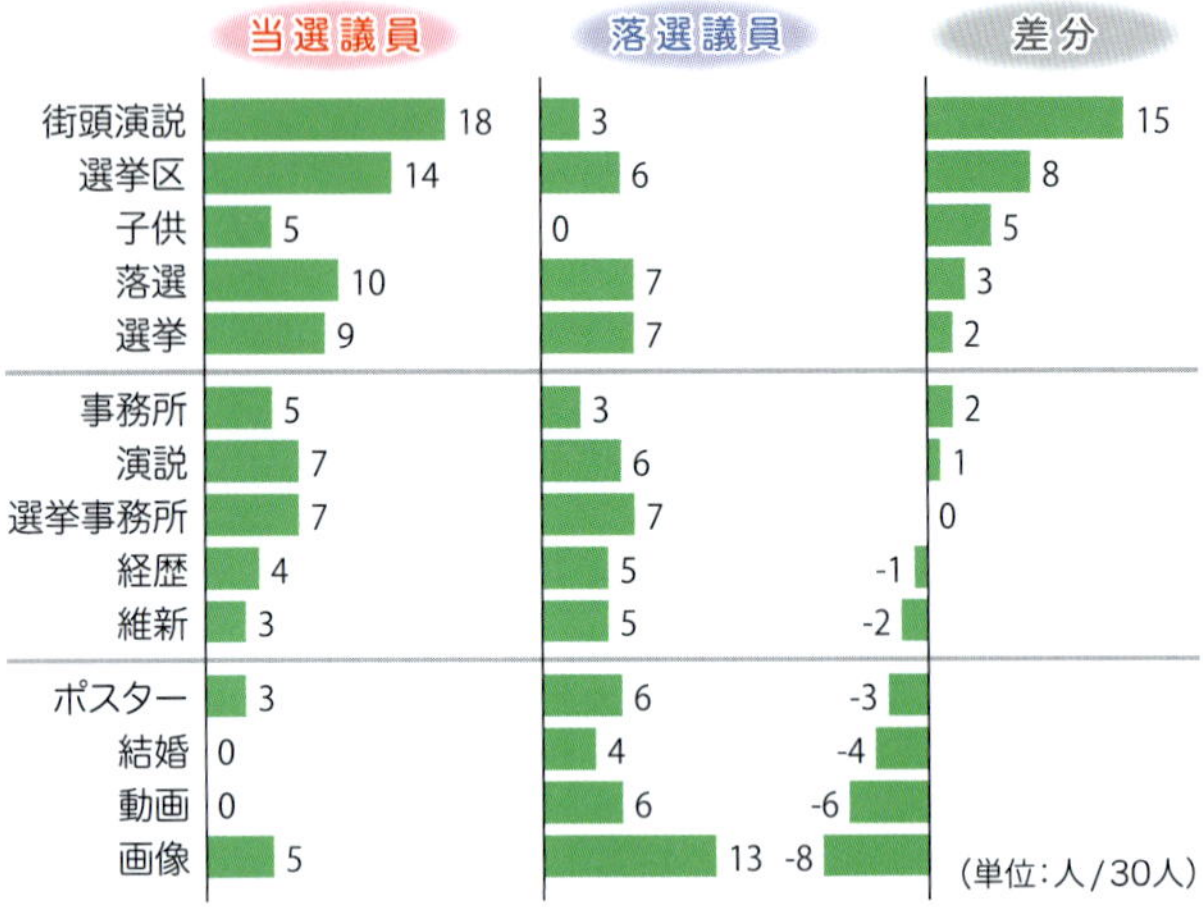

※当選・落選議員それぞれの話題上位30人の検索第2ワードを20位まで抽出し、出現数の多いものを抜き出した。資料：Yahoo!検索データ（2012年12月4日～15日）

当選議員は比較的多く検索されている。自分の投票する候補者に子供がいるかどうかを気にしているのだろうか、それとも2世議員への関心が高いのか。一見、政策とは直接の関係がないようにも思える候補者のプライベートな要素に対しても、投票者は強い関心を寄せているといえそうだ。

データは決して完璧ではない

「公明党の謎の周期」の部分でも触れたように、われわれの選挙予測の精度は、100%ではなく、予測においては必ず、多かれ少なかれ誤差が生じる。なかには思わ

ぬ箇所で大きく外してしまい、その理由もはっきりと明らかにならなかった回もある。

予測分析をする際の難しさは様々であるが、特に悩ましいのは、ある政党や立候補者に対する人々の興味が、必ずしも投票まで結びつかない場合である。

たとえば2017年の衆院選、当時の東京都知事・小池百合子氏が中心となって立ち上げた「希望の党」をはじめとして、誕生したばかりの政党は注目度が高い傾向にあった。また、先述した山本太郎氏のように、候補者の人柄やキャッチーな言動に関心が集まり、検索数やSNS投稿数が急上昇する、といった事態も生じる。

これらの場合、人々が単なる興味本位で検索してみたり、応援ではなく批判のためにSNSで言及する、といった理由から、必ずしも投票行動に結びつくとは限らないのだ。毎回の予測のたびに、前回の反省を踏まえてモデルの前提を設定し直してきたが、日々、刻々と移り変わる人々の興味・関心をどのようにモデルに取り込むかは、今後も検討を続けるべき課題といえる。

ただ、ここでぜひみなさんに認識してほしいのが、データは決して完璧ではない、ということである。驚くほどの高い相関が見られても、当然ながらバラツキや誤差は発生する。理屈では答えられない結果が出てしまう、思わぬところで予想を大きく外れてしまう――そんな不可解な事態に遭遇してしまうのも、現実の事象をデータで分析する醍醐味だと考えている。

よく、「データは常に正しい真実そのものである」と考える人もいるのだが、そのような発想自体、データというものに対する大きな誤解である。本質的にデータは世の中の実体に対する影のようなものに過ぎないからだ。データの重要性がますます高まりを見せる時代にこそ、その欠点や落とし穴を含めてしっかりと把握したうえで、データ・ドリブン思考を実践していくことが大切だ。

2-6

今の景気を予測することは、どこまで可能か？

Yahoo!検索の約75億種類の検索キーワードのデータを最大限に活用し、「Yahoo! JAPAN景気指数」を独自に算出すれば、景気をリアルタイムに把握することも可能である。

景気指標を作ってしまおう！

景気に関するニュースは、新聞やテレビで、毎日必ず流れてくる。景気というものを数値化し、客観的に確認できる指標として定められているものとして、日銀短観や国内総生産（GDP）、景気動向指数などが発表されている。

しかし、これらの指標は、ある問題点を抱えている。それは、「今」の景気の状態を知ることができない、ということだ。既存の景気動向指数の指標が発表されるのは3ヵ月に1度。調査から発表に至るまでには1〜2ヵ月かかる。これはちょっと遅すぎないだろうか？　あとになってから、「実は、1〜2ヵ月前の日本は、すごく景気が良かったんですよ」とお知らせされても、あまり嬉しくはない。

私はかねがね、景気指標に対するこんな悶々とした思いを抱えていたのだが——あるとき、ふと思い立った。不満があるならば、いっそのこと、自分たちでモデルを作って予測してしまえばいいのではないか！

今回、ビッグデータレポートチームが掲げたのは、ヤフーのビッグデータを最大限に活用して、独自に「Yahoo! JAPAN景気指標」を作ってしまおう、という大胆不敵な計画だ。日本全国、幅広い属性のユーザー数を誇る、ヤフーのビッグデータの本領発揮ともいうべきこの壮大なレポートに取り組んでくれたのが、稲葉真裕と坪内孝太だ。

稲葉　「『好景気にはミニスカートが流行る』なんて説もあったけど、同じようなことがヤフーのデータから出せたらおもしろいよね！」という安宅さんの言葉から始まりました。もともと検索サービスが好きでヤフーに入社したので、久しぶりにじっくりと検索キーワードと向き合えることに心躍りとてもエキサイトしていたのを覚えています。が、同時に、それはまるで底なし沼にはまっていくような、もがきの始まりでもありました。

まずは、この壮大な計画を実現するための、格闘の過程をご覧いただきたい。

図表 2-6-1　内閣府発表の景気動向指数(CI)の推移

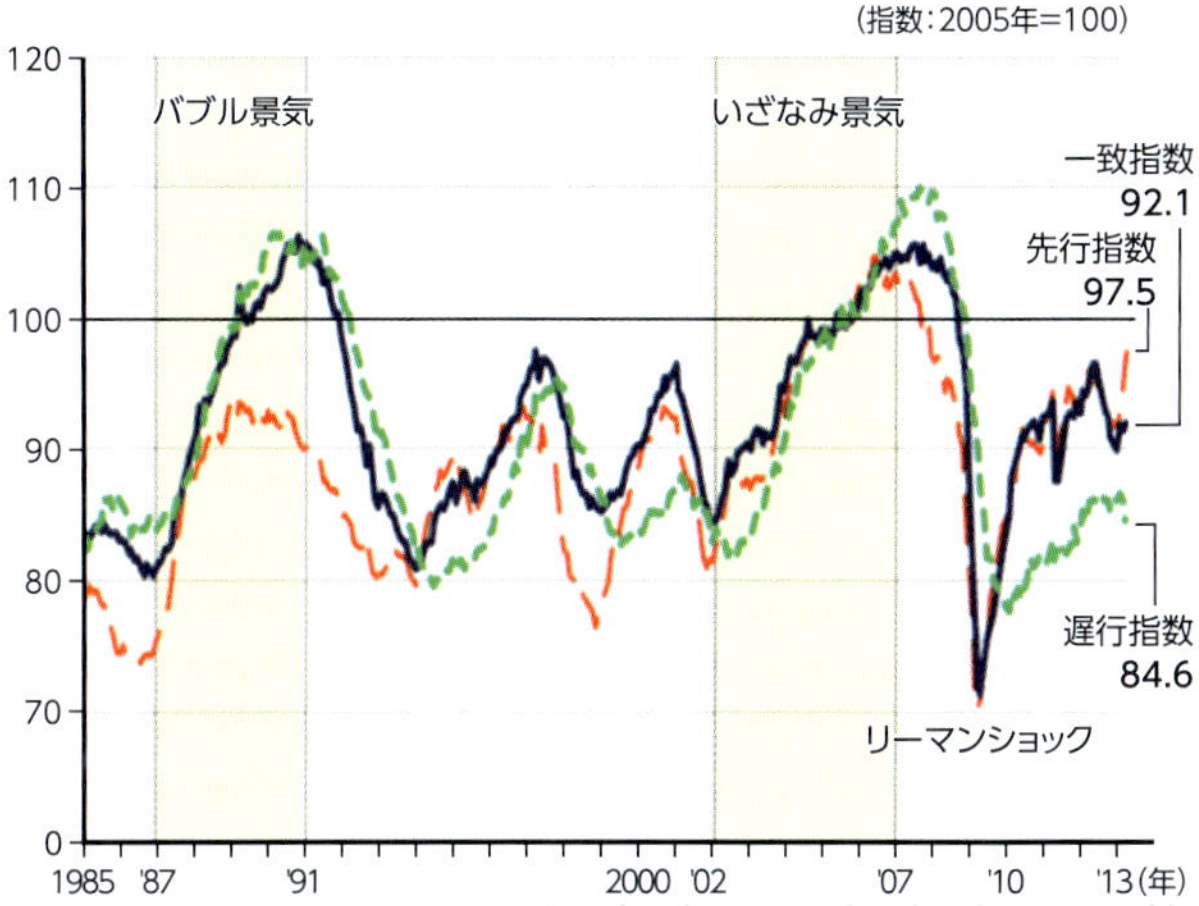

資料：内閣府　経済社会総合研究所景気統計部

景気をどう確認するか

ビッグデータを使って景気指標を導き出す——かなりスケールが大きいテーマのため、すぐにはイメージが湧きづらいかもしれないが、順を追って考えていこう。さしあたって目指すべきゴールは、現在の日本で景気を客観的に判断するためのベースとして使われている指標に、可能な限り近い値を出すモデルを作成するということだ。

今回は、内閣府が毎月発表している「景気動向指数（CI）」の中から、「一致指数（以下、「景気動向一致指数」）」を基準とした。

ヤフーの持つビッグデータの中から、この「景気動向一致指数」と可能な限り関係性のあるデータを抽出していくのだが、さて、景気を予想するために有効なデータとは、どのようなものだろうか？

その特性を予想するならば、たとえば、データ量が極力大きく、長期にわたって存在し、人々の行動様式や心理状態、世相・風潮が反映されやすい……といった性質が挙げられる。その推測にもとづき着目したのが、日々、日本中の人々に検索されている「Yahoo!検索」のキーワードの膨大なデータ群だ。

ここでカギとなるのがまたしても「相関」の概念である。「Yahoo!検索」の全検索キーワードのうち、「景気動向一致指数」の推移と「相関」の高いキーワードを探索した。

景気と関連するキーワードを探す

「Yahoo!検索」に日々打ち込まれる、大量の検索キーワード。２０１２年のデータによると、１年間に検索されたキーワードの全種類（ユニーク検索数）は、約75億種類であった。異様な数に思われるかもしれないが、単に単語だけでなく組み合わせ、文章、数字の羅列など多様性が莫大なため、このような数になる。そのうち、毎日一定回数以上コンスタントに検索されているのが、約60万キーワードほどであった。

その約60万のキーワード群すべてについて、２００９年12月〜２０１３年１月までの月間検索数の推移と、「景気動向一致指数」の推移の相関を調べた。相関の度合いを横軸に取り、それぞれに該当するキーワードの数をグラフで表したのが、図表2-6-2だ。

各検索キーワードの月間検索数の推移について、景気動向一致指数との相関性が高ければ高いほど、相関係数が1・0もしくはマイナス1・0に近づく。

このグラフの分布を見ると、景気動向一致指数との相関が低い検索キーワードが大半を占めるなかで、ごく一部、景気動向一致指数と高い相関を持つキーワードが存在することがわかった。特に相関が高い、0・8以上もしくはマイナス0・8以下という数字を基準としたところ、約60万のキーワードの3000分の1に相当する206のキーワードが該当した。

さらに、この206のキーワード群の中で、特に相互の相関の高いキーワード同士を足し上げる処理を行った。正確には相互に相関が極めて高い多重共線性を持つ変数の片方を除外した。

こうして絞り込んだ「景気動向一致指数」と相関の高いキーワード群から、「Yahoo! JAPAN景気指標」を策定してみたのである。

図表2-6-2
恒常的に検索される語（a）の検索数と景気動向一致指数の相関分布

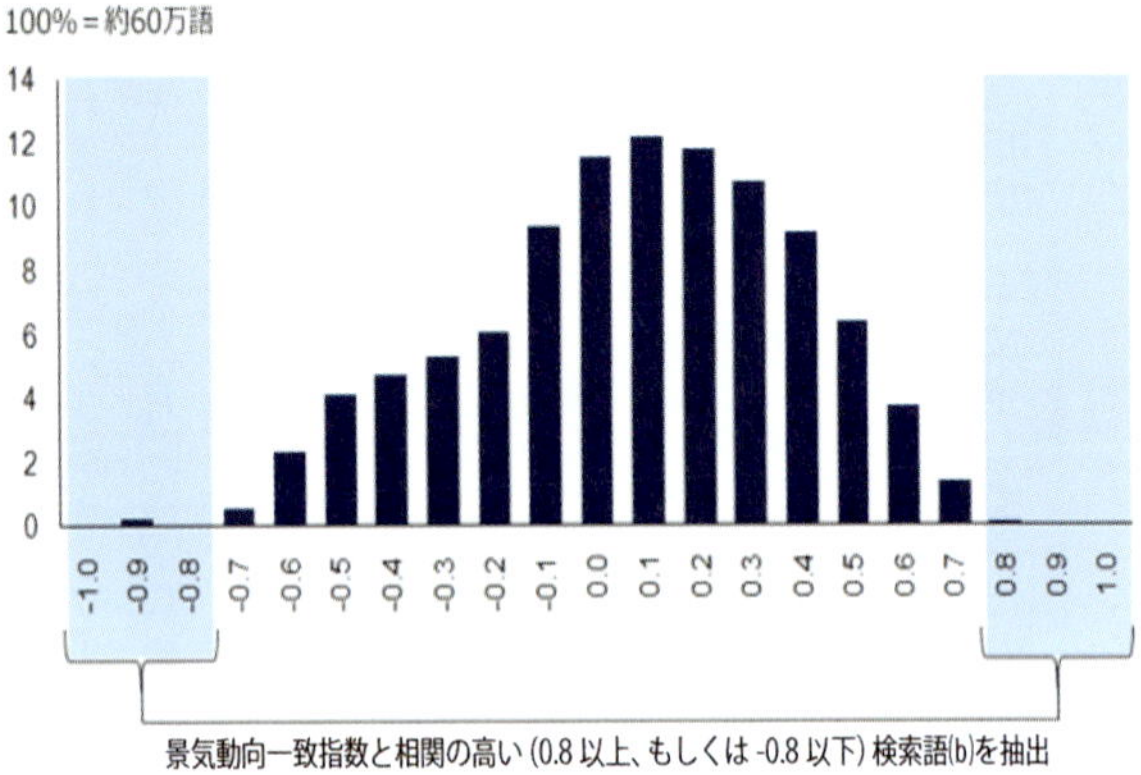

資料：Yahoo! 検索データ（2009年12月〜2013年1月）

図表2-6-3　検索語の絞り込みステップ

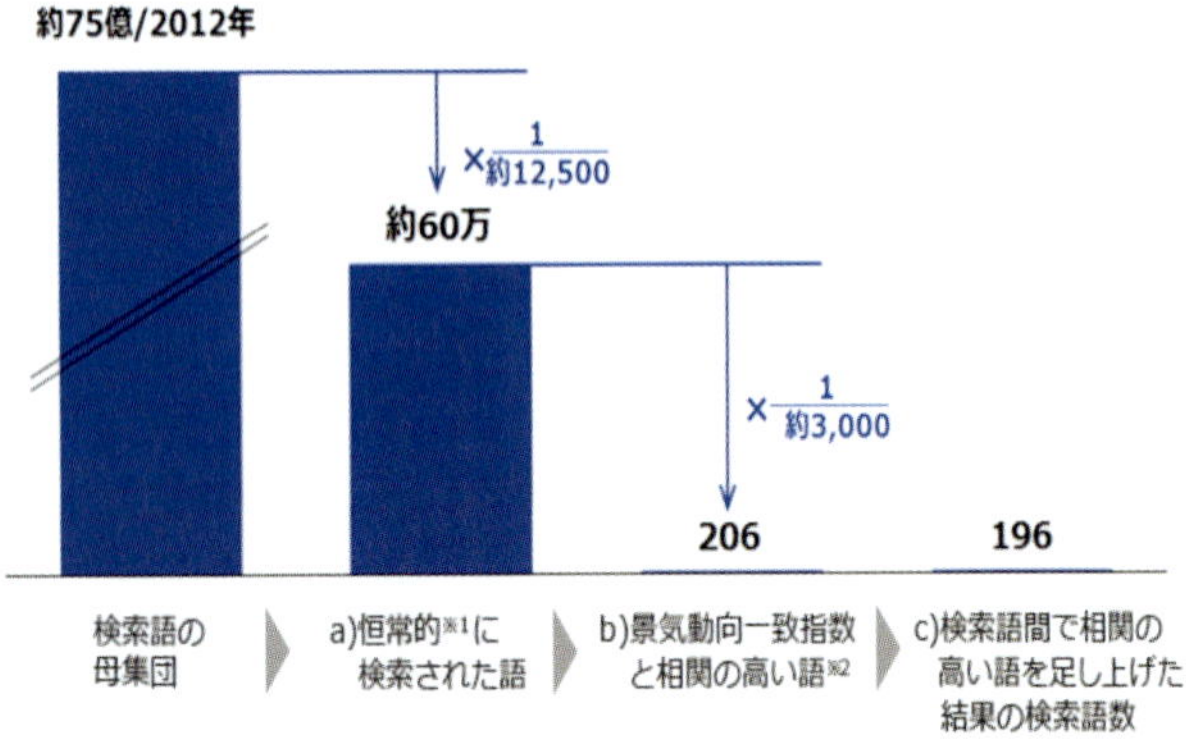

※1　2012年に毎日一定回数以上検索された検索語
※2　景気動向一致指数との相関関係が0.8以上、もしくは-0.8以下の検索語
資料：Yahoo! 検索データ

図表2-6-4　景気動向一致指数と強い相関性があるキーワード例

景気と正相関するキーワード 検索が増えれば景気指標も改善する傾向		景気と負相関するキーワード 検索が増えれば景気指標が悪くなる傾向	
相関係数	検索キーワード	相関係数	検索キーワード
0.788	ターニングポイント	-0.793	ろうきん
0.765	年収1000万円	-0.790	帝国データバンク
0.714	○○（某高級ブランド名）ショルダーバッグ	-0.788	商工リサーチ
0.733	ショートヘアカタログ	-0.741	雇用
0.720	国産車	-0.701	減損会計

検索が増えれば、景気指標も改善するキーワード

実際に作成した「Yahoo! JAPAN景気指数」をお見せする前に、上述のような方法で選び抜かれた「景気の動きと関連性の高い検索キーワード」がどのようなものであったか、少しだけ補足をしておこう。

まず皆さんにお断りしておかなくてはならないのだが、実際に指標の作成に用いた具体的なキーワード名を明かすことはできない。なぜなら、ここでキーワードを挙げると、それによって、実際の景気に影響を与えてしまいかねないからだ。私たちはあくまでもビッグデータの分析作業に従事しているのであって、景気を変えようとするつもりはない。

ただし、強い相関があったが、惜しくもリストには入らなかったキーワードには、たとえば図表2－6－4のようなものがある。

それぞれ、景気動向一致指数との正の相関（＝検

索が増えれば景気指標も改善する傾向にある）、負の相関（＝検索が増えれば景気指標が悪くなる傾向にある）となるキーワード例だ。

たとえば、「○○（某高級ブランド名）ショルダーバッグ」や「年収１０００万円」が検索されればされるほど景気もよくなっている、と言われると、たしかにイメージが湧きやすいのではないだろうか？　反対に、景気が悪化している時には、「雇用」の問題や「ろうきん」への関心が高まり、検索をする人が多い傾向にあるようだ。

「Yahoo! JAPAN景気指数」を求める

いよいよ、景気動向一致指数と相関の高いこれらのキーワード群をもとに、「Yahoo! JAPAN景気動向指数」を算出していこう。算出方法は以下の通りだ。

まず、景気動向一致指数と相関の高い語を選出する。そしてその検索語間で相関の高い語を足し上げる。そして、$X = w_1x_1 + w_2x_2 + w_3x_3 + \cdots\cdots w_{196}x_{196}$に当てはめて統合する（$x_1$、$x_2$、$x_3$はそれぞれの検索語の２００９年12月を起点とした検索数増減、w_1、w_2、w_3はそれぞれの検索語と景気動向一致指数との相関係数）。

この方法によって「Yahoo! JAPAN景気スコア」を求め、このスコアと景気動向一致指数を用いて回帰式から傾きと切片を特定する。それを元にして「Yahoo! JAPAN景気指数」

を求めた（図表2－6－5）。

さらに、過去の景気動向一致指数をベースに、同様のやり方でそれぞれの期間を変えつつ15回試算し、実際に発表された景気動向一致指数と比較した結果が図表2－6－6である。

その結果、両方の差は2005年を100とした指数で最大1・51、平均では0・5を得ることができた。2つの折れ線グラフを見ていただくとわかるように、かなり高い精度を誇っている。

さらに大きなメリットとしては、現在内閣府の「景気動向指数」は月1回の発表であるが、「Yahoo! JAPAN景気指数」を用いれば、計算上、週単位やそれよりも短いタイミングでの景気観測も算出が可能だという点である。冒頭で述べた「景気をリアルタイムで把握する」という目標に、大きく近づいたのだ。

坪内　僕自身は、もともと景気なんてさっぱり分からなかったのですが、面白そうだと思って着手しました。すると案外スムーズにいって、トントントンと、8割ほどの正確さに到達してしまいました。

これはいけるぞ！　と思っていましたが、長期的に見ると、急に大きく外れていってしまうということが起きたのです。「誤りはないはずなのになぜだろう？」と、その原因を

図表2-6-5　Yahoo! JAPAN景気指数を算出する回帰式

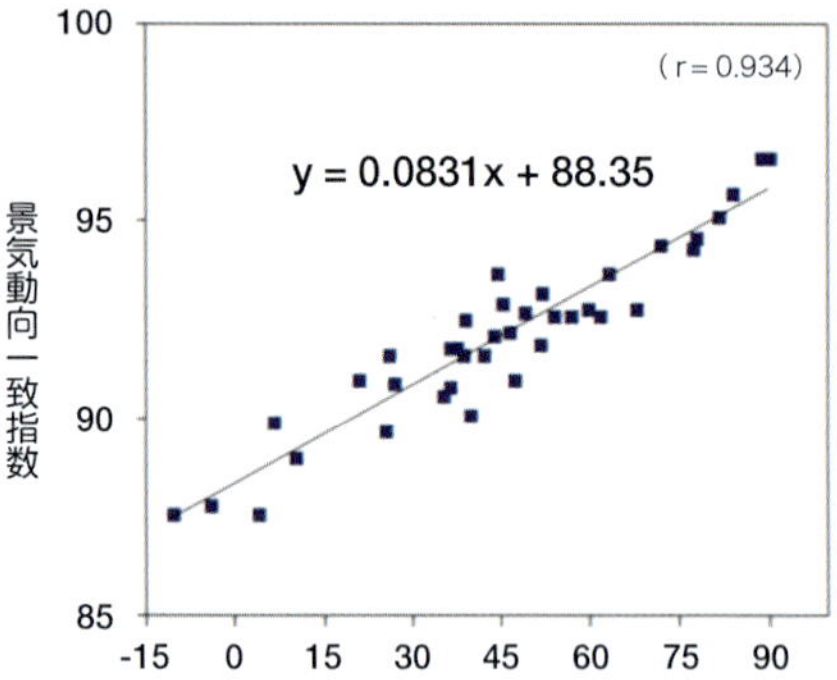

資料：景気動向一致指数＝内閣府　経済社会総合研究所景気統計部、Yahoo!検索データ（2009年12月～2013年2月）

図表2-6-6　景気動向一致指数とYahoo! JAPAN景気指数の比較

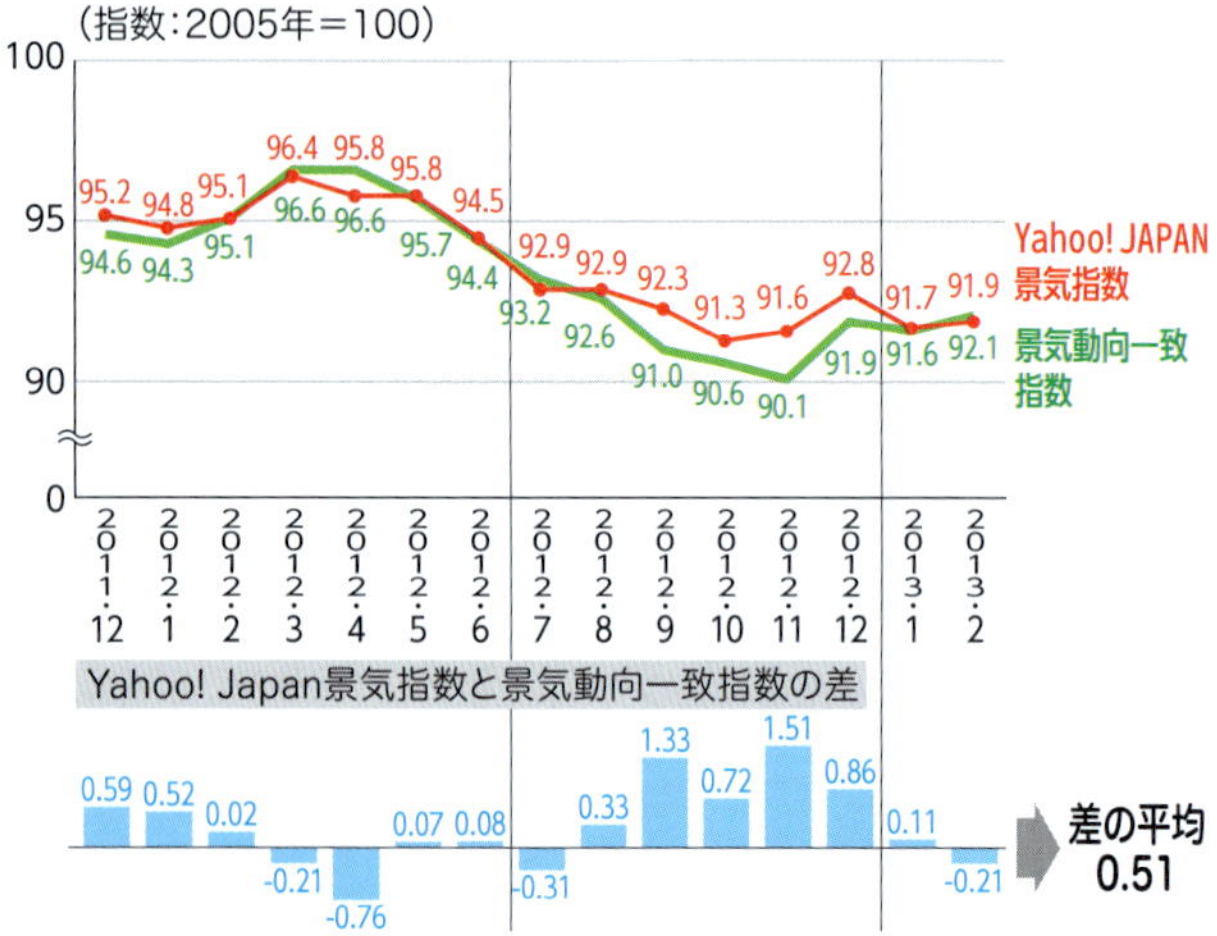

資料：景気動向一致指数＝内閣府　経済社会総合研究所景気統計部、Yahoo!検索データ（月次）

探っているうち、国が定めている景気指標の、ある重大な問題に気付き始めたのです……。

坪内もそう告白するように、私たちは当初、「これはいけるぞ！」という高精度のモデルが算出できたことで、微笑みが止まらないほどご機嫌になっていた。

だがしかし……そこには、大きな落とし穴があった。続きをお読みいただきたい。

モデルの前提が崩れている

「Yahoo! JAPAN景気指数」を最初に作成したのは、2013年4月のこと。初のモデルをもとに、まだ内閣府から発表されていなかった2012年3月分の景気動向一致指数を試算してみた。

初作成のモデルでの予測。アタリかハズレか、一同ソワソワしながら結果を楽しみに待っていた。ところが、内閣府からの発表の日を迎えて検証に取り組みかけたところで、とある重大な問題に気が付いた。2012年6月の時点で、過去数年分にわたってさかのぼった数値の修正（差し替え）が行われていたのだ。たとえば、92・1と理解していた2月の内閣府発表値が、93・7（＋1・6）となっていた、ということである。

図表2-6-7　5月のYahoo! JAPAN景気指数（Ver.2.0）

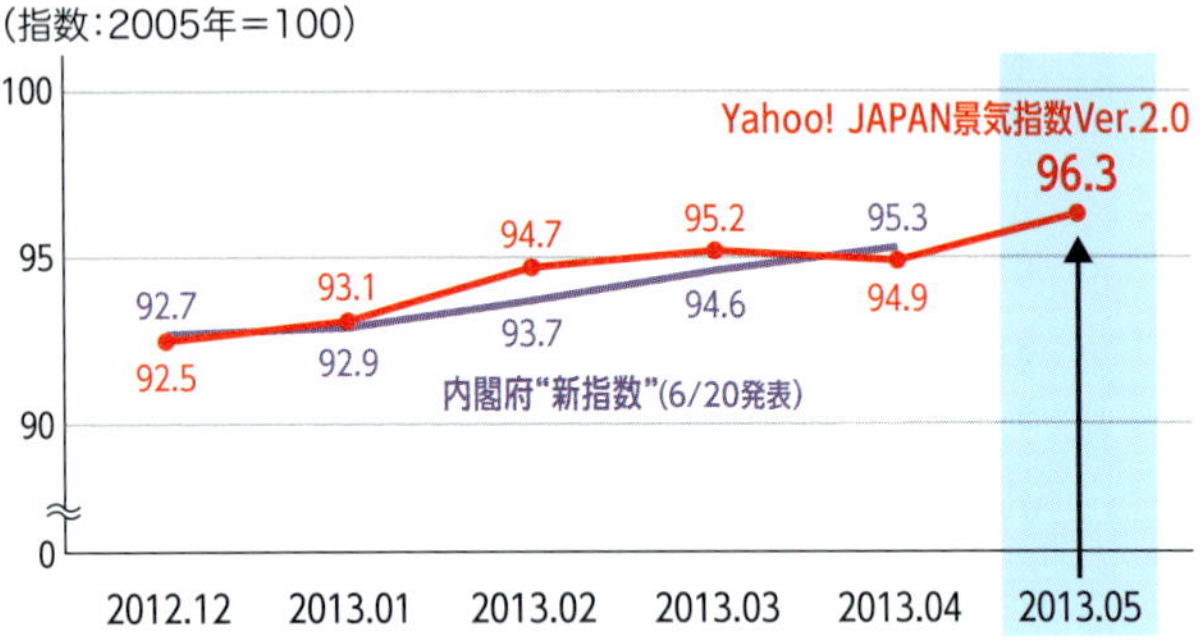

資料：景気動向一致指数／内閣府"指数"＝内閣府 経済社会総合研究所景気統計部、Yahoo!検索データ

図表2-6-8
内閣府の"新旧指数"とYahoo! JAPAN景気指数（Ver.1.0）の比較

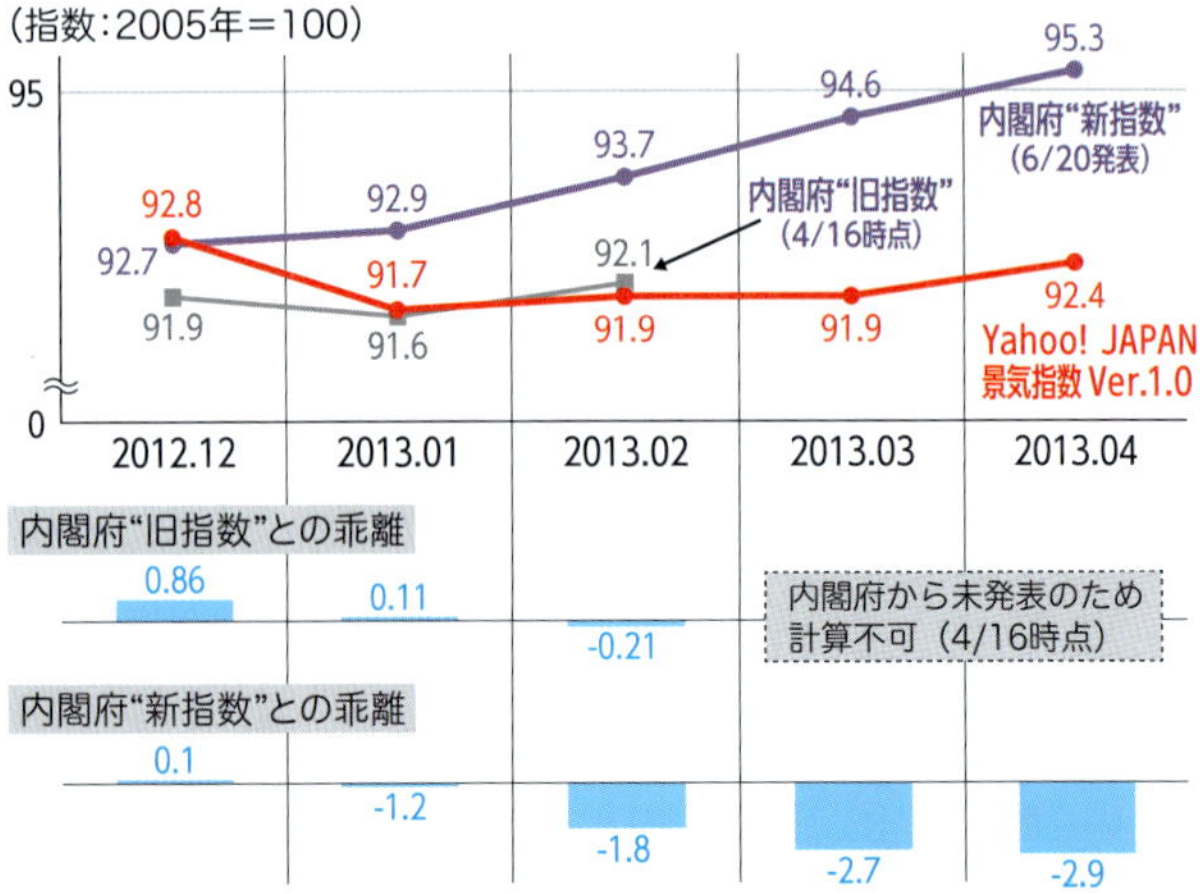

資料：景気動向一致指数／内閣府"指数"＝内閣府 経済社会総合研究所景気統計部、Yahoo!検索データ

わかりやすく言い換えれば、数値をあとから遡及して修正してしまう仕組みが取り入れられていたのだ。

これは、私たちが作成したモデルのそもそもの前提が崩れたことを意味する。

このひそかな改訂を知ったあと、われわれのモデルも大急ぎで数値を設定し直した。それに加え、「Ver. 1.0」で課題として残ったいくつかの点を解決すべく、大幅なモデルの見直しを実施した。

具体的には、抽出したすべての変数を一つの変数に落とし込む「単回帰分析」から、複数の変数を独立して取り扱う「重回帰分析」へモデルの転換、それに伴って生じた「オーバーフィッティング」の問題の解決……。

かなり専門度の高い話になるため、興味のある方はぜひウェブのレポートをお読みいただきたいが、試行錯誤を重ね、「Ver.1.0」に比べて遥かに高い精度のモデル「Ver.2.0」が完成した。

内閣府は過去のデータを更新している

大きな進化を遂げた「Yahoo! JAPAN景気指数（Ver.2.0）」。次こそは、と意気込んで予測を行ったが、実際の検証段階で、再度、同じ問題に直面した。

内閣府の出す景気動向指数が、またもや過去にまでさかのぼって改訂されたのだ。内閣府から２０１３年に発表されたリリースにおいて、これまで２００５年を基準年として１００とした指数で発表されていた景気指数が、７月の発表より２０１０年を１００としたものに変更されたとの発表があった。

「そ、そんなことが本当にあり得るのか？」といぶかる読者の方も多いかもしれないが、これはれっきとした事実である。

そう、私たちが本レポートの作成過程で発見してしまった重大な問題とは、内閣府が、過去データを更新してそれに伴い指数も修正しているということであった。このことに気が付いている人は、私たちが指摘する以前には、景気をウォッチしている専門家以外にはおそらくほとんどいなかっただろう。

そもそも、景気動向一致指数は月に2回「速報値」と「改訂値」が発表され、その２つの数字そのものが大きく変わることがある。しかし、ここで問題になるのは、前提となる指標自体が改訂されるということがあるということだ。

内閣府が発表している改訂理由は、景気動向指数を構成する各種統計における季節調整値を加味した再計算の発生や、３ヵ月に１度確定値が決まる採用系列があるなど、そのたびに全体の再集計が発生するということだそうだ。

これは極めて厄介な問題だ。チームのメンバーも、この困難な事態に直面したことが最も辛かったと振り返っている。「Yahoo! JAPAN景気指数」は、内閣府の「景気動向一致指数」と、見事なまでのほとんど完全な一致を導き出すことができたにもかかわらず、その前提が崩されてしまう事態が幾度となく続いた。

大いに頭を抱えながらも、様々な手法を駆使し、策を凝らしたうえで、最終的に、「Ver.3.0」まで大幅にアップデートさせた。Ver.1.0から着実に進化を遂げ、より安定した予測モデルとなった。しかし、それでもやはり、根本的な問題の解決には至らなかった。

「ヤフー指数」を作ってしまおう

内閣府が発表する「景気動向一致指数」を予測するという手法は、道半ばで断念せざるを得なかった。だが、ビッグデータレポートチームは、景気を把握すること自体を諦めたわけではない。私がネクスト・ステップとして画策しているのは、景気を示すモデルそのものを、定義し直すことだ。

どういうことか？　あらためて確認しておくならば、今回、ビッグデータレポートチームが導き出したモデルは、内閣府の景気指標に一致させることを目指して作成したものだ。私たちが生活を送っているこの世の中があり、その世の中を何らかのかたちで定義したものが「景気」と呼ばれる。それを示す指標は複数あり、内閣府や日銀が各々に算出している。つまり、**「景気指標by日銀」**や**「景気指標by内閣府」**があるということだ。

今回のレポートで私たちが取り組んできたのは、ヤフーのビッグデータから独自に作り出したモデルを、この「景気指標by内閣府」へと可能な限り一致させるということであった。つまり、私たちは景気を計測しているのではなく、内閣府がどんな値を出すかを予測してきただけなのだ。

だが、この内閣府の指標がたびたび変更されてしまうならば、私たち自身で、**「景気指標byヤフー」**を作ってしまえばいいのではないか？　ずばり、「ヤフー指数」を生み出すのだ。

それは、もしかすると、国の指数と劇的に乖離している可能性もある。だが、そもそも、「真の景気」などというものは、どこにも存在しないのである以上、正しいかどうかを判断することは誰にもできない。私たちビッグデータレポートの最大の課題である。

また、別の視点から考えても、今回のレポート作成までの努力は決して水の泡となったわけではない。今回の景気指標予測と同様の手法を用いることで、他の指標、失業率や電力消費量なんてものまで予測できるようになるかもしれない。その意味で、今回の景気指数の取り組みは、大きな可能性と価値を秘めたものではないかと考えている。

おわりに

安宅さん、ビッグデータって面白いってことを何かうまく伝えることできないですかね、と当時ヤフーCOO／副社長であった川邊健太郎さん（現CEO／社長）から言われたのは2012年の秋頃だったと思う。

丁度、ビッグデータについての注目度が急激に上がってきた頃で、データサミットみたいなイベントが色々なところで開かれていた。日本最大級のデータホルダーで「爆速」を掲げるヤフーのCSO（チーフストラテジーオフィサー）であり、データ部隊を束ね直し、加えてR&D部隊を統括していた立場であったこともあり、基調講演者として呼ばれて随分と話に行き、多くの取材も受けた。

人工知能ブームはこの数年後にやってくるのであるが、話に行くたびに感じたのは、ビッグデータとはそもそも何のことを意味しているのか、データはどのように価値を生むのか、について理解して頂くことの困難であり、来るべきデータ社会に対する根深い不安だった。本物のビッグデータを触ったことがある人がほとんどいなかったせいもある。

私たちの世界でのデータの利活用を話そうにも、あまりにも専門性が高いうえ、ほとんどどの人に説明するのは厳しすぎる、というのも話すたびに感じる大きな課題だった。検索バックエンドの作り込みや、ユーザの置かれた場面と提供する情報を合致させる、というようなことだ（これらは今でも門外漢の方に話すネタとしてはかなり難しい）。

機械学習、自然言語処理という言葉はおろか、情報処理の基本的な流れにも馴染みのない世の中の大半の方々に、データの持つ面白さと力強さを伝える方法がないな――と思っていたそんな矢先、「やりましょう！」と思わず答えたのが、Yahoo!ビッグデータレポートの始まりだった。

手始めに２０１２年末の衆院選結果を調べてみた。するとネット活動との間に驚くほどの関係性が見つかった。その後の２０１３年参院選の予測は96％という圧倒的な精度で成功。内閣府の景気指標、インフルエンザの患者数も国の発表前にほぼほぼ当てることに成功。それぞれ随分と話題になり、当局からの打診も何回か頂いた。

そうこうしているうちに6年が経ち、さて次はどうしようかなと思っていたところで、講談社現代新書の方々の訪問を受けた。

「この取り組みって、まとまったものとして発表されたことはあるんですか？」

「ウェブに上がっているじゃないですか」

「いや、紙で、です」

「うーん、いくつか本物の論文になったものはありますが、ないはずです」

「本当ですか？　それまとめましょうよ！」

と、相談を受けたのは今年の年始。これがこのようなとっても楽しい本にまとまったのは、青木肇編集長に加え、編集部の米沢勇基・谷口奈々恵両氏の才能と尽力のおかげだ。

また、チームの面々（編集長の池宮伸次はじめ、阪上恵理、坪内孝太、稲葉真裕、冨川修広、大瀧直子、草野真史の各氏）には、これら掲載されたレポートのもととなる解析や記事の取りまとめに始まり、夏休み中の校閲であったにもかかわらず無理を言って校正してもらった。心から感謝している。

この小編が、未来を担う若い人たちや、「データってそんなに面白いの⁇」などと感じられているであろう多くの人たちから手にとって頂き、笑い、驚き、そして色々と感じ、考える材料になってもらえれば幸いだ。

安宅和人

東京・千代田区紀尾井町のヤフーオフィスにて

《チームメンバー紹介》

●安宅和人（あたか・かずと）
Yahoo!ビッグデータレポート統轄。慶應義塾大学環境情報学部教授／ヤフー株式会社ＣＳＯ。データサイエンティスト協会理事。マッキンゼーを経て２００８年よりヤフー。全社横断的な戦略課題の解決、事業開発に加え、途中データ及び研究開発部門も統轄。２０１６年より慶應義塾大学ＳＦＣにてデータドリブン講座を担当。イェール大学脳神経科学Ph.D.。東京大学生物化学修士。著書に『イシューからはじめよ』（英治出版）がある。

●池宮伸次（いけみや・しんじ）
Yahoo!ビッグデータレポート編集長。シニアデータアナリスト。雑誌編集者を経て２００７年ヤフーに入社。Yahoo!検索を含む複数のサービスや全社データの分析に従事。「データをみんなに見える形で活用する」をモットーに、分析レポートやヤフーが持つログを活かしたコンテンツを対外的に発信。数多くのメディア出演や登壇、大学での講義も行っている。１－１、１－３、１－４、２－３に登場。

●草野真史（くさの・まさし）
２０１３年、ヤフーに新卒入社。現在はＵＸ品質推進室にて主にログデータを扱い、サービスの分析を行う。チーム初参加後、ヤフーのデータから「なんちゃって相関（擬似相関）」を次々と発見した。幕間劇１－６に登場。

●坪内孝太（つぼうち・こうた）
東京大学大学院にて博士号取得後、同大学で２年間研究員を務めたのち、ヤフーのビッグデータに惹かれYahoo! JAPAN研究所に入所。専門は位置情報や検索ログなど、人の行動に関するデータの解析。２－１、２－２、２－６に登場。

●大瀧直子（おおたき・なおこ）
証券会社のアナリスト職、市場調査会社のリサーチャー職などを経て、２０００年にヤフー入社。主に市場調査やデータ分析、インテリジェンス業務に取り組む。チーム創設時より、選挙予測や景気分析など幅広く担当。１－５、２－５に登場。

●稲葉真裕（いなば・まゆ）
２００７年ヤフー入社。検索サービスを担当後、安宅和人に師事。現在はYahoo!ショッピングを担当するデータアナリスト。第一子出産後は「キラキラデータママ」として、出産・育児系レポートを作成した。１－２、２－６に登場。

●阪上恵理（さかうえ・えり）
神戸大学卒業後、クレジットカード会社勤務を経て２００５年よりヤフー。現在は関西を拠点に、データの解析や活用推進、社内外の分析講習に取り組む。チームでは、政治のほか、流行・エンタメなど〝水物〟系の分析担当。１－５、２－４、２－５に登場。

●富川修広（とみかわ・のぶひろ）
２００８年ヤフー入社後、Yahoo!地図やYahoo!カーナビの開発・運用に携わり、現在は全社のプラットフォーム開発に従事。地図に関連するデータの分析や可視化を得意とし、人呼んで「マップビジュアライザー」。２－３に登場。

《協力者》

１－１、１－２土肥夕果（データ可視化）／**１－３、１－４**杉本直也（データ可視化）渡辺孝志／**１－６**平野彩花（データ可視化）／**２－１、２－２、２－３**堤浩一朗、平野昭雄、大野道誉、落合真也（データ分析）遠藤康平、黒川大輔、徳應和典（動画作成）西村由梨子チーム（画像作成）／**２－４、２－５**小林彩、Yahoo!みんなの政治（データ分析）／**２－６**山中勇紀（データ分析）

N.D.C. 007　220p　18cm
ISBN978-4-06-517314-5

編集協力：谷口奈々恵
図表作成協力：アトリエ・プラン

講談社現代新書　2539

ビッグデータ探《たん》偵《てい》団《だん》

二〇一九年九月二〇日第一刷発行

著　者　安《あ》宅《たか》和《かず》人《と》／池《いけ》宮《みや》伸《しん》次《じ》　© Kazuto Ataka, Shinji Ikemiya 2019
Yahoo! ビッグデータレポートチーム

発行者　渡瀬昌彦

発行所　株式会社講談社
東京都文京区音羽二丁目一二―二一　郵便番号一一二―八〇〇一

電　話　〇三―五三九五―三五二一　編集（現代新書）
〇三―五三九五―四四一五　販売
〇三―五三九五―三六一五　業務

装幀者　中島英樹

印刷所　株式会社新藤慶昌堂

製本所　株式会社国宝社

定価はカバーに表示してあります　Printed in Japan

本書のコピー、スキャン、デジタル化等の無断複製は著作権法上での例外を除き禁じられています。本書を代行業者等の第三者に依頼してスキャンやデジタル化することは、たとえ個人や家庭内の利用でも著作権法違反です。Ⓡ〈日本複製権センター委託出版物〉

複写を希望される場合は、日本複製権センター（電話〇三―三四〇一―二三八二）にご連絡ください。

落丁本・乱丁本は購入書店名を明記のうえ、小社業務あてにお送りください。

送料小社負担にてお取り替えいたします。

なお、この本についてのお問い合わせは、「現代新書」あてにお願いいたします。

「講談社現代新書」の刊行にあたって

教養は万人が身をもって養い創造すべきものであって、一部の専門家の占有物として、ただ一方的に人々の手もとに配布され伝達されうるものではありません。

しかし、不幸にしてわが国の現状では、教養の重要な養いとなるべき書物は、ほとんど講壇からの天下りや単なる解説に終始し、知識技術を真剣に希求する青少年・学生・一般民衆の根本的な疑問や興味は、けっして十分に答えられ、解きほぐされ、手引きされることがありません。万人の内奥から発した真正の教養への芽ばえが、こうして放置され、むなしく滅びさる運命にゆだねられているのです。

このことは、中・高校だけで教育をおわる人々の成長をはばんでいるだけでなく、大学に進んだり、インテリと目されたりする人々の精神力の健康さえもむしばみ、わが国の文化の実質をまことに脆弱なものにしています。単なる博識以上の根強い思索力・判断力、および確かな技術にささえられた教養を必要とする日本の将来にとって、これは真剣に憂慮されなければならない事態であるといわなければなりません。

わたしたちの「講談社現代新書」は、この事態の克服を意図して計画されたものです。これによってわたしたちは、講壇からの天下りでもなく、単なる解説書でもない、もっぱら万人の魂に生ずる初発的かつ根本的な問題をとらえ、掘り起こし、手引きし、しかも最新の知識への展望を万人に確立させる書物を、新しく世の中に送り出したいと念願しています。

わたしたちは、創業以来民衆を対象とする啓蒙の仕事に専心してきた講談社にとって、これこそもっともふさわしい課題であり、伝統ある出版社としての義務でもあると考えているのです。

一九六四年四月　野間省一

政治・社会

1145 冤罪はこうして作られる 小田中聰樹
1201 情報操作のトリック 川上和久
1488 日本の公安警察——青木理
1540 戦争を記憶する——藤原帰一
1742 教育と国家——高橋哲哉
1965 創価学会の研究——玉野和志
1977 天皇陛下の全仕事——山本雅人
1978 思考停止社会——郷原信郎
1985 日米同盟の正体——孫崎享
2068 財政危機と社会保障——鈴木亘
2073 リスクに背を向ける日本人 山岸俊男 メアリー・C・ブリントン
2079 認知症と長寿社会——信濃毎日新聞取材班

2115 国力とは何か——中野剛志
2117 未曾有と想定外——畑村洋太郎
2123 中国社会の見えない掟 加藤隆則
2130 ケインズとハイエク 松原隆一郎
2135 弱者の居場所がない社会 阿部彩
2138 超高齢社会の基礎知識 鈴木隆雄
2152 鉄道と国家——小牟田哲彦
2183 死刑と正義——森炎
2186 民法はおもしろい——池田真朗
2197 「反日」中国の真実——加藤隆則
2203 ビッグデータの覇者たち——海部美知
2246 愛と暴力の戦後とその後——赤坂真理
2247 国際メディア情報戦——高木徹

2294 安倍官邸の正体——田﨑史郎
2295 福島第一原発事故 7つの謎 NHKスペシャル『メルトダウン』取材班
2297 ニッポンの裁判——瀬木比呂志
2352 警察捜査の正体——原田宏二
2358 貧困世代——藤田孝典
2363 下り坂をそろそろと下る 平田オリザ
2387 憲法という希望——木村草太
2397 老いる家 崩れる街 野澤千絵
2413 アメリカ帝国の終焉 進藤榮一
2431 未来の年表——河合雅司
2436 縮小ニッポンの衝撃 NHKスペシャル取材班
2439 知ってはいけない——矢部宏治
2455 保守の真髄——西部邁

経済・ビジネス

350 経済学はむずかしくない〈第2版〉——都留重人
1596 失敗を生かす仕事術　畑村洋太郎
1624 企業を高めるブランド戦略——田中洋
1641 ゼロからわかる経済の基本——野口旭
1656 コーチングの技術——菅原裕子
1926 不機嫌な職場——高橋克徳 河合太介 永田稔 渡部幹
1992 経済成長という病——平川克美
1997 日本の雇用——大久保幸夫
2010 日本銀行は信用できるか　岩田規久男
2016 職場は感情で変わる　高橋克徳
2036 決算書はここだけ読め!——前川修満
2064 決算書はここだけ読め! キャッシュ・フロー計算書編　前川修満
2125 ビジネスマンのための「行動観察」入門　松波晴人
2148 経済成長神話の終わり　アンドリュー・J・サター 中村起子 訳
2171 経済学の犯罪——佐伯啓思
2178 経済学の思考法——小島寛之
2218 会社を変える分析の力　河本薫
2229 ビジネスをつくる仕事　小林敬幸
2235 20代のための「キャリア」と「仕事」入門——塩野誠
2236 部長の資格——米田巖
2240 会社を変える会議の力　杉野幹人
2242 孤独な日銀——白川浩道
2261 変わった世界 変わらない日本——野口悠紀雄
2267 「失敗」の経済政策史　川北隆雄
2300 世界に冠たる中小企業　黒崎誠
2303 「タレント」の時代——酒井崇男
2307 AIの衝撃——小林雅一
2324 〈税金逃れ〉の衝撃　深見浩一郎
2334 介護ビジネスの罠——長岡美代
2350 仕事の技法——田坂広志
2362 トヨタの強さの秘密　酒井崇男
2371 捨てられる銀行——橋本卓典
2412 楽しく学べる「知財」入門——稲穂健市
2416 日本経済入門——野口悠紀雄
2422 捨てられる銀行2 非産運用——橋本卓典
2423 勇敢な日本経済論——高橋洋一 ぐっちーさん
2425 真説・企業論——中野剛志
2426 東芝解体 電機メーカーが消える日　大西康之